ACHIM NÖLLENHEIDT / JULIANE JUNG

Natur erleben

NORDRHEIN-WESTFALEN

Klartext

Nationale Naturlandschaften

Impressum

Natur erleben

NORDRHEIN-WESTFALEN

HERAUSGEBER
Verband Deutscher Naturparke e. V.
Görresstraße 15
53113 Bonn
Tel. 0228-921286-0
Fax 0228-921286-9
info@naturparke.de
www.naturparke.de

EUROPARC Deutschland e. V.
Friedrichstraße 60
10117 Berlin
Tel. 030-2887882-0
Fax 030-2887882-16
info@europarc-deutschland.de
www.europarc-deutschland.de

GESAMTAUSSTATTUNG
Klartext Verlag, Essen

IDEE
Volker Pecher, Essen
Bernd Schock, Berlin

REDAKTION
Martina Porzelt, Jörg Liesen und Ulrich Köster
Naturparke in Nordrhein-Westfalen
Nationalpark Eifel

KARTEN
Rene Fikenscher, Bochum

GESTALTUNG
Volker Pecher, Essen

DRUCK
Griebsch & Rochol Druck GmbH & Co. KG,
Hamm

Alle Angaben: Stand November 2006.
Alle Angaben in diesem Buch sind gewissenhaft geprüft. Preise, Öffnungszeiten usw. können sich aber schnell ändern.
Für eventuelle Fehler übernehmen die Herausgeber, die Autoren und der Verlag keine Haftung.

1. Auflage, November 2006

ISBN 10: 3-89861-576-6
ISBN 13: 978-3-89861-576-1

www.klartext-verlag.de

Inhalt

Dr. Michael Arndt

Dr. Eberhardt Henne

Nationale Naturlandschaften in Nordrhein-Westfalen

Mit diesem Buch laden wir Sie ein, die 14 Naturparke und den Nationalpark Eifel in Nordrhein-Westfalen zu entdecken. Diese herausragenden Landschaften Nordrhein-Westfalens zählen zu den „Nationalen Naturlandschaften", der neuen Dachmarke unter der die 14 Nationalparke, 96 Naturparke und 14 Biosphärenreservate in Deutschland seit November 2005 gemeinsam auftreten.

Die Nationalen Naturlandschaften schützen wiedergewonnene Wildnis genauso wie die in Jahrhunderten durch Menschen gestalteten Landschaften in Deutschland für heutige und kommende Generationen. Sie informieren über Natur und Kultur und bieten attraktive Angebote für Naturerleben, Erholung und Bildung. Gemeinsam mit den dort lebenden Menschen arbeiten sie für die Weiterentwicklung der Regionen.

Mit der Buchreihe „Natur erleben" stellen wir Ihnen erstmals alle Nationalen Naturlandschaften in einer Buchreihe vor, gegliedert nach einzelnen Bundesländern. Wir führen sie zu den schönsten Orten und Ausflugszielen und informieren Sie über Tiere und Pflanzen sowie über Geschichte und Kultur. Routenvorschläge für Wanderungen, Fahrrad-, Kanu- und Inlinetouren weisen Ihnen den Weg und ermöglichen ein aktives Naturerleben sowie die Regeneration von Körper und Geist. Zu den Besonderheiten der Regionen, die es zu entdecken gilt, zählen auch regionaltypische Produkte und gastronomische Angebote. Zudem finden Sie Informationen zu unterschiedlichen Übernachtungsmöglichkeiten, die von unseren Partnern Deutscher Wanderverband, Deutsches Jugendherbergswerk, Naturfreunde und Viabono zur Verfügung gestellt wurden.

Wir wünschen Ihnen viele erlebnisreiche und erholsame Tage in den Nationalen Naturlandschaften Nordrhein-Westfalens.

Michael Arndt

Dr. Michael Arndt
Präsident
Verband Deutscher Naturparke

Henne

Dr. Eberhard Henne
Vorsitzender
EUROPARC Deutschland

Grußwort Prof. Heinz Sielmann

Liebe Naturfreundin, lieber Naturfreund,

die Vielfalt unserer heimatlichen Naturlandschaften ist einzigartig. Naturparke, Biosphärenreservate und Nationalparke locken jedes Jahr Millionen Besucher und ziehen sie in den Bann. Eine farbschöne Lichtstimmung am Meer oder ein Gefühl von Ehrfurcht inmitten eines uralten Waldes haben Sie sicherlich schon einmal erlebt. Wer die begeisternde Wirkung der Natur erfahren hat, geht gerne immer wieder erneut auf Erlebnisreise.

Oft lässt sich der wertvolle Artenreichtum einer Landschaft auf den ersten Blick nur erahnen. Doch ich weiß aus eigener Erfahrung, dass staunende Augen schnell zu geübten Augen werden. Schon bald kommt die Entdeckerfreude über die frische Fährte eines Luchses oder den schnellen Flug eines Eisvogels hinzu. Wie unmittelbar erreicht uns ja bereits ein Vogelzwitschern im eigenen Garten, ein Wiesenblütenduft oder die Frische eines plätschernden Baches. Natur weckt alle unsere Sinne und Lebensgeister, Natur beglückt wahrhaftig.

Seit Generationen haben Städte und Verkehrswege natürliche Lebensräume verdrängt und zerschnitten. Zum Glück ist ein Umdenken erfolgt: Die letzten urtümlichen Landschaften sollten sich als Refugien für bedrohte Tiere und Pflanzen weitgehend unbeeinflusst vom Menschen entwickeln dürfen. Auch jahrhundertealte Kulturlandschaften können wir in der Fülle ihres besonderen Artenreichtums erhalten und für ein ausgewogenes Miteinander zwischen Mensch und Natur Sorge tragen. Entsprechende Bildungseinrichtungen, Natur-Erlebniszentren und Angebote für nachhaltigen Tourismus vermitteln den Besuchern das Wissen um den Wert der Natur. So leistet auch die Heinz Sielmann Stiftung mit den von ihr betreuten „Sielmanns Naturlandschaften“ und Biotopverbunden in Deutschland ihren Beitrag zum Erhalt des Nationalen Naturerbes.

Mit wachen Sinnen und aktivem Handeln können wir alle unseren Teil dazu beitragen. Ihnen wünsche ich viel Freude auf Ihren Wegen durch Wald und Flur.

Ihr
Prof. Heinz Sielmann
www.sielmann-stiftung.de

Heinz
Sielmann
Stiftung

Prof. Heinz Sielmann ist am 6. Oktober 2006 im Alter von 89 Jahren in München verstorben. Zeitlebens setzte er sich mit seiner einzigartigen Persönlichkeit und medialen Präsenz für den Erhalt der weltweiten Artenvielfalt ein. Sein Vermächtnis ist die „Heinz Sielmann Stiftung“, die er 1994 zusammen mit seiner Frau Inge Sielmann gegründet hat. Die Stiftung unterstützt mit eigenen Projektgebieten die Bewahrung des nationalen Naturerbes in Deutschland und engagiert sich in der Umweltbildung.

1. Naturpark Arnsberger Wald (482 km²)
2. Naturpark Bergisches Land (1 920 km²)
3. Naturpark Diemelsee (334 km², davon 124 km² in NRW)
4. Naturpark Dümmer (472 km², davon 132 km² in NRW)
5. Naturpark Ebbegebirge (777 km²)
6. Naturpark Eggegebirge und südlicher Teutoburger Wald (1 059 km²)
7. Naturpark Hohe Mark (1 040 km²)
8. Deutsch-Belgischer Naturpark Hohes Venn – Eifel (2 500 km², davon 1 350 km² in NRW)
9. Nationalpark Eifel (107 km²)
10. Naturpark Homert (550 km²)
11. Naturpark Maas-Schwalm-Nette (870 km², davon 435 km² in NRW)
12. Naturpark TERRA.vita (1 220 km², davon 319 km² in NRW)
13. Naturpark Rheinland (1 045 km²)
14. Naturpark Rothaargebirge (1 355 km²)
15. Naturpark Siebengebirge (42 km²)

Die Nationalen Naturlandschaften

Zu den Nationalen Naturlandschaften gehören:

14 Nationalparke. Die Nationalparke umfassen großflächige Naturlandschaften, in denen sich die Ökosysteme entsprechend den natürlichen Prozessen entwickeln können, getreu dem Motto „Natur Natur sein lassen".

96 Naturparke. Die Naturparke sind landschaftlich reizvolle Kulturlandschaften, die sich besonders für die Erholung eignen. Vorrangige Ziele sind neben einem naturverträglichen Tourismus eine dauerhaft umweltgerechte Landnutzung sowie der Schutz des Landschaftshaushalts und des Landschaftsbildes. Naturparke streben eine nachhaltige Entwicklung der Regionen mit den und für die Menschen an. Umweltbildung ist eine weitere wichtige Aufgabe.

14 Biosphärenreservate. Biosphärenreservate sind großräumige Schutzgebiete, die aus repräsentativen Ausschnitten von Natur- und Kulturlandschaften bestehen. In den deutschen Biosphärenreservaten werden – gemeinsam von den hier lebenden und wirtschaftenden Menschen – beispielhafte Konzepte zu Schutz, Pflege und Entwicklung des Gebietes erarbeitet und umgesetzt. Die deutschen Biosphärenreservate sind Teil eines weltweiten Netzes von 440 Gebieten, für die von der Weltkulturorganisation UNESCO internationale Kriterien im Rahmen des Programms „Der Mensch und die Biosphäre" (MAB) festgelegt wurden.

Entwickelt wurde die Dachmarke Nationale Naturlandschaften von EUROPARC Deutschland und dem Verband Deutscher Naturparke mit Unterstützung der Deutschen Bundesstiftung Umwelt, des Bundesumweltministeriums, des Bundesamtes für Naturschutz und von zahlreichen Bundesländern.

Verband Deutscher Naturparke e. V.
Görresstraße 15
53113 Bonn
Tel. 0228-921286-0
Fax 0228-921286-9
info@naturparke.de
www.naturparke.de

EUROPARC Deutschland e. V.
Friedrichstraße 60
10117 Berlin
Tel. 030-2887882-0
Fax 030-2887882-16
info@europarc-deutschland.de
www.europarc-deutschland.de

Mehr Infos zu den Nationalen Naturlandschaften finden Sie unter
www.nationale-naturlandschaften.de

Nationale Naturlandschaften

Die Kooperationspartner der Buchreihe

Übernachtungsangebote von Betrieben der Kooperationspartner finden Sie im Übernachtungsverzeichnis ab Seite 376

DEUTSCHER WANDERVERBAND – der Dachverband der deutschen Gebirgs- und Wandervereine

Wandern ist gemeinsam am schönsten. In einem Wanderverein können Sie, ob bei einem geselligen Abend, auf einer Tagestour oder in einem Wanderurlaub, Freunde fürs Leben finden. In ganz Deutschland sind 56 Wandervereine mit mehr als 3 100 Ortsvereinen aktiv. Sie haben ein attraktives, vielfältiges Angebot für mehr als 600 000 Mitglieder. Jährlich nehmen mehr als zwei Millionen Wanderfreunde an den geführten Touren unserer Mitgliedsvereine teil.

Die deutschen Gebirgs- und Wandervereine betreuen und pflegen mehr als 200 000 km Wanderwege von der Ostsee bis zum Schwarzwald. Über 20 000 ehrenamtliche Wegewarte sind jährlich unterwegs, um diese Wege zu markieren und auszuschildern.

Der Deutsche Wanderverband sorgt für Qualität beim Wandern. Wir geben unter anderem Richtlinien zur Markierung von Wanderwegen heraus, bieten Fachtagungen an, bilden Wanderführer aus und fördern bundesweit die Qualität im Wandertourismus durch Wanderbares Deutschland.

Wir sagen Ihnen, wo Sie den nächsten Wanderverein in Ihrer Nähe finden, bieten einen Karten- und Bücherservice, stellen unter www.wanderbares-deutschland.de die attraktivsten Wanderrouten, -regionen und Gastgeber ins Internet, veröffentlichen das Magazin „Ferienwandern“ mit dem deutschlandweit größten Angebot an mehrtägig geführten Wandertouren und helfen Ihnen gerne weiter, wenn es ums Wandern geht!

Informationen
Deutscher Wanderverband
Wilhelmshöher Allee 157–159
34121 Kassel
Tel. 05 61 / 93 87 30
Fax 05 61 / 93 87 31 0
info@wanderverband.de
www.wanderverband.de
www.wanderbares-deutschland.de

Deutscher Wanderverband

WANDERBARES DEUTSCHLAND

VIABONO

VIABONO (zu deutsch: „der Weg zum Guten") ist eine Vermarktungskooperation für umwelt- und qualitätsorientierte Reiseangebote – eine der größten und leistungsstärksten im Deutschlandtourismus. Viabono wurde 2001 auf Initiative des Bundesumweltministeriums und des Umweltbundesamtes gegründet. Die VIABONO-Philosophie „Reisen natürlich genießen" knüpft an den immer stärker werdenden Trend zum verantwortungsbewussten Tourismus an.

Unter der Dachmarke VIABONO versammeln sich Hotels, Ferienwohnungen, Tagungshäuser, Campingplätze, Jugendunterkünfte, Restaurants, Pauschal- und Kanuanbieter sowie Naturparke und Tourismus-Kommunen, die natürlichen Urlaubsgenuss in geprüfter Qualität garantieren. In den Kreis der VIABONO-Lizenznehmer wird nur aufgenommen, wer nachhaltig wirtschaftet.

Schlafen, Wasser, Essen, Energie, Wellness und Tagung: In all diesen Bereichen sorgen VIABONO-Gastgeber – oftmals unbemerkt – für einen effizienten Ressourceneinsatz. Gleichzeitig bieten sie einen umfassenden Service: Autofrei Reisende können zum Beispiel den Bahnhof-Abhol-Service nutzen und Wanderungen ohne Gepäck unternehmen.

Mehrere Hundert VIABONO-Mitglieder setzen die Idee des nachhaltigen Reisens bereits engagiert in die Tat um – die meisten davon Familienunternehmen.

Die Vermarktung der VIABONO-Partner
erfolgt insbesondere über das Internetportal
www.viabono.de

Viabono®

Reisen natürlich genießen

NATURFREUNDE DEUTSCHLANDS –
Lust auf Natur …

…bieten die NaturFreunde deutschlandweit und international. Das heißt für sie, zusammen auf Tour zu gehen oder Gipfel zu erklimmen, gemeinsam für eine gesunde Zukunft zu streiten, Naturschutz- oder Solarprojekte zu starten oder im Kanu den Fluss hinunter zu paddeln. Dabei voneinander lernen und Grenzen überschreiten – gesichert im Fels oder bei einem Besuch der europäischen Nachbarn.

Jeder ist willkommen, das Wochenende im Grünen zu genießen: Einfach mal die Seele baumeln lassen, alte und neue Freunde treffen, am Lagerfeuer in die Sterne gucken oder mit Kind und Kegel den Wald erkunden. Man kann die Sonnwendfeier mitfeiern, die Maikundgebung oder Protestaktionen unterstützen. NaturFreunde wollen ihre Region auch schmecken – am liebsten Bio.

Jeder ist willkommen, sich zu beteiligen: z. B. bei der Organisation einer Familienfreizeit, bei der Ausbildung zur Skilehrerin und zum Bergführer, beim Hütteneinsatz, in den Projekten zum Natur- und Klimaschutz oder mit dem eigenen Erfahrungsschatz bei Seminaren. Kurz: NaturFreunde setzen gemeinsam um, wofür sie einstehen.

Ein Dach über dem Kopf können sie auch garantieren: Fast 1001 Nacht sind weltweit in Naturfreundehäusern möglich. Kurze Wege in die Wanderhütten, Familienferienstätten oder komfortablen Herbergen gibt es in den Bergen, am Wasser, im Wald oder in der Stadt. Unterkunft für Jede & Jeden zu familienfreundlichen Preisen.

Informationen

NaturFreunde Deutschlands e.V.
Warschauer Str. 58a
10243 Berlin
Tel. 030 / 297732-60
Fax 030 / 297732-80
info@naturfreunde.de
www.naturfreunde.de

NaturFreunde DEUTSCHLANDS

DEUTSCHES JUGENDHERBERGSWERK –
Für die Umwelt aktiv

Wann immer es ging, verlegte der Lehrer Richard Schirrmann seinen Unterricht nach draußen. Zu Beginn des vorigen Jahrhunderts betrat er Neuland, indem er seine „wandernde Schule" in der Natur praktizierte. Um unterwegs mit den Schulklassen zu übernachten, ersann er die Idee der Jugendherberge.

Fast 100 Jahre später ist die Erlebnispädagogik längst anerkannt, und die Jugendherbergen sind weltweit erfolgreich als moderne, multifunktionale Begegnungsstätten. In Deutschland stehen an allen touristisch interessanten Orten insgesamt 542 Häuser des Deutschen Jugendherbergswerkes (DJH) zur Auswahl.

Man kann in Jugendherbergen Urlaub machen, sportlich aktiv sein oder sich fortbilden. Zahlreiche Häuser bieten ein ökologisches Lernumfeld. Umweltpädagogen vermitteln erlebnisbetonte Erfahrungen, leiten Naturschutzarbeiten an und stellen umweltverträgliche Freizeitaktivitäten vor. Viele Jugendherbergen erfüllen Qualitätskriterien für ökologische Bewirtschaftung.

Zunehmend schätzen auch Familien die zwanglose und kinderfreundliche Atmosphäre sowie die günstigen Preise. Jährlich bringen es die 1,9 Millionen DJH-Mitglieder auf rund zehn Millionen Übernachtungen.

Informationen
www.jugendherberge.de

Die Jugendherbergen DJH

Lage in Nordrhein-Westfalen

Erlebnistouren

Tour 1: Dreieckswanderung im Naturpark Arnberger Wald
Tour 2: Naturpromenade „Wasser & Wald" auf der Hevehalbinsel am Möhnesee
Tour 3: Große Möhnesee-Tour
Tour 4: Warsteiner Waldlehrpfad

Sehenswürdigkeiten

1. Möhnesee mit Talsperre
2. Naturschutzgebiet Hevearm/Hevesee
3. Naturpromenade Hevehalbinsel
4. Landschafts-Informations-Zentrum (LIZ)
5. Bismarkturm
6. Drüggelter Kapelle
7. Ruine Kloster Himmelpforten
8. Kohlenmeiler bei Hirschberg
9. Bilsteinhöhle
10. Museum Haus Kupferhammer
11. Haus Welschenbeck, Belecke
12. Schloss Körtlinghausen bei Kallenhardt
13. Hohler Stein
14. Historische Bergstadt Rüthen
15. Freizeitanlage Bibertal
16. Altstadt Arnsberg
17. Aussichtsturm „Küppel", Freienohl
18. Historischer Ortskern Eversberg

Naturpark Arnsberger Wald

Zu den schönsten Naturerlebnissen gehört zweifellos ein ausgedehnter Waldspaziergang – eine Erfahrung, die Städter eigentlich gar nicht richtig kennen, denn ihr Gang durchs Grüne endet meist sehr schnell an der nächsten Verkehrs-Trasse. Das ist einer der Gründe, warum der 482 Quadratkilometer große, 1961 gegründete Naturpark Arnsberger Wald ein perfektes Naherholungsgebiet für die Menschen im Ruhrgebiet und in Westfalen darstellt. Am Südrand der Westfälischen Bucht, im Norden durch den Haarstrang und im Süden durch das Ruhrtal begrenzt, also „vor der Tür", wartet auf sie ein großflächiges Waldgebiet in einer Mittelgebirgslandschaft mit Bergen und Tälern, natürlichen Fließgewässern, Seen, dichten Birkenmoor- und Erlenauwäldern und strukturreichen Buchenbeständen.

Die Vielfalt der Erlebnismöglichkeiten und der Umfang des Areals machen Orientierungshilfen notwendig, deshalb sind die vier Landschaften – der Haarstrang als Trennungslinie zwischen zwei Großlandschaften, dem Münsterland im Norden und dem Sauerland im Süden, das Möhnetal, der Arnsberger Wald und das Arnsberger Ruhrtal – von einem insgesamt 650 Kilometer umfassenden Wegenetz mit 48 Wander- und Rastparkplätzen durchzogen.

< *Naturimpression im Arnsberger Wald*

Rotwild, „Schwarzkittel" und Eisenhämmer

Allein das Waldnaturschutzgebiet „Arnsberger Wald" ist über 10 000 ha groß. Wald und Wasser gehen hier eine besonders eindrucksvolle Verbindung ein, und wer einsam und schweigsam durch den Forst streift, der merkt alsbald, dass sich hier auch die Tiere wohlfühlen. Die Kombination aus ursprünglichen Wäldern und Gewässern ist ein idealer Lebensraum für viele Tier- und Pflanzenarten, u. a. für einen der größten Rotwildbestände der Bundesrepublik. Die Rothirsche sind zwar scheu und äußerst selten zu sehen, aber von Mitte September bis Anfang Oktober kann man abends ihren Brunftschrei hören. Tatsächlich zu beobachten ist dagegen das Sikawild, eine kleine ostasiatische Hirschart, die im Naturpark zu einer ansehnlichen Population angewachsen ist. Nur indirekte Spuren – manchem wird das auch reichen – hinterlässt das Schwarzwild mit seinen „Suhlen". Die Wildsau, im Volksmund auch „Schwarzkittel" genannt, ziert als bemerkenswerter Zeitgenosse das Logo des Naturparks und kommt darüber hinaus als kulinarische Delikatesse auf die Tische der regionalen Restaurants. Absoluten Schutz genießen dagegen vom Aussterben bedrohte Arten wie der Schwarzstorch, der Eisvogel und der Feuersalamander, die hier ebenso heimisch sind wie seltene Pflanzenarten, u. a. das gefleckte Knabenkraut und der Straußfarn.

Eine ganz andere Bedeutung hatte der Waldreichtum des Arnsberger Raumes für die Kulturgeschichte des Menschen. Schon früh entwickelte sich in den Tälern der Ruhr und Möhne eine florierende Holzindustrie, die die Eisenerzvorkommen verwertete und Hochöfen und Eisenhämmer und in ihrer Folge Werke der Stahlverarbeitung entstehen ließ. Die frühindustrielle Entwicklung war allerdings relativ schnell beendet: Während der letzte Hochofen 1881 ausgeblasen wurde, reichte die Erzgewinnung bis ins Jahr 1949.

Blutströpfchen, Distelfalter, Schlehen, Wildsau

Surfer und Singschwäne

Die Erfahrung von duftendem Waldboden und dichten Baumkronen ist aber bei weitem nicht alles, was der Naturpark Arnsberger Wald zu bieten hat. Die Besucher lernen auch einen bedeutenden Lebens- und Erlebnisraum Wasser kennen. Neben vielen Fließgewässern und Quellen steht dabei der Möhnesee im Mittelpunkt. Mit einer Größe von 10,37 Quadratkilometern ist er der flächengrößte Stausee in Nordrhein-Westfalen. Die gigantische, 650 Meter lange und 40 Meter hohe Staumauer wurde zwischen 1908 und 1913 aus Bruchstein errichtet. Die Talsperre fasst bei Vollstau 134,5 Millionen Kubikmeter Wasser, was einem jährlichen privaten Wasserverbrauch von drei Millionen Menschen entspricht. Dennoch ist der Möhnesee kein direkter Trinkwasserspender. Das gespeicherte Wasser wird über die in die Ruhr mündende Möhne abgeleitet – erst die Wasserwerke entlang der Ruhr bereiten das Möhnewasser dann zu Trinkwasser auf.

So gibt sich der Möhnesee bedenkenlos als Freizeitparadies für die Menschen, die hier nach Lust und Laune alle Möglichkeiten des Wassersports – vom Schwimmen und Angeln bis hin zum Segeln und Surfen – nutzen.

Die Größe des Möhnesees garantiert gleichzeitig ein einmaliges Areal für zahlreiche Wasservogelarten, die vor allem in den drei Naturschutzgebieten Hevearm, Kleine Schmalenau und Möhneaue (Völlinghausen) Ruhezonen und Rückzugsgebiete finden. Angezogen durch das gute Nahrungsangebot und die ungestörten Rastmöglichkeiten, haben Stockenten, Blässhühner und Haubentaucher sowie Gänsejäger, Schellenten, Zwergtaucher, Graureiher und sogar Singschwäne den Möhnesee zum größten Rastgebiet und Winterquartier für Wasservögel in Westfalen gemacht.

Höhlenmenschen und Tropfsteine

Das Gebiet des Naturparks Arnsberger Wald hat schon früh eine Anziehungskraft für den Menschen entwickelt. Seit dem Ende der letzten Zwischeneiszeit wurde es von Jägern und Sammlern durchstreift. Gesicherte Erkenntnisse darüber gibt die oberirdische Kulturhöhle „Hohler Stein“ südwestlich von Kallenhardt. Die in der rund 20 Meter langen und ebenso breiten Halle bei Ausgrabungen in den 1930er Jahren gefundenen Relikte reichen zurück bis in die Zeit um 10 000 v. Chr. Diese und andere, z. B. aus der vorrömischen Eisenzeit (ca. 750 v. Chr. bis Zeitenwende) stammenden Funde sind heute im Museum in Lippstadt ausgestellt. Offensichtlich hat das von den Nebenläufen der Lörmecke ausgespülte Felsmassiv während der Steinzeit Material zur Herstellung von Geräten und Waffen geliefert und Menschen bis in die Neuzeit als Wohnstätte gedient. Seine Attraktivität als Wander- und Ausflugsziel für zahlreiche Erholungssuchende bezieht der ganzjährig geöffnete, kostenlos zu besichtigende „Hohle Stein“ auch aus – allerdings unwahrscheinlichen – Mythen und Legenden, die ihn mit dem mittelalterlichen Nibelungenlied in Verbindung bringen. Forscher halten sich da an ein konkreteres Geheimnis: Am „Hohlen Stein“ befindet sich der Einstieg in ein weitverzweigtes Höhlen- und Gängesystem, das noch weitgehend unerforscht ist.

Kulturhöhle „Hohler Stein“

Für Höhlenfans unverzichtbar ist auch ein Besuch der Bilsteinhöhlen bei Warstein. Jahrtausende alte, phantasievolle Tropfsteinformationen durchziehen das imposante unterirdische Labyrinth, das von dem durch die Höhle hindurchfließenden Bilsteinbach und kalkhaltigem Sickerwasser geschaffen und 1887 bei Wegearbeiten entdeckt wurde. 30-minütige Führungen vermitteln alles Wissenswerte zur Entstehung der Stalagmiten und Stalaktiten. Und wen das Höhlenfieber ganz besonders kitzelt, dem sei die Teilnahme an den Abenteuerführungen im Spätsommer empfohlen: Mit Schutzhelm und Grubenlampe geht es dann unter fachkundiger Leitung auch durch die unbeleuchteten Bereiche der Höhle.

Bilsteinhöhle
Öffnungszeiten
1. April bis 30. November: täglich 9–17 Uhr;
1. Dezember bis 31. März: So/Fei 9–16 Uhr, werktags 10–12 und 14–16 Uhr.
Eintrittspreise
Erw./Jgd.: 3,50 €, Gruppen ab 15 Pers. 3 €/Person; Kinder (5–14 J.): 1,50 €, Schulklassen 1,50 €/Person.
Informationen
www.warstein.de

Kreuzritter und ein Himmel voller Ballone

Der Naturpark Arnsberger Wald zeigt sich nicht nur als Naturschönheit, sondern auch als Kulturgebiet. Die Drüggelter Kapelle in Delecke, um die sich viele geheimnisvolle Geschichten ranken, wurde im 12. Jahrhundert vermutlich von Kreuzrittern nach dem Vorbild der Grabeskirche in Jerusalem erbaut. Heute finden in dem Rundbau regelmäßig Kammerkonzerte statt. Die St. Pankratiuskirche in Körbecke glänzt mit wertvollen, um 1720 gefertigten Schnitzereien des Holzbaumeisters Heinrich Stütting.

Trutzig gibt sich die Burgruine Eversberg, wo Reste eines kleinen Steinturms von Zeiten berichten, als Graf Gottfried III. von Arnsberg im 13. Jahrhundert seine Gebietsansprüche gegen den Erzbischof von Köln verteidigen musste. Bereits zuvor hatte hier eine feste Burg mit zwei Ringmauern gestanden, die von Graf Eberhard von Arnsberg zwischen 1093–1124 errichtet, im Jahre 1235 aber zum größten Teil durch eine

Drüggelter Kapelle in Delecke

Hexenturm
Der einzige vollständig erhaltene Wehrturm der Stadtbefestigungsanlage von Rüthen ist sagenumwoben. Im 17. Jahrhundert wurden hier vermeintliche Zauberer und Hexen gefangen gehalten. Heute dient der Turm als kleines Hexenmuseum.

OWPA
INZIG WAHRE
EINE KÖNIGIN UNTER DEN
Warsteiner
PREMIUM
ALKOHOLFREI
ZIG WAHRE

Feuersbrunst zerstört wurde. Die auf einem Bergkegel (453 m über NN) gelegene Ruine bietet einen lohnenden Blick in das Land der Tausend Berge.

Eine „Neugründung" ist auch das Schloss Körtlinghausen nordwestlich von Kallenhardt. An der Stelle des ehemaligen Rittersitzes Körtlinghausen, der während der Soester Fehde (1447) geplündert und bis auf die Grundmauern niedergebrannt wurde, präsentiert sich heute ein prächtiges Barockschloss, das zwischen 1714 und 1743 als Sitz der kurkölnischen Oberjägermeister im Sauerland errichtet wurde. In den kommenden Jahrhunderten ließen es sich zahlreiche westfälische Adelsfamilien hier gut gehen. Heute dient der prunkvolle Gebäudekomplex als Eventlocation für festliche Veranstaltungen und Tagungen und als Filmlocation. Eine Besichtigung ist nur von außen möglich.

Event und Tradition kommen auch bei einer der außergewöhnlichsten Veranstaltungen in Deutschland, bei der jeweils am ersten September-Wochenende beginnenden Warsteiner Internationale Montgolfiade, zusammen. Offiziell gelang Friedrich Wilhelm Jungius 1805 die erste Ballonfahrt in Deutschland, er legte in einem Gasballon in 6 600 Metern Höhe eine Strecke von rund 50 Kilometern zurück. Das Erlebnis Montgolfiade zeigt heute als Europas größtes Ballon-Event einen Himmel voller Ballone – rund 300 Starter werden dabei von über 150 000 Besuchern beobachtet, die vor allem von den Massenstarts, phantasievollen Sonderformen und den faszinierenden abendlichen Lichtshows begeistert sind.

Wildpark
Hier bewegen sich Luchse und Waschbären in ihrem natürlichen Lebensraum, auch Dam-, Sika-, Schwarz- und Rotwild sowie Füchse können naturnah beobachtet werden. Der Wildpark ist direkt an den Warsteiner Bilsteinhöhlen gelegen, ganzjährig geöffnet und bietet freien Eintritt. Für Kinderspaß sorgt darüber hinaus der angrenzende Abenteuerspielplatz.

< *Internationale Montgolfiade in Warstein*

INFORMATIONEN

Naturpark Arnsberger Wald
Hoher Weg 1–3
59494 Soest
Tel. 02921 / 302251
Fax 02921 / 302394
arnsberger-wald@kreis-soest.de
www.naturpark-arnsberger-wald.de

WASSER UND WALD VERSTEHEN

Die Lebensräume des Naturparks Arnsberger Wald den Besuchern näher zu bringen, das hat sich das Landschafts-Informations-Zentrum Wasser und Wald Möhnesee e.V., kurz LIZ, zur Aufgabe gemacht. Jung und Alt dürfen hier anfassen, beobachten, staunen und entdecken. Gemäß der pädagogischen Leitlinie „Naturgeschehen darstellen und mit der Alltagserfahrung der Menschen verknüpfen" werden in einer erlebnisreichen Dauerausstellung die ökologischen Grundlagen zum Möhnesee und dessen Funktion für die Trinkwasserversorgung der Umgebung anschaulich erläutert sowie die Bewohner der fischreichen Talsperre wie Flusskrebse, Rotaugen oder Karpfen vorgestellt. Sinnenreich geht es auch um das Ökosystem Wald und die hier heimischen Tiere. Man erfährt, warum es dem Sikahirsch so gut im Arnsberger Wald gefällt, kann zwei Ameisenkolonien bei der „Arbeit" beobachten und per Installation sein Wissen über Vogelstimmen testen.

Über das Jahr verteilt richtet das LIZ u. a. Exkursionen und Vorträge aus, die den Besucher mit den Besonderheiten der Landschaft, Natur und Kultur vertraut machen. Dazu zählen auch Besichtigungen der Talsperre und seiner Vogelschutzgebiete, naturkundliche Rundgänge über den Haarstrang, landschaftskundliche Wanderungen und Radwanderungen sowie geführte Waldtouren zu speziellen Themen. Für Schulklassen, Familien, Senioren- und Erwachsenengruppen sind übrigens auch Kombinationsangebote mit der Möhneseeschifffahrt und dem Eissportzentrum Möhnesee möglich. Wechselnde Ausstellungen zu verschiedenen Themen und eine Präsenzbibliothek zu Umweltthemen komplettieren das Angebot. Untergebracht ist die Umweltbildungs- und Naturschutzeinrichtung seit 1994 in dem alten Bruchsteingebäude der ehemaligen Günner Mühle, nur ca. 15 Fußminuten von der Sperrmauer entfernt. Zum LIZ gehört auch ein idyllisch gelegenes Außengelände mit Bauerngarten, Teich und Wildblumenwiese. Hier lässt sich sogar ein Honigbienenvolk in Augenschein nehmen.

Ehemalige Günner Mühle

Die Sperrmauer am Möhnesee

Informationen
Brüningser Straße 2
59519 Möhnesee
Tel. 02924 / 84110
Fax 02924 / 859562
info@liz.de
www.liz.de
Öffnungszeiten
Di–Fr 10–17 Uhr,
Sa/So/Fei 14–18 Uhr, Mo Ruhetag.
Gruppentermine sind nach Absprache auch außerhalb der Öffnungszeiten möglich.
Preise
Erwachsene 3 Euro,
Gruppen (ab 10 Personen) 2,50 Euro,
Kinder (3–16 Jahre) 2 Euro,
Familienkarte
(bis 2 Erw. 3 Kinder) 7 Euro

INFORMATIONEN ZU UNTERKÜNFTEN UND TOUREN

Gäste Information Möhnesee
Küerbiker Straße 1
(im Haus des Gastes)
59519 Möhnesee
Tel. 02924 / 497 oder 02924 / 1414
Fax 02924 / 1771
info@moehnesee.de
www.moehnesee.de

Sauerland-Tourismus e. V.
Bad Fredeburg
Johannes-Hummel-Weg 1
57392 Schmallenberg
Tel. 0180 / 5096980
Fax 02974 / 969833
info@sauerland.com
www.sauerland-touristik.de

Hellweg Touristik e. V.
Lange Str. 15
59555 Lippstadt
Tel. 02941 / 9794-0
Fax 02941 / 9794-22
info@hellweg-touristik.de
www.hellweg-touristik.de

Stadtmarketing Warstein e. V.
Haspeler Ring 39
59581 Warstein
Tel. 02902 / 52335
Fax 02902 / 52339
info@gerdflaig.de
www.marketing-warstein.de

Naturparkkarte
Naturpark Arnsberger Wald/Homert, Freizeitkarte NRW, 1 : 50 000, mit Wander- und Rad-Wanderwegen
Vertrieb über den Buchhandel und das Landesvermessungsamt NRW
53177 Bonn, Kundenservice
Tel. 0228 / 846-4646
Fax 0228 / 846-4648
shop@lverma.nrw.de
www.lverma.nrw.de

Naturpark
Arnsberger Wald

ERLEBNISTOUREN – WANDERN

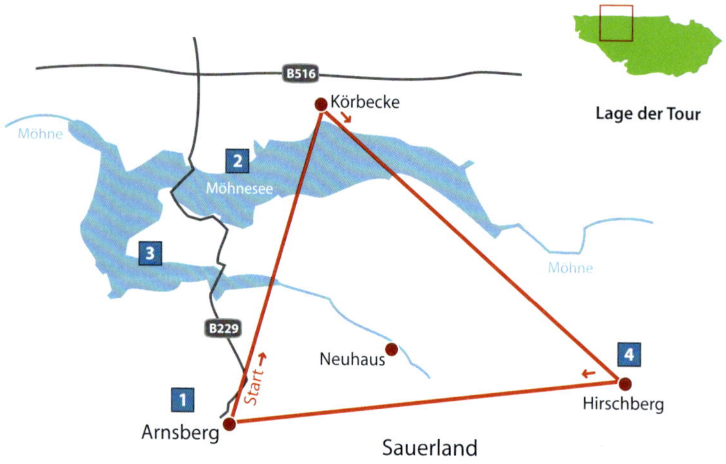

TOP-TOUR

Dreieckswanderung im Naturpark Arnsberger Wald

Arnsberg – Möhnesee – Warstein-Hirschberg – Arnsberg
Länge: ca. 50 Kilometer, aufgeteilt in drei Tagesabschnitte á ca. 16 km
Wanderzeit: jeweils ca. 4 Stunden
Schwierigkeitsgrad: einfach bis mittelschwer
Einkehr: möglich

Die Dreieckswanderung führt durch alle wesentlichen Bereiche des Naturparks Arnsberger Wald. Die Vielfalt der Landschaftsformen zwischen dem Ruhrtal im Süden und dem Möhnetal im Norden wird auf einer Länge von rund 50 Kilometern deutlich, auf der sich Berggipfel und romantische Täler, Bachläufe und Seen, schöne Ortschaften, Weitsichten und dichte Wälder abwechseln. Gepflegte Hotels oder gemütliche Gasthöfe und Pensionen sind ausreichend vorhanden und sorgen für die entsprechenden kulinarischen Highlights.

Um die Tour erholsam zu gestalten, sollte man sie in drei Tagesabschnitte aufteilen. Ein möglicher Beginn liegt in Arnsberg (1), das als historisches Eingangstor in das „Land der tausend Berge" gilt, wie das Sauerland auch genannt wird. In der romantischen Altstadt mit seiner gut erhaltenen mittelalterlichen Bausubstanz locken neben facettenrei-

Blick auf Hirschberg

chen Kultur- und Freizeitangeboten die imposante Schlossruine und das Klassizismus-Viertel. Von hier aus geht es durch den herrlichen, von Fichtenforsten- und Buchenwäldern dominierten Arnsberger Wald zum Möhnesee (2). Der naturintensive Weg wird nur von wenigen kleinen Siedlungen unterbrochen. Der Möhnesee hält für den Rest des Tages jede Menge Möglichkeiten der Freizeitgestaltung bereit, z. B. den Besuch der Naturschutzgebiete Hevetal und Hevearm (3) oder eine Fahrt mit einem Ausflugsschiff.

Die zweite Etappe der Tour führt vom Möhnesee nach Warstein-Hirschberg (4). Der von tiefen Wäldern umringte Ort liegt auf einem Felsplateau inmitten des Arnsberger Waldes und vermittelt den unverwechselbaren Charakter des Sauerlandes. Sehenswürdig sind hier die Pfarrkirche St. Christopherus und das Rathaus.

Von Hirschberg geht es dann am dritten Tag zurück nach Arnsberg. Teilweise führt die Tour über den historischen Plackweg, einen alten Handelsweg aus der Römerzeit, der über den Höhenzug nördlich der Ruhr bei Meschede durch den Arnsberger Wald verläuft.

Die Dreieckswanderung
ist als Arrangement mit Hotels
oder Pensionen buchbar
Verkehrsverein Arnsberg e. V.
Tel. 02931 / 4055
info@dreieckswanderung.de
www.dreieckswanderung.de

ERLEBNISTOUREN – WANDERN

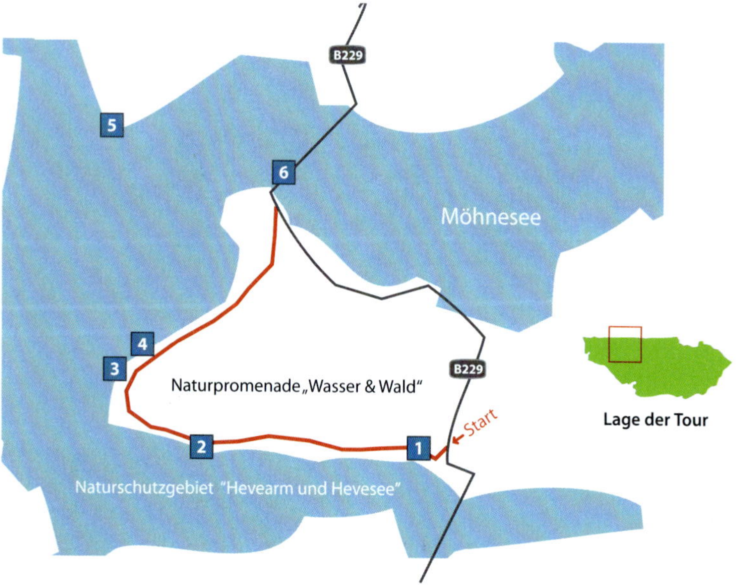

Naturpromenade „Wasser & Wald" auf der Hevehalbinsel am Möhnesee

Streckenlänge: ca. 3,6 km
Wanderzeit: variabel
Schwierigkeitsgrad: einfach
Einkehr: möglich
Sehenswürdigkeiten:
Multikulti im deutschen Wald (1)
Uferrandweg aud der Hevehalbinsel (2)
Schiffsanleger (3)
Wo Kettlersteich im See versank (4)
Link'scher Turm (5)
Delecker Brücke (6)

Eine Tour in der Natur geht auch ohne Wanderstiefel, und wie! Zum Beispiel auf der Naturpromenade „Wasser & Wald" auf der Hevehalbinsel, einer der schönsten Stellen am Möhnesee. Ende 2004 wurde sie nach einer Idee des bekannten Möhneseer Vogelkundlers Professor Dr. Wilfried Stichmann eingerichtet, um an 19 Stationen entlang der Uferrandweges landschaftliche und historische Besonderheiten zu erläutern. Dabei wird das Thema „Wasser und Wald" in vielen Facetten herausgearbeitet, Stationen wie „Multikulti im deutschen Wald", „Wiebke und Vivien schlu-

Spielerisch die Natur entdecken

gen zu", „Sozialer Wohnungsbau in der Vogelwelt", „Geheimnisvolle Spuren im Wald" oder „Wo Kettlersteich im See versank" versprechen höchst interessante Einblicke.

Die Tour ist fernab akademischer Versuchungen lebendig gestaltet und auch für Kinder eine Attraktion: Sie erwartet an jeder Station jeweils ein besonderer Tipp, der z. B. erklärt, warum ein Zapfen auch eine Wetterstation sein kann oder wie es mit den Jahresringen einer Eiche verhält. Baumtelefon, Holzxylophon und Horchtrichter oder Sichtkästen tun ein Übriges, um die Kids zu begeistern. Der Uferrandweg auf der Hevehalbinsel ist ganzjährig begehbar. Ausgangspunkte der Naturpromenade sind der Parkplatz Delecker Brücke, das Südufer und der Parkplatz Torhaus.

Ein wichtiger Tipp am Ende: Es finden regelmäßig Rundgänge mit sachkundigen Führern statt. Ausgangspunkt ist der Wanderparkplatz Torhaus, auf dem sich auch ein Informationsstand befindet. Alle Führungen sind kostenlos! Wer etwas mit nach Hause nehmen möchte, der kann für zwei Euro eine 48-seitige Broschüre mit ausführlicher Erläuterung der Naturpromenade-Stationen erwerben.

ERLEBNISTOUREN – WANDERN

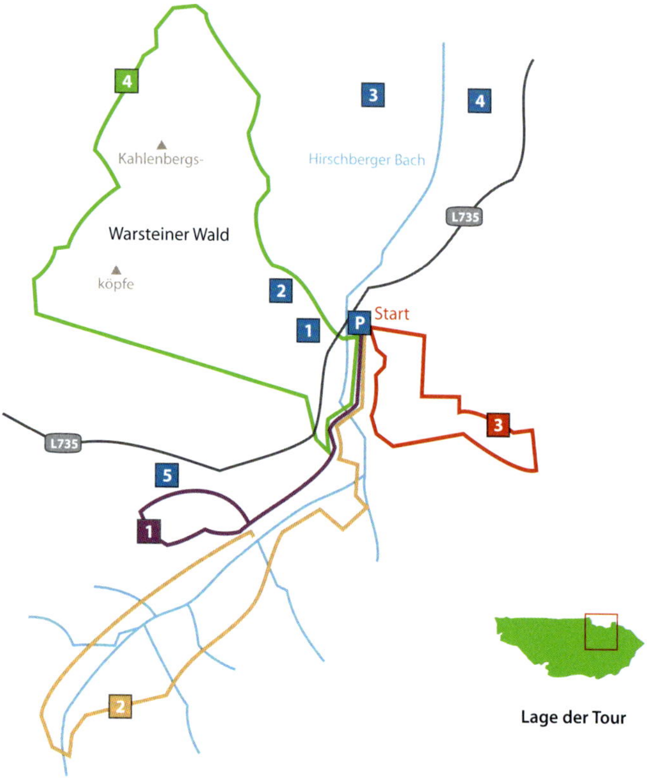

Warsteiner Waldlehrpfad

Die ökosystematische Bedeutung der Natur, aber auch die konkrete Beziehung des traditionsreichen Warsteiner Stadtwaldes zum Menschen stehen beim Warsteiner Waldlehrpfad im Mittelpunkt. Er verläuft in unmittelbarer Nähe zur Warsteiner Bilsteinhöhle und zum Wildpark und besteht aus vier Themenrouten.

Sehenswürdigkeiten:
Warsteiner Bilsteinbruch (1)
Trellenbruch (2)
Am Kahlenberg (3)
Lothringer Hof (4)
Dimbruch (5)

Kohlenmeiler in Hirschberg

Route 1

Spuren alter Waldberufe

Dauer: ca. 1 Stunden

Der Holzreichtum war für die Bewirtschaftung des Arnsberger Raumes durch den Menschen entscheidend. Die Route stellt viele alte Waldberufe vor, die heute kaum noch jemand kennt, etwa den Zeidler, aus dem der heutige Imker hervorgegangen ist. Dieser Beruf und andere wie z. B. der des Köhlers werden anhand von naturgetreuen Nachbildungen und Schautafeln vorgestellt.

Tipp: Im Jahr 1974 wurde südlich von Hirschberg ein Kohlenmeiler als Schaumeiler errichtet. Im mehrjährigen Turnus werden hier Köhlerwochen durchgeführt, bei denen man die Herstellung von Kohle miterleben kann.

Route 2

Ökosystem Wald

Dauer: ca. 2 Stunden

Sind Fledermäuse Vampire? Stechen Libellen? Der Wald steckt voller kleiner Geheimnisse und Fragen. Auf dem Weg durch den Lehrpfad Ökosystem Wald erhält man Antworten und Erkenntnisse, auch auf Fragen, die man noch gar nicht gestellt hat.

Route 3

Waldrand und Flur: Nahtstelle zweier Lebensräume

Dauer: ca. 1,5 Stunden

Der Bereich zwischen Wald und Feld ist die Grenze zwischen zwei verschiedenen Lebensräumen. Die Route beschäftigt sich mit Waldrändern und ihren gegensätzlichen Pflanzen und Tieren.

Route 4

Forstwirtschaft, Waldbäume, Waldsterben, Waldbewirtschaftung

Dauer: ca. 3,5 Stunden

Was macht eigentlich die Forstwirtschaft genau im Wald, wie werden Bäume gefällt und abtransportiert, welche Bäume werden wo und wie nachgepflanzt? Diese Tour erzählt gründlich und der Reihe nach von der Arbeit des Menschen im Wald.

Informationen
zum Warsteiner Waldlehrpfad
Tel. 02902 / 81-0
www.warstein.de

ERLEBNISTOUREN – RADWANDERN

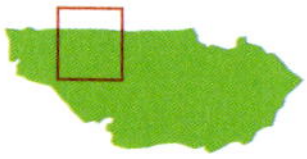

Lage der Tour

Große Möhnesee-Tour

Körbecke – Delecke – Günne – Brüningsen – Neuhaus – Wilhelmsruh – Völlinghausen – Wamel – Stockum – Körbecke
Länge: 36 Kilometer
Dauer: variabel
Schwierigkeit: mittelschwer
Einkehr: möglich

Es gibt eine Reihe von Möglichkeiten, den Möhnesee ganz oder teilweise zu umfahren. Die hier vorgestellte Tour ist die längste von allen, kann jedoch an bestimmten Streckenabschnitten einfach abgekürzt bzw. mit anderen Routen kombiniert werden (s. Karte). Aus diesem Grunde ist ein Einstieg in die Tour auch überall möglich.

Grob gerastert führt die Tour durch die prägenden Landschaftsteile des Naturparks: Im Norden sind es die weiten Wiesen und Felder des Haarstrangs mit schönen Ausblicken über den Möhnesee und in die Soester Börde, südlich beginnt der Arnsberger Wald, und im Zentrum steht mit dem landschaftsprägenden Möhnesee das Element Wasser.

Sehenswürdigkeiten, ausgehend von Körbecke in westliche Richtung:
St. Pankratiuskirche in Körbecke (1)
Dreischiffige Hallenkirche mit prachtvollen Schnitzereien des Holzbaumeisters Heinrich Stütting, 1720.
Drüggelter Kapelle in Delecke (2)
Der Rundbau, um den es viele geheim-

Radfahren durch die Wiesen und Felder des Haarstrangs

nisvolle Geschichten gibt, wurde im 12. Jahrhundert vermutlich von Kreuzrittern nach dem Vorbild der Grabeskirche in Jerusalem erbaut. Heute finden hier regelmäßig Kammerkonzerte statt.

Bismarckturm (3)
Baubeginn 1913, Fertigstellung erst 1934. Bietet weite Ausblicke: Südlich über den Möhnesee auf den Arnsberger Wald, nach Norden über die Soester Börde und die Münsterländer Bucht.

Sperrmauer des Möhnesees (4)
Imposantes technisches Baudenkmal, 1908–1913 erbaut.

Landschafts-Informations-Zentrum (LIZ) in Brüningsen (5)
Umweltbildungs- und Naturschutzeinrichtung mit einer Ausstellung über die Lebensräume Wasser und Wald im Naturpark Arnsberger Wald.

Naturschutzgebiet „Hevearm und Hevesee" (6)
Durchgangsstation und Winterquartier für zahlreiche Wasservogelarten.

Ehemaliges Jagdschloss Wilhelmsruh (7)
1891 errichtet, wurde später zur Bildungsstätte St. Meinolf. Besichtigung nur von außen möglich.

Wildpark Völlinghausen (8)
Dam-, Rot- und Sikawildbestände, ein Zwergziegengehege und viele Vogelarten. Der Eintritt ist frei.

FREIZEIT & ERHOLUNG

Aqua Dreaming
Einmal dem hektischen Alltagstreiben entfliehen, sich Ruhe und Entspannung gönnen, den eigenen inneren Rhythmus erkennen und fühlen – im Aqua Dreaming sind dies wesentliche Erfahrungsaspekte. Genießen Sie die Schwerelosigkeit und Wärme von 35 °C warmen Wasser und tanken Kraft und Zuversicht bei Aquatischer Körperarbeit (WasserShiatsu – WATSU® und WasserTanzen – WATA®), Meditation und Massage.

Informationen
Teutonenweg 5
59519 Möhnesee
Tel. 02924 / 878287
heike.otten@aquanetz.de
www.aquadreaming.de

Warsteiner Allwetterbad
Familienfreundliches Erlebnisbad mit Sportvariobecken (250 qm), zu dem ein Nichtschwimmerbereich und vier Schwimmbahnen gehören. Für Kids stehen bereit: Wasserspielgarten (32 qm) mit Piratenboot, Wasserrutsche, Regenfontaine und Wasserspeier. Den Innenbereich bildet ein Erlebnisbecken (102 qm) mit Wasserfall, Sprudelbänken, Schwallmassage, Bodenbrodler sowie einem Lichtambiente mit Unterwasserscheinwerfern.

Im Außenbecken (270 qm) locken u. a. Regenpyramide, Sprudelbänke, Strömungskanal und Wasserkaskade.

Informationen
Lortzingstraße 1
59581 Warstein
Tel. 02902 / 3511
www.warstein.de

Wasserspaß im Biberbad Rüthen

NASS – Neues Freizeitbad Arnsberg GmbH

Die Hauptattraktion für Kinder und Junggebliebene ist sicherlich die 80-Meter-Riesenrutsche. Aber auch sonst hat das erlebnisreiche Freizeitbad eine Menge zu bieten: Neben den obligatorischen 25-Meter-Sport- und 50-Meter-Sommerbahnen gibt es ein familiengerechtes Erlebnisbecken mit Strömungskanal, Whirlpools, Natursolebecken unterm Sternenhimmel mit Sprudelliegen und Solarien. Äußerst vielseitig ausgestattet ist die Saunalandschaft mit elf verschiedenen Sauna- und Dampfbadangeboten, u. a. mit finnischer Aufgusssauna, Klangsauna, Aroma-Kristallsauna, Erdsauna, Seesauna und einem originalen türkischen Hamam sowie einem großzügigen Saunagarten.

Informationen

Vogelbruch 30
59759 Arnsberg
Tel. 02932 / 47573-0
Fax 02932 / 47573-45
info@nass-arnsberg.de
www.nass-arnsberg.de

Waldfreibad Hirschberg

Idyllisch gelegenes Familienbad mit Wettkampfschwimmbecken, Kinderplanschbecken, Kletter- und Wasserrutsche, Beachvolleyball-/Multifunktions-Spielfeld und großer Liegewiese.

Informationen

Landstraße Hirschberg-Meschede
(südöstlich des Ortes im Bermecketal)
Tel. 02902 / 4195
www.freibad-hirschberg.de

Biberbad Rüthen

Natur und Entspannung, Sport und Spiel – im Biberbad sind diese Komponenten beispielhaft miteinander verbunden. Hier beginnen die Wanderwege im Naturpark Arnsberger Wald und der Bachlauf der Biber plätschert mitten durch die mit großen Laubbäumen bestandene Liegewiese. Fitnessbewusste lockt das Sportbecken, Badelustige das Spaßbecken mit Wildwasserkanal, Riesenrutsche, Durchschwimmkanal, Breitrutsche und Geysir. Darüber hinaus stehen Bolz- und Spielplatz mit Tischtennisplatte, Basketballkorb und Beachvolleyball-Feld zur Verfügung.

Informationen

59602 Rüthen
Tel. 02952 / 89138
www.ruethen.de

LEIB & SEELE

Möhnetaler

Wer sagt, dass Käse nur aus Holland oder der Schweiz kommt? Der „Möhnetaler" ist der beste Beweis, dass es auch in Deutschland vorzügliche Käsereien gibt. Zugegeben, das Rezept kommt von den Eidgenossen, aber hergestellt wird der „Möhnetaler" vom BioHof Leifert – aus der eigenen frischen, biologisch erzeugten Vollmilch. Der „Möhnetaler" gehört zu den Hartkäsen und ruht daher für mindestens drei Monate im Reiferaum. Die mehrmonatige Pflege verleiht ihm eine schöne Naturrinde und einen mildaromatischen Geschmack. Probieren kann man auch den „Möhnerauch", einen Valero, der im Buchenholzrauch mild geräuchert wird, mit zart schmelzendem Charakter und einer goldgelben Farbe.

Der BioHof Leifert ist ein so genannter „Bioland-Betrieb" und bietet auch Führungen an, die über den organisch-biologischen Landbau, die Milchviehhaltung, die Hofkäserei und die Direktvermarktung informiert.

Informationen

BioHof Leifert
Oesterweg 15
59519 Möhnesee-Berlingsen
Tel.: 02924 1640
Fax: 02924 5529
info@biohof-leifert.de
www.biohof-leifert.de

Blutwurst und Finnland-Torte

„Hochwertige Qualität aus hochwertigen Grundprodukten", das ist das Prinzip des Biohofes Matern. Geboten wird eine breite Palette an deftiger Kost und süßen Lecke-reien. Etwa hausgemachte Leber-, Blut-, Sülz- und Mettwurst, alles Biofleisch der eigenen Tiere. Oder Honig aus der eigenen Imkerei (Sommertracht, Wald, Linde, Weißklee), selbstgebackene Vollwertbrote und eine der Spezialitäten, die genauso vollwertige wie fruchtige Finnland-Torte.

Darüber hinaus hat der Hofladen Gemüse und Getreide aus eigenem Anbau im Angebot. Eine Probierstube steht für kleinere Gruppen (20 bis 25 Personen) bereit.

Informationen

Biohof Matern
Zum grünen Ufer 36
59581 Warstein
Tel.: 02902 52097
Fax: 02902 52099
biohof.matern@gmx.de
www.biohofmatern.de

Ökologische Produkte und Zuchttiere

Der um die Jahrhundertwende errichtete und mittlerweile denkmalgeschützte Gutshof Warstein bietet Gemüse, Fleisch und Eier aus eigener ökologischer Produktion nach Naturland-Richtlinien. Andererseits ist der Hof ein Zuchtbetrieb für vom Aussterben bedrohte alte Haustierrassen wie Rotes Höhenvieh, Rhönschafe, Westfälische Totleger, Rotbunte Husumer Schweine sowie Lippegänse.

Informationen

Gutshof Warstein
Lindenstraße 13
59581 Warstein
Tel.: 02902 8066-0
Fax: 02902 806622
gutshof@ini.de
www.ini.de

Die genannten Anbieter stellen nur eine Auswahl dar aus einem großen Angebot weiterer Naturkostbetriebe. Informationen: www.naturpark-arnsberger-wald.de

Lage in Nordrhein-Westfalen

Erlebnistouren

Tour 1: „Straße der Arbeit"
Tour 2: Reiten im Naturpark Bergisches Land
Tour 3: Schwalbe Fahrradpark Reichshof

Sehenswürdigkeiten

1. Stadt Blankenberg
2. Schloss Burg
3. Altenberger Dom
4. Schloss Homburg
5. Tropfsteinhöhle Wiehl
6. Tropfsteinhöhle Ründeroth
7. Schloss Ehreshoven
8. Jugendzeltplatz Freudenthal
9. Vogelpark Eckenhagen
10. Bergisches Freilichtmuseum
11. Museum für Bergbau, Handwerk und Gewerbe
12. Papiermühle Alte Dombach
13. Museum für Industrie und Sozialgeschichte
14. Deutsches Klingenmuseum
15. Deutsches Röntgenmuseum
16. Fuhlrott-Museum
17. Eisenbahnmuseum
18. Müngstener Brücke

Naturpark Bergisches Land

Wandern, Radfahren, Ballonfahren ... – naturnahe Freizeitgestaltung ist Kult im Bergischen Land. Das liegt einerseits an der herrlichen Natur, die im mit knapp 2 000 Quadratkilometern größten Naturpark Nordrhein-Westfalens ein abwechslungsreiches Szenario garantiert. Ein anderer Grund für die große Beliebtheit ist die hochwertige Infrastruktur. Zum Beispiel beim Wandern: Denn hier kann man sich kaum verlaufen, 3 000 Kilometer umfasst das kartierte und markierte Wegenetz, das ausgearbeitet, gehegt und gepflegt wird und alles mit jedem verbindet. Auch für Radfahrer ist gesorgt, die anhand ausgewiesener Beschilderungen geeignete Strecken finden. Nordic Walking, Inline-Skating zum Beispiel in den Flusstälern, und im Winter Skilanglauf in Reichshof, Bergneustadt, Morsbach, Marienheide und Radevormwald – den Aktivitäten im Naturpark sind wahrlich keine Grenzen gesetzt. Insgesamt ein riesiges Streckenmaß, das man wohl kaum in jedem Detail kennen, in das man sich jedoch einarbeiten und hineinlaufen oder – fahren kann. Denn den Naturpark Bergisches Land kennen zu lernen heißt, Teile zu einem Ganzen zu fügen, Eindrücke miteinander zu verbinden und vor allem – öfter wiederzukommen.

Blick auf Schloss Burg

Bergisch heißt nicht unbedingt bergig

Das Bröltal
Eine der schönsten und ursprünglichsten Flusslandschaften des Bergischen Landes ist zwischen Hennef und Schloss Herrnstein zu bewundern, wo die Bröl durch naturnahen Auenwald mit Erlen, Eschen und Weiden mäandriert.
Hier sind Wasseramsel und Eisvogel, sowie bemerkenswerte Vorkommen des Straußfarns zu finden.

Stammgäste gibt es denn auch viele, denn der 1973 gegründete Naturpark Bergisches Land ist ein beliebtes Naherholungsgebiet für die asphaltgewohnten Städter an Rhein und Ruhr. Der Naturpark liegt zwischen der Köln-Siegburger Bucht im Westen, den Ausläufern des Sauerlandes im Osten, dem Westerwald im Süden und dem Bergischen Städtedreieck Wuppertal/Remscheid/Solingen im Norden.

Das Bergische Land ist geologisch zwar ein Teil des rechtsrheinischen Schiefergebirges, doch mit dem Schiefergebirge hat der Name „Bergisches Land“ eigentlich nur wenig zu tun. Namensgeber nämlich waren die Grafen von Berg. Deren historisches Territorium – die Grafschaft Berg – ist noch heute die zentrale Fläche des Naturparkes. Der Grafen erster Stammsitz lag bei Altenberg, bevor die Landesherren dann ab 1118 im neu erbauten Schloss Burg an der Wupper residierten. Dort steht auch das Denkmal des Grafen Engelbert II., der im 13. Jahrhundert als Erzbischof von Köln und Reichsverweser des Kaisers Friedrich II. die bedeutendste Phase der Berger markierte, bevor sich 1496 die Herzogtümer Jülich-Berg und Cleve-Mark verbanden, die Region 1690 an die Pfalz, 1803 an Bayern und schließlich 1815 an Preußen ging.

Im Land der Panoramen

Wald, Wildnis und Heidepracht

Das Gebiet des Naturparks Bergisches Land ist eine besonders artenreiche und abwechslungsreiche Mittelgebirgslandschaft mit vielen bewaldeten, in langen Wellen verlaufenden Höhenzügen, Wiesentälern, Bächen, Teichen und Flüssen. Landschaftsprägend sind auch die zahlreichen Talsperren, wichtige Trinkwasserlieferanten und interessante Wasserflächen zur Freizeitgestaltung.

Der höchste begehbare Punkt des Naturparkes befindet sich im östlichen Teil an der Grenze zum Sauerland. Es ist der Unnenberg (506 Meter) bei Marienheide, nach Westen hin wird die Gegend immer flacher.

Eichen-/Buchenmischwald

Der Wald umfasst ca. 560 Quadratkilometer und macht den Ausflug zu einem echten Naturerlebnis. Große Teile, wie der Nutscheid am Südrand des Bergischen, bestehen aus zusammenhängenden Waldgebieten, in denen sich Laub- und Nadelgehölze mit Mischwäldern abwechseln. Ein Paradies für Erholungssuchende und Aktive, aber auch ein ideales Refugium für viele Tier- und Pflanzenarten. Hier finden noch scheue Wald- und Wiesenbewohner wie Falter, Fledermäuse, Dachse, Rehwild und Wildschweine eine Heimat.

Beste Lebensräume bieten auch die Feuchtgebiete des Naturparks, wo seltene Pflanzen wie das Breitblättrige Knabenkraut gedeihen und zahlreiche, zum Teil geschützte Tiere wie die Wasseramsel oder der schillernde Eisvogel leben.

Dass das Bergische Land zu den vielseitigsten Kulturlandschaften der Republik zählt, dokumentieren die Heide- und Moorgebiete wie die Bergischen Hangmoore im 65 Hektar großen Naturschutzgebiet des Immerkopfes. Heideflächen sorgen im August und September für eine Blütenpracht, während in den Moorgebieten Wollgras oder der unter Naturschutz stehende Sonnentau wachsen.

Tropfsteinhöhle Wiehl
Die unterirdische Schönheit wurde 1860 bei Sprengungen entdeckt und ist seit 1927 für die Öffentlichkeit zugänglich. Der ausgewaschene Kalkstein des Pfaffenberges bietet ein weit verzweigtes Höhlensystem (insgesamt 1 500 Meter lange Gänge) mit beeindruckenden Stalaktiten und Stalagmiten.
Informationen
Tel. 02262 / 7920
www.wiehl.de

Arnikablüten

Aggertalsperre

Land der Talsperren

In der Vielfalt seiner Landschaftsformen ist der Naturpark Bergisches Land aber vor allem eines: das Land des Wassers und der Talsperren. Schon meteorologisch heißt das: Die erwärmte Luft im Rheintal verdichtet sich zu Wolken, die sich in den Höhenlagen entladen – es regnet zuweilen ausgiebig. Der Wasserreichtum führt zu stark fließenden Flüssen und Bächen. Die Wupper durchzieht als längster Fluss das gesamte Bergische Land, 112,8 Kilometer von der Quelle bei Börlinghausen/ Marienheide, wo sie noch Wipper heißt, bis zur Rheinmündung bei Leverkusen. Schon früh wurden die Gewässer im zum Rhein abfallenden Gelände als Wirtschaftskraft entdeckt, als Energiequelle für Wasserräder und Hammerwerke, die für eine rasante Entwicklung der Textilindustrie sowie der Eisen- und Werkzeugindustrie sorgten.

Die Kraft des Wassers und seine Nutzbarmachung förderte auch den Bau von Staubecken, die die Region zu einer regelrechten Seenlandschaft werden ließen. Im Gebiet des Naturparks Bergisches Land dienen allein 16 Talsperren dem Hochwasserschutz, der Energieerzeugung sowie als Nutz- und Trinkwasserreservoire. Kein

Eschbachtalsperre

Wunder, dass es hier mit der 1889 bis 1891 erbauten Eschbachtalsperre die älteste Trinkwassertalsperre Deutschlands gibt.

Nicht zu kurz kommt bei den Talsperren auch der Spaßfaktor. Als Wassersport-, Freizeit- und Erholungsgebiete und damit als Quelle für den Tourismus fungieren vor allem Wupper-, Bever-, Lingese-, Brucher- und Aggertalsperre. Hier kann man segeln, schwimmen, tauchen, rudern, Kanufahren, windsurfen, angeln oder Boote leihen. Die Trinkwassertalsperren sind zwar für sportliche Aktivitäten gesperrt, als Orte stiller Erholung mit naturnahen Wanderwegen aber mindestens genauso attraktiv. Schließlich sind es gerade die geschützten Uferregionen und Auenlandschaften, die den wertvollen Pflanzen- und Tierbestand des Naturparks bewahren.

Regatta auf der Bevertalsperre

Altenberger Dom

„Bonte Kerken" und ein „liegender Eiffelturm"

Neben einmaligen Naturerlebnissen und zahlreichen Freizeitmöglichkeiten bietet der Naturpark Bergisches Land auch lohnende Ziele für spannende Reisen in die Vergangenheit.

Der Altenberger Dom wurde 1379 geweiht und gehört zu den bedeutendsten gotischen Kirchenbauten in Deutschland, sein majestätisches Westfenster ist das größte Kirchenfenster diesseits der Alpen und stellt das himmlische Jerusalem dar. Berühmt sind auch die sogenannten „Bonten Kerken", fünf Dorfkirchen im Oberbergischen (Gummersbach-Lieberhausen, Bergneustadt-Wiedenest, Wiehl-Marienhagen, Nümbrecht-Marienberghausen, Marienheide-Müllenbach) mit eindrucksvollen mittelalterlichen Fresken, die die damals leseunkundige Bevölkerung in die Bibel einführen sollten.

Im Lande der Grafen von Berg gibt es auch zahlreiche Burgen und Schlösser, von denen vor allem Schloss Burg (mit Bergischem Museum), das alte Schloss Bensberg (heute Hotel), Schloss Homburg (mit Museum), Schloss Gimborn (heute Tagungs- und Begegnungsstätte) bei Marienheide, Schloss Hückeswagen (mit Heimatmuseum), das barocke Wasserschloss Ehreshoven bei Engelskirchen, die Burganlage Stadt Blankenberg sowie die Burgruinen Eibach und Windeck besuchenswert sind. Einen Einblick in die bäuerliche und handwerkliche Kultur geben die beiden Frei-

lichtmuseen der Region – das Bergische Freilichtmuseum in Lindlar und das Bergische Museum für Handwerk, Bergbau und Gewerbe in Bergisch Gladbach.

Die Zeit der Industrialisierung ergab im Bergischen Land örtlich ausgeprägte Produktspezialisierungen: Velbert wurde zum Zentrum der Schlossindustrie, Remscheid zur „Werkzeugstadt", Solingen schmiedete sich den Ruf als Mittelpunkt der Schneidwaren- und Besteckindustrie, während Wuppertal und die Orte im Tal der Wupper hauptsächlich im Dienste der Textilindustrie standen. Noch heute kann man im Bergischen Land viele Spuren der frühen Industrialisierung – Hämmer, Mühlen und Kotten der Schleifer und Schmiede aus vergangener Zeit – entdecken. Vor allem die Rheinischen Industriemuseen in Bergisch-Gladbach und Engelskirchen und die vielerorts vorhandenen Museums-Hämmer und Bauernhof-Mu-seen geben kompetente Überblicke über die industrielle und landwirtschaftliche Entwicklung der Region.

Ein anderes Zeugnis der Frühindustrialisierung ist mittlerweile zum Wahrzeichen der Region avanciert: Die Müngstener Brücke, die Solingen und Remscheid miteinander verbindet, wurde 1897 als technisches Wunderwerk gefeiert und ist mit 107 Metern Höhe und 480 Metern Länge bis heute die höchste Eisenbahnbrücke Deutschlands. Der Spitzname wird der technischen Leistung gerecht: „liegender Eiffelturm".

< *Schloss Homburg und Müngstener Brücke*

Affen- und Vogelpark Eckenhagen

Faszination und Freizeitspaß gehen hier auf einer Fläche von 80 000 Quadratmetern eine spannende Verbindung ein.

Zu entdecken gibt es insgesamt über 180 verschiedene Tierarten, Highlights sind u. a. zwei Affenfreigehege, der Fasanengarten, die Eulenburg und die Donaudelta-Freiflughalle.

Außerdem locken eine 3 000 Quadratmeter große Indoor-Erlebnishalle mit Kletterwand, ein Streichelzoo und jede Menge Spielgeräte.

Informationen

Am Bromberg
51580 Reichshof
Eckenhagen
Tel. 02265 / 8786
Fax 02265 / 9509
www.affen-und-vogelpark.de

INFORMATIONEN

Naturpark Bergisches Land
Moltkestraße 34
51643 Gummersbach
Tel. 02261 / 88-6909
Fax 02261 / 88-1888
naturpark@bergischesland.de
www.bergischesland.de

BIOLOGISCHE STATION OBERBERG

Die Biologische Station Oberberg (BSO) ist ein gemeinnütziger Verein mit dem Auftrag zur wissenschaftlichen und praktischen Betreuung der Oberbergischen Naturschutzgebiete und verschiedener Landschaftspflege-Projekte im Oberbergischen Kreis. Dazu gehört auch der gemeinsam mit der Schutzgemeinschaft Deutscher Wald und der Gemeinde Nümbrecht errichtete Naturerlebnis-Wanderpfad, der durch die beiden abwechslungsreichen Naturschutzgebiete „Wälder um Schloss Homburg" und „Brölaue" führt und alles Wissenswerte über heimische Pflanzen und Tiere sowie deren Lebensräume erläutert. Die Länge des Wanderpfades beträgt 2,8 Kilometer, der Rundgang dauert ca. 1,5 bis 2 Stunden. Seit 2005 gibt es darüber hinaus den Naturerlebnis-Lernpfad, der vor allem für Familien, Gruppen und Schulklassen geeignet ist. Zehn verschiedene Themen-Stationen regen mit informativen Texten und Bildern sowie Aktionsangeboten zu aktiven Beobachtungen, Experimenten und Spielen an. Die Länge des Pfades beträgt 1,2 Kilometer, der Rundgang dauert ca. 2 bis 3 Stunden. Im Jahr 2006 ist der Naturerlebnis-Klangpfad eröffnet worden.

Informationen
Biologische Station Oberberg
Rotes Haus, Schloss Homburg 2
51588 Nümbrecht
Tel. 02293 / 9015-0
Fax 02293 / 9015-10
info@biostationoberberg.de
www.biostationoberberg.de

NATUR-KINDER-GARTEN-WERKSTATT REICHSHOF E. V.

Die Natur-Kinder-Garten-Werkstatt Reichshof e. V. bietet naturpädagogische Inhalte im jahreszeitlichen Zusammenhang in Form von praxisorientierten Fortbildungen für den Elementarbereich an. Die Natur-Kinder-Garten-Werkstatt Reichshof e. V. ist auf einem 1 100 Quadratmeter großen Naturgartengelände untergebracht. Der Verein wurde im Jahr 1994 mit dem Ziel gegründet, durch gemeinsames kreatives Planen, Gestalten und Pflegen von lebendigen Erfahrungsfeldern Kindern naturwissenschaftliche Grundlagen „begreifbar" zu machen, handwerkliche Fähigkeiten zu fördern und so zu einer ökologischen und sozialen Friedenserziehung beizutragen.

Informationen
Natur-Kinder-Garten-Werkstatt
Reichshof e. V.
Frau Irmgard Kutsch
Dorner Weg 4
51580 Reichshof-Hunsheim
Tel. 02261 / 52221
www.natur-kinder-garten-werkstatt.de

WALDSCHULE SCHLOSS HEILIGENHOVEN

Das Kooperationsprojekt des Landschaftsverbandes Rheinland und des Landesbetriebes Wald und Holz NRW hat es sich zur Aufgabe gemacht, ökologische und historische Zusammenhänge im Bergischen Land zu veranschaulichen. Zu den Angeboten für Kinder, Erwachsene und Familien gehören beispielsweise geführte Streifzüge durch den Wald, wo es eine Menge über Holz, Pflanzen, Tiere und die Arbeit im Wald zu erfahren gibt. Daneben stehen thematische Projektwochen für Schulen und Kindergärten, praktisches Arbeiten und Werken mit Waldmaterialien, Seminare und Unterricht im Wald auf dem Programm.

Informationen
Waldschule Schloss Heiligenhoven
Schloss Heiligenhoven, 51789 Lindlar
Tel. 02263 / 901463
Fax 02263 / 901464
www.bergisches-freilichtmuseum.lvr.de

BERGISCHER NATURSCHUTZVEREIN E. V.

Hier kann man viel über Obstwiesen und Apfelsaft-Vermostung erfahren, die genauso Thema einer Dauerausstellung sind wie der Artenschutz (z. B. über Gelbbauchunken, Greifvogel- und Schleiereulen). Das Haus bietet Seminare an und steht Gruppen, die sich mit dem Natur- und Umweltschutz auseinandersetzen, gegen Miete auch als Tagungs- und Versammlungsort zur Verfügung. Anschauungsunterricht bietet das gut 3 000 Quadratmeter große Grundstück mit einer Reihe von entwickelten Lebensräumen: Bauerngarten, Teich (teilweise gespeist aus Dachwässern), Trockenmauer, Vogelhecke, Einzelbäume, Dickicht, Mittelgebirgsbach, Obstbäume.

Informationen
Bergischer Naturschutzverein e. V.
Schmitzbüchel 2, 51491 Overath
Tel. 02204 / 7977
Fax 02204 / 74258
rbnoverath@t-online.de
www.bergischer-naturschutzverein.de

Naturpark
Bergisches Land

INFORMATIONEN ZU UNTERKÜNFTEN UND TOUREN

Naturarena Bergisches Land GmbH
Moltkestraße 34
51643 Gummersbach
Tel. Geschäftsstelle: 02261 / 886909
Infotel. & Zimmervermittlung:
01805 / 587987
Fax 02261 / 881888
www.naturarena.de

Haus Plietz
Eichenhofstraße 31
51789 Lindlar
Tel. Geschäftsstelle: 02266 / 46337-0
Infotel. & Zimmervermittlung:
01805 / 587987
Fax 02266 / 46337-37
naturarena@bergischesland.de
www.naturarena.de

Bergisches Land
Tourismus Marketing e.V.
Cronenberger Straße 59–61
42651 Solingen
Tel. 0212 / 290-2185
Fax 0212 / 290-2209
info@bergisches-land.de
www.bergisches-land.de

Tourismus & Congress GmbH
Region Bonn
Adenauerallee 131
53113 Bonn
Tel. 0228 / 9104110
Fax 0228 / 9104111
info@bonn-region.de
www.bonn-region.de

Libelle >

Naturpark
Bergisches Land

ERLEBNISTOUREN – WANDERN

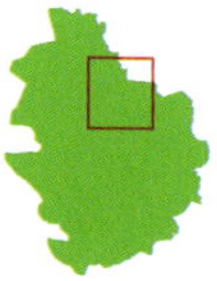

Lage der Tour

TOP-TOUR

Straße der Arbeit

Die „Straße der Arbeit" gliedert sich in acht thematisch-geographische Abschnitte. Jeder Abschnitt ist mit einer Farbe gekennzeichnet und steht für ein Thema. Jeder Routen-Abschnitt wiederum ist in mehrere Teiletappen gegliedert, zu denen jeweils eine Wanderwegbeschreibung zu finden ist unter www.sgv-bergisches-land.de. Die Strecke ist komplett ausgeschildert und für Wanderer bestens geeignet. Am besten wandert sich die Strecke von Nord nach Süd, wie hier auch beschrieben. Erste Hoteliers und Gastronomen bieten auf der Straße der Arbeit „Wandern ohne Gepäck" wie auch Transferdienste zurück zum Hotel an.

Informationen
Förderverein „Straße der Arbeit"
Graf-Albert-Str. 40
51709 Marienheide
Tel. und Fax 02264 / 1567
info@strassederarbeit.de
www.strasse-der-arbeit.de

„Mit Leynen garn wie Beschneyt" – Textil

Weiß steht für den Bereich Textil – von Wuppertal-Ohde/Beyenburg über Radevormwald bis nach Wipperfürth. Unter dem Motto „Mit leinen Garn wie schneyt" geht es unter anderem zu den Bleicherhäusern (1) in Wuppertal-Langerfeld, zum Wülfing Museum (2) in Radevormwald-Dahlerau und zum „Haus der hundert Fenster" (3) in Hückeswagen.

1. Streckenabschnitt:
Wuppertal-Ohde – Beyenburg
Streckenlänge: ca. 11,7 km
Schwierigkeitsgrad: einfach
Einkehr: möglich
2. Streckenabschnitt:
Beyenburg – Niedernfeld
Streckenlänge: ca. 11,4 km
Schwierigkeitsgrad: einfach
Einkehr: möglich
3. Streckenabschnitt:
Niedernfeld – Hückeswagen
Streckenlänge: ca. 11 km
Schwierigkeitsgrad: einfach
Einkehr: möglich
4. Streckenabschnitt:
Hückeswagen – Wipperfürth
Streckenlänge: ca. 11 km
Schwierigkeitsgrad: einfach
Einkehr: möglich

„Hoch auf dem gelben Wagen" – Fuhrmannswesen

Gelb für die Route zwischen Wipperfürth und Marienheide befasst sich mit dem Fuhrmannswesen. „Hoch auf dem gelben Wagen" bietet nicht nur die Besichtigung der alten Schwarzpulvermühlen und eine Stadtführung durchs historische Wipperfürth, sondern auch – im Rahmen geführter Exkursionen – die theoretische Fahrprüfung auf einem Pulverwagen.

1. Streckenabschnitt:
Rundgang durch Wipperfürth
2. Streckenabschnitt:
Wipperfürth – Ohl
Streckenlänge: 8,1 km
Schwierigkeitsgrad: einfach
Einkehr: möglich
3. Streckenabschnitt:
Wipperfürth-Ohl –
Marienheide-Dannenberg
Streckenlänge: 16,1 km
Schwierigkeitsgrad: mittel
Einkehr: möglich

„Im Ruhrgebiet der grauen Vorzeit" – Frühindustrie

Die Geschichte der Frühindustrie von Marienheide nach Gummersbach steht unter dem Motto: „Im Ruhrgebiet der grauen Vorzeit". Die Entdeckungsreise zeigt die Reste mittelalterlichen Bergbaus, alte Verhüttungsplätze und führt auf die Spuren der Steinbrecher.

1. Streckenabschnitt:
Wipperfürth-Ohl –
Marienheide-Dannenberg
Streckenlänge: 16,1 km
Schwierigkeitsgrad: mittel
Einkehr: möglich
2. Streckenabschnitt:
Dannenberg – Gummersbach
Streckenlänge: ca. 10 km
Schwierigkeitsgrad: mittel
Einkehr: möglich

„Schmugglerwege und Kohlenpfade im Grünen" – Alte Wege

Alte versteckte Wege zwischen Gummersbach und Reichshof-Eckenhagen unter dem Motto „Schmugglerwege und Kohlenpfade im Grünen" zeigt diese Route. Dazu gehören Ausflüge auf der alten Eisenstraße, hin zu den in Fels gegrabenen Karrengleisen und hinauf nach Hecke zu den Schmugglerparadiesen im ehemaligen Grenzgebiet zwischen Rheinland und Westfalen. Ein weiteres Ziel ist das Heimatmuseum in Bergneustadt.

1. Streckenabschnitt:
Gummersbach –
Gummersbach-Derschlag
Streckenlänge: ca. 7 km
Schwierigkeitsgrad: mittel
Einkehr: möglich

2. Streckenabschnitt:
Gummersbach-Derschlag – Eckenhagen
Streckenlänge: ca. 12,3 km
Schwierigkeitsgrad: einfach
Einkehr: möglich

„Reden ist Silber, Erzbau ist Gold" – Erzbergbau

Leicht zu erraten, was diese Farbe bietet. Einblicke in den Silberabbau in Reichshof und einen Besuch des Bergwerks „Grube Silberhardt" in Windeck-Oettershagen. Das Motto dieses Streckenabschnitts von Reichshof bis Morsbach heißt allerdings „Reden ist Silber, Erzbau ist Gold", und so steht vor allem der Erzbergbau im Zentrum der Führungen.

1. Streckenabschnitt:
Eckenhagen – Silberkuhle – Heidberg
Streckenlänge: ca. 11 km
Schwierigkeitsgrad: mittel
Einkehr: möglich

2. Streckenabschnitt:
Silberkuhle – Wildberg (Langenbach)
Streckenlänge: ca. 10 km
Schwierigkeitsgrad: einfach
Einkehr: möglich

3. Streckenabschnitt:
Wildberg (Langenbach) – Morsbach
Streckenlänge: 10,5 km
Schwierigkeitsgrad: einfach
Einkehr: möglich

4. Streckenabschnitt:
Morsbach – Öttershagen
Streckenlänge: 13,5 km
Schwierigkeitsgrad: mittel
Einkehr: möglich

Blau und schwarz – Mit dem Wasser auf Achse – Wasserkraft und Schwerverkehr

Die blaue und schwarze Route sind kombiniert zwischen Morsbach und Engelskirchen. Unter dem Leitsatz „Mit dem Wasser auf Achse" dreht sich alles um Wasserkraft und Schwerverkehr. Zu den Programmpunkten gehören unter anderem historische Mühlen am Fuß von Schloss Homburg, alte Stauanlagen und der Steintransport.

Blaue Route:

1. Streckenabschnitt:
Morsbach – Öttershagen
Streckenlänge: 13,5 km
Schwierigkeitsgrad: mittel
Einkehr: möglich

2. Streckenabschnitt:
Öttershagen – Waldbröl
Streckenlänge: 8,9 km
Schwierigkeitsgrad: mittel
Einkehr: möglich
3. Streckenabschnitt:
Waldbröl – Nümbrecht
Streckenlänge: 7,5 km
Schwierigkeitsgrad: mittel
Einkehr: möglich

Schwarze Route:

1. Streckenabschnitt:
Nümbrecht – Wiehl-Bielstein
Streckenlänge: 17 km
Schwierigkeitsgrad: mittel
Einkehr: möglich
2. Streckenabschnitt:
Wiehl-Bielstein – Engelskirchen
Streckenlänge: 12,5 km
Schwierigkeitsgrad: mittel
Einkehr: möglich

„Feuerrote Glut – das Bergische Schmiedeland" – Schmiedewesen

Das Schmiedewesen kann man erleben von Engelskirchen über Lindlar nach Marienheide. „Feuerrote Glut – das obergische Schmiedeland" wird in diesem Abschnitt durchkämmt: mit Besuchen im Oelchenshammer, im Feilenhauer-Dorf Scheel und dem Lindlarer Steinbruchgebiet.

1. Streckenabschnitt:
Engelskirchen – Lindlar
Streckenlänge: 7,8 km
Schwierigkeitsgrad: mittel
Einkehr: möglich
2. Streckenabschnitt:
Engelskirchen – Lindlar-Kuhlbach
Streckenlänge: 10,2 km
Schwierigkeitsgrad: mittel
Einkehr: möglich
3. Streckenabschnitt:
Lindlar bis Marienheide – Gimborn
Streckenlänge: 14,6 km
Schwierigkeitsgrad: mittel
Einkehr: möglich
4. Streckenabschnitt:
Lindlar bis Marienheide – Gimborn
Streckenlänge: 5,7 km
Schwierigkeitsgrad: mittel
Einkehr: möglich

Informationen

Jedes vierte Wochenende im Monat finden Führungen entlang der Straße der Arbeit statt. Die Strecken werden teilweise in Fahrgemeinschaften zurückgelegt oder zu Fuß. Das aktuelle Programm ist zu erfragen beim Zweckverband Naturpark Bergisches Land, der auch separate Gruppenführungen anbietet.

ERLEBNISTOUREN – RADWANDERN

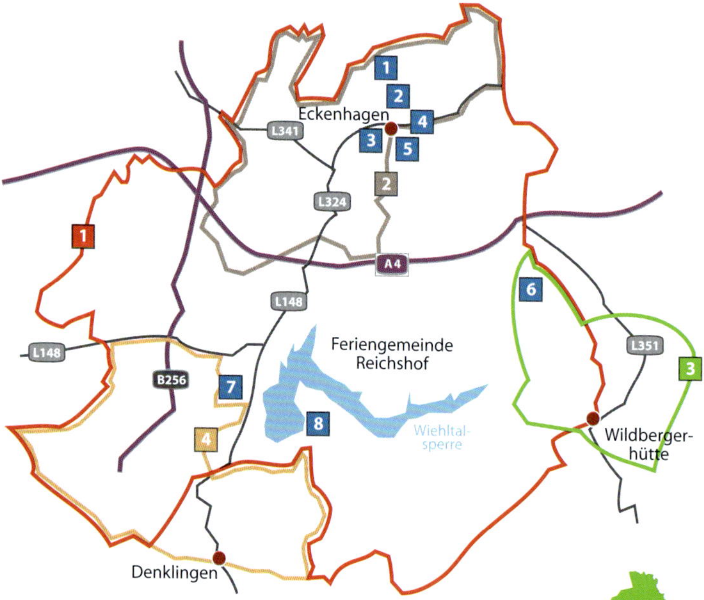

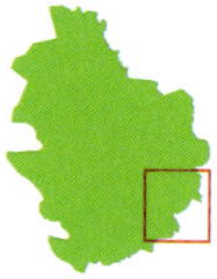

Lage der Tour

Schwalbe Fahrradpark Reichshof

Der Schwalbe Fahrradpark Reichshof hat insgesamt vier verschiedene Touren entwickelt. Die Tour de Reichshof ist mit 50 km Länge die sportlichste Route. Auf ihrem Weg rund um die Feriengemeinde Reichshof sind 1 000 Höhenmeter zu bewältigen.

Die übrigen drei Touren sind Rundstrecken, die jeweils ein Teilgebiet abdecken. Alle Routen sind durchgehend ausgeschildert und verlaufen fast komplett auf verkehrsarmen und asphaltierten Straßen.

Informationen
www.reichshof.de

Tour de Reichshof
Streckenlänge: 50 km
Startpunkt der Tour:
Kreissparkasse Wildbergerhütte
Schwierigkeitsgrad: schwierig
Einkehr: möglich

Tour de Eckenhagen
Streckenlänge: 25 km
Startpunkt der Tour: Rodener Platz
Schwierigkeitsgrad: schwierig
Einkehr: möglich

Tour de Wildbergerhütte
Streckenlänge: 16 km
Startpunkt der Tour: Kreissparkasse Wildbergerhütte
Schwierigkeitsgrad: schwierig
Einkehr: möglich

Tour de Denklingen
Streckenlänge: 23 km
Startpunkt der Tour: Rathaus
Schwierigkeitsgrad: schwierig
Einkehr: möglich

Sehenswürdigkeiten:
Affen- und Vogelpark Eckenhagen (1)
Drittgrößter Affen- und Vogelpark Deutschlands. Über 1 000 heimische und exotische Vögel. Berber- und Totenkopfäffchen. Großes Kinderspielparadies.
Erlebnisbad „monte mare" (2)
Außen- und Erlebnisbecken, Rutschen, großzügige Saunalandschaft u. a. mit russischem Saunadorf Banja, „Hühnerfußsauna", Rosensauna. Umfangreiches Wellness-Programm.
Bauernhofmuseum in Eckenhagen (3)
Rund 4 000 Exponate zeigen das Landleben früherer Zeiten.
Haus des Gastes in Eckenhagen (4)
Hier locken eine Mineraliengrotte und ein Puppenmuseum.
Kurpark in Eckenhagen (5)
Entspannen im behindertengerecht angelegten Park, der ein Wassertretbecken, Schutzhütten, Wasserspiele und ein Feuchtbiotop bietet.
Golfplatz bei Hespert (6)
Wunderschön gelegener 9-Loch-Platz mit Driving Range und 3-Loch-Übungsplatz.
Modelleisenbahn in Heischeid (8)
Die Privatsammlung umfasst 300 Loks und 580 Waggons.
Aussichtsturm am Wiehlstausee (9)
Mit herrlichem Panoramablick auf die umgebende Mittelgebirgslandschaft.

ERLEBNISTOUREN – WEITERE HIGHLIGHTS

Kanuwandern

Eine der schönsten Arten, den Naturpark Bergisches Land kennen zu lernen, ist das Kanufahren. Hier entdeckt man auf erholsame Art und Weise die idyllische Wupperlandschaft aus bislang nicht bekannten Blickwinkeln, genießt die Natur, wenn man mit dem Strom der Wupper in wunderbare Auen- und Waldlandschaften paddelt, und erfährt noch einiges über frühe Industrialisierungszeiten, wenn man an ehemaligen Kotten-Standorten, u. a. an dem noch betriebenen Wipperkotten vorbei fährt.

Kompetenter Anbieter von Kanutouren auf der Wupper ist der Veranstalter WupperKanuTouren, der verschiedene Bootstouren im Programm hat, die fachlich qualifizierte Tourbegleiter, Personentransfer (Ziel – Start), Sicherheitseinweisung, Mithilfe beim Umsetzen der eigenen Fahrzeuge und für Gruppen sogar die Organisation eines zünftigen Grill-Aufenthaltes beinhaltet.

Informationen
WupperKanuTouren
Hagedornweg 6a
42699 Solingen
Tel.: 0212 2642705
Fax: 0212 2642707
thomasbecker@wupperkanutouren.de
www.wupperkanutouren.de

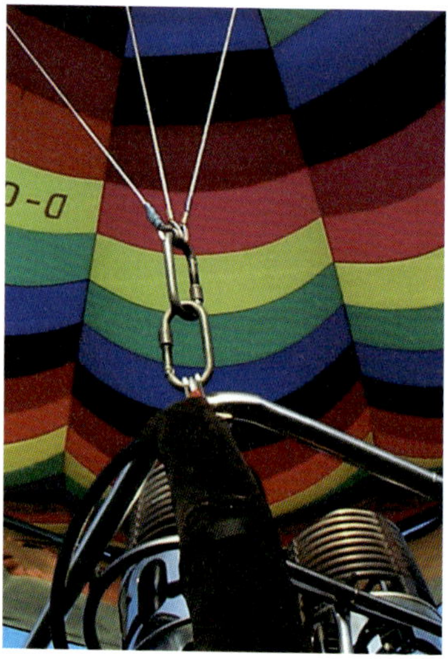

Ballonfahren

Wälder, Wasser und Flure aus der Luft erleben, über dem Bergischen Land schweben – auch diese spektakuläre Erfahrung ist im Naturpark möglich. Die Mittelgebirgslandschaft bietet herrliche Aus- und Einblicke, die eine ganz spezielle Naturerfahrung vermitteln.

Diejenigen, die sich dieses Erlebnis nicht entgehen lassen wollen, und die entsprechenden Anbieter von Fahrten bringt die „Bergische Ballonfahrten-Vermittlung Baldsiefen" zusammen. Melden kann man sich auch beim Ballon Club Reichshof, beim Aeronautic-Team in Waldbröl und zahlreichen anderen Anbietern. Denn das Bergische Land ist eine Hochburg der deutschen Ballonfahrer-Szene.

Informationen
B.B.B. Lindlar
Bergische Ballonfahrten-Vermittlung Baldsiefen
Löhsüng 8
51789 Lindlar
Tel. 02266 / 470282
Fax 02266 / 470283
info@bbb-lindlar.de
www.bbb-lindlar.de

Ballon Club Reichshof
Tel. 02286 / 801237 oder
02293 / 2356

Aeronautic-Team
Bettinger Weg 6
51545 Waldbröl
Tel. 02291 / 911284
Fax 02291 / 911285
info@aeronautic.de
www.aeronautic.de

Nordic Walking

Nordic Walking ist nicht nur trendy, sondern auch eine der gesündesten Sportarten überhaupt. Die Gemeinde Much hat die Pionierrolle übernommen und das erste DSV (Deutscher Skiverband) Nordicaktiv Walking Zentrum im Naturpark entwickelt. In Zusammenarbeit mit der Sporthochschule Köln wurden verschiedene Strecken mit unterschiedlichen Schwierigkeitsgraden ausgewiesen. Doch auch andernorts werden Walking-Strecken ausgeschildert oder auch geführte Touren angeboten.

Informationen
DSV Nordic Walking Zentrum
activotel Kranichhöhe
Bövingen 129
53804 Much
Tel.: 02245 / 608-0
Fax: 02245 / 608-100
info@activotel.de
www.activotel.de

DNV Nordic Fitness Center
Nordic Fitness Team
Köln.Rhein.Berg
Friedrich-Ebert-Str./Technologiepark
51429 Bergisch Gladbach (Bensberg)
Tel. 02204 / 842980
Fax 02204 / 842981
info@nordic-fitness-team.de
www.nordic-fitness-team.de

Reiten

In die Steigbügel – und hoch. Endlich mal ausgiebig und in aller Ruhe auf dem Rücken des Pferdes durch das Bergische streifen. Der Naturpark Bergisches Land mit seinem dichten Wegenetz ist eine Top-Region für Pferdeliebhaber. Auf Wiesen- und Waldwegen bietet sich hier die reiterliche Freiheit. Viele Bauern haben schon seit Jahren die letzten Kühe verkauft und sind auf die Pferdehaltung und -zucht umgestiegen. Zur Freude der Gäste, die auf dem Pferdehof einen ruhigen und schönen Urlaub verbringen können. Auf verschiedenen Pferdehöfen gibt es Boxen für die Gastpferde – oder man leiht sich einen Vierbeiner aus. Dazu kommen noch die vielen Turniere und Leistungsschauen und eine rege Westernreitszene.

Die Initiative Bergisches Land zu Pferd bietet Angebote zu Mehrtagestouren im Sattel.

Informationen
www.bergisches-land-zu-pferd.de

Und wer sein eigenes Pferd mitbringen möchte und mit diesem durchs Bergische traben will – auch dies ist in der Region kein Problem. Denn viele Pferdehöfe bieten auch die Möglichkeit, für das Pferd die Box mit Vollverpflegung zu mieten und für die Reiterinnen und Reiter ein Ferienzimmer auf dem Hof.

Hier finden Sie eine Auswahl der Reitvereine und -höfe im Naturpark Bergisches Land

Reiterverein Hebborner Hof
Hebborner Hof 1
51467 Bergisch Gladbach
Tel. 0171 / 6513654
Peter.Lautz@hebbornerhof.de

Leichlinger Reit und Fahrverein e.V.
Johannisberg 20
42799 Leichlingen
Tel. 02175 / 5590

Reitergemeinschaft Ottoherscheid
Reitstall Heinz Meurer
Ottoherscheid 67
51429 Bergisch Gladbach
Tel. 0172 / 9886354
info@reitstall-meurer.de

Reit-Club Bergisch Gladbach e.V.
Bezirk: Bergisch Gladbach
Tel.: 02202 / 39376

Ländlicher Reit- und Fahrvereins
Bergisch Gladbach e.V.
Kempener Str. 93
51469 Bergisch Gladbach
Tel. 02202 / 59494
info@rv-paffrath.de

Ländlicher Reit- und Fahrverein
Burscheid-Paffenlöh e.V.
Tulpenweg 22
42799 Leichlingen
Tel. 02175 / 795129

Wanderreitstation Erlenhof
Erlen 4
53804 Much-Erlen
Tel. 02245 / 9119917
info@wanderreitstation-erlenhof.de

Gestüt Leckebusch
Geringhauser Mühle
51588 Nümbrecht
Tel. 02293 / 1335
leckebusch@t-online.de

Reitsportgemeinschaft
Stall Wasser e.V.
Obergründemich 1
51491 Overath
Tel. 02206 / 3555

Erfolgsgut
Lölsberg 28
51491 Overath
Tel. 02206 / 952520
b.knust-bentzien@bentzien.net

Höller Hof
Im Busch 2
42477 Radevormwald
Tel. 02195 / 932043
info@hoeller-hof.de

Reit-u. Fahrverein
Reiterfreunde Forsbach
Sonnenweg 3
51503 Rösrath
Pferdefreunde Gut Luchtenberg
Gut Luchtenberg 2
42929 Wermelskirchen
Marion Meinerzhagen
Tel. 02193 / 1309

Hindrichs-Hof
Gerhardsfeld 4
51688 Wipperfürth
Tel. 02268 / 907486
hindrichs@t-online.de

Gut Nagelsgaul
Gut Nagelsgaul 3
51688 Wipperfürth
Tel. 02269 / 929345
denise.platzen@web.de

FREIZEIT & ERHOLUNG

Mediterana

Genussvolle Stunden in einem Zentrum mit außergewöhnlicher Architektur und exklusiver Sauna- und Wellnesslandschaft. Auf 15 000 Quadratmetern in spanisch-maurischem Ambiente gibt es neben Sauna- und Entspannungsangeboten einen separaten Pool- und Fitnessbereich sowie eine Gastronomie mit mediterraner Küche.

Informationen

Saaler Mühle 1
51429 Bergisch Gladbach
Tel. 02204 / 202-0
info@mediterana.de
www.mediterana.de

Splash Bad GmbH

Der Clou ist die Bergische Waldsauna mit einem über 2 000 Quadratmeter großen Saunagarten, angepasst an die Bergische Landschaft – Bruchsteinterrassen, Naturteich mit Naturkiesel-Bachlauf zum Wassertreten inklusive. Dazu gibt es verschiedene andere Saunen, jede Menge Wasserspaß und unterschiedliche Wellnessangebote.

Informationen

Broch 8, 51515 Kürten
Tel.: 02268 90319
Fax: 02268 90318
info@splash-kuerten.de
www.splash-kuerten.de

Freizeit- und Erholungsbad aquafun

Die Saunalandschaft, zu der Dampfgrotte, Heißluftraum und Blockhaussauna gehören, lockt mit Spezial-Aufgüssen, der Badebereich mit Sport- und Erlebnisbecken sowie Schwalldusche, Dampfgrotte, Kleinkindbecken und Riesenrutsche.

Informationen

Kottenstr. 13–15
42477 Radevormwald
Tel. 02195 / 9162-0
info@aquafun-rade.de
www.aquafun-rade.de

monte mare

Der Ort der besonderen Saunen: Das russische Saunadorf Banja, die „Hühnerfußsauna", die Rosensauna und vieles mehr beleben auf spezielle Weise die Sinne und schaffen Entspannung pur. Zum Angebot zählen außerdem Außen- und Erlebnisbecken, Rutschen sowie ein umfangreiches Wellness-Programm.

Informationen

Hahnbucher Straße 21
51580 Reichshof-Eckenhagen
Tel. 02265 / 99740-0
Fax 02265 / 99740-40
reichshof@monte-mare.de
www.monte-mare.de

Gumbala

Verschiedene Saunen und ein Dampfbad mit farbwechselndem Sternenhimmel, Eisbrunnen und Erlebnisduschen, Reifenrutsche, Sport- und Erlebnisbecken – das sind die Stichworte für einen sinnenreichen Aufenthalt im Gumbala.

Singerbrinkstr. 31

Informationen

51643 Gummersbach
Tel. 02261 / 789796
Fax 02261 / 816376
info@gumbala.de
www.gumbala.de

LEIB & SEELE

bergisch pur –
Der pure Geschmack des Bergischen Landes

Der Begriff „bergisch pur" ist mehr als nur eine Werbebotschaft. „bergisch pur" ist wörtlich zu nehmen. Denn hier geht es um ein Markenzeichen, das naturschutzorientiertes Wirtschaften, hohe Standards bei der Erzeugung und damit dem Verbraucher unverfälschte Produkte garantiert. Anbieter dieser Produkte sind ausschließlich Regionalbetriebe – Metzger, Landwirte, Schäfer, Käsereien und erste Gastronomiebetriebe – die sich zum Ziel gesetzt haben, hochwertige Lebensmittel zu erzeugen und die Kulturlandschaft Bergisches Land zu erhalten und zu pflegen.

Die Produktpalette der Regionalmarke umfasst Rindfleisch, Lammfleisch, Forellen, Käse- und Milchprodukte, Eier, Honig, Obst- und Obstprodukte, Apfelsaft von Streuobstwiesen, Mineralwasser und Wildbret.

bergisch pur-Produkte werden nach strengen Kriterien hergestellt. Im Vordergrund stehen die artgerechte Tierhaltung und der Verbraucherschutz. So sind die Futtermittel für Rinder und Schafe beispielsweise genau ausgewählt und vorgeschrieben, der Weidegang für die Tiere Pflicht. All dies wird von unabhängigen Kontrollinstituten regelmäßig überprüft.

Gemeinsam mit den Erzeugern haben die Biologische Stationen Oberberg und Mittlere Wupper die Marke aufgebaut und beraten die Landwirte bei der naturschutzorientierten Bewirtschaftung ihrer Flächen.

Informationen
bergisch pur – Geschäftsstelle
c/o Volker Dannenberg
Auf den Bruchswiesen 14
51643 Gummersbach
Tel. 02261 / 63700
Fax 02261 / 919872
info@bergischpur.de
www.bergischpur.de

Die genannten Anbieter stellen nur eine Auswahl dar aus einem großen Angebot weiterer Naturkostbetriebe. Informationen: www.bergischesland.de

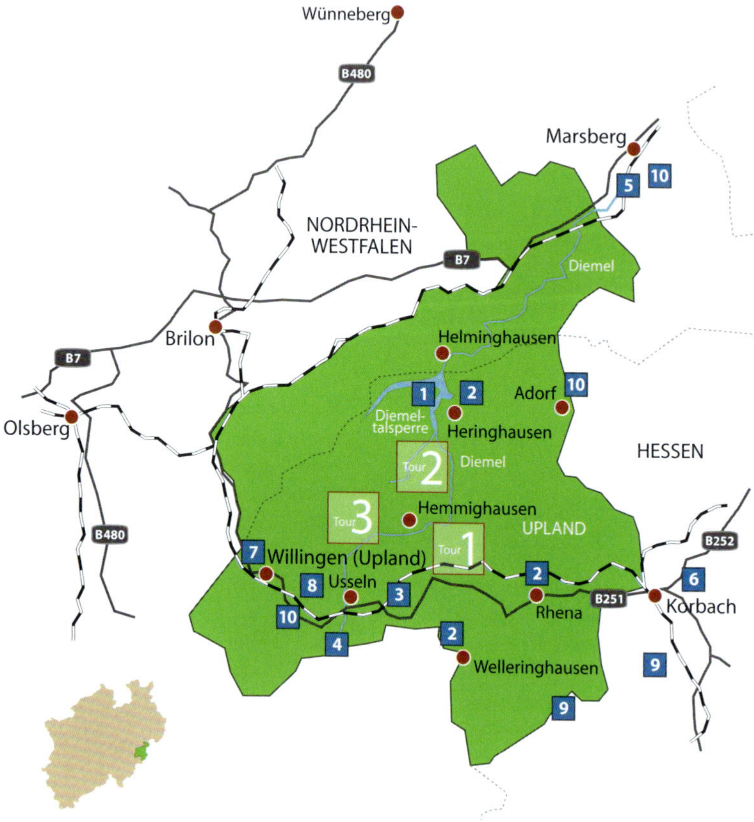

Lage in Nordrhein-Westfalen

Erlebnistouren

Tour 1: Uplandsteig – von Hemmighausen nach Marsberg
Tour 2: Diemelradweg – von der Diemelquelle nach Marsberg
Tour 3: Familientour in der Bike-Arena Sauerland

Sehenswürdigkeiten

1. Diemeltalsperre
2. romanische Kirchen in Heringhausen, Rhena und Welleringhausen
3. Ausflugsziel Osterkopf (708 m)
4. Diemelquelle
5. Obermarsberg, historische Altstadt
6. Korbach, historische Altstadt mit doppeltem Steinmauerring
7. Lagunen-Erlebnisbad und Eislaufhalle Willingen (Upland)
8. Nordic-Walking-Zentrum (Willingen)
9. Segel- und Motorsportflugplatz
10. Besucherbergwerke in Adorf (Eisen), Marsberg (Kupfer) und Willingen (Schiefer)

Naturpark Diemelsee

Der Naturpark Diemelsee gehört zum nördlichen Teil des Rothaargebirges, wird also noch zum Sauerland gerechnet. Sein Zentrum ist der Diemelsee. Eine weitere Besonderheit ist das Überschreiten der Landesgrenze zwischen Hessen und Nordrhein-Westfalen. Von den rund 334 Quadratkilometern, mit denen Diemelsee eher zu den überschaubaren Naturparken zählt, liegt nur ein gutes Drittel in Nordrhein-Westfalen, der Rest im nordwestlichsten Zipfel von Hessen. Die Landesgrenze, die diesen Park meist unsichtbar durchzieht, besteht in historischen Grenzsteinen, die das einstige Kurköln vom Fürstentum Waldeck trennten. Man kann die Grenzsteine auf Wanderungen durch den Naturpark auf eigene Faust zu entdecken versuchen.

Die beiden höchsten Erhebungen sind der Langenberg und der Hegekopf mit jeweils 843 Metern. Im Osten und Südosten schließt sich die Waldecker Ebene an, im Norden und Nordwesten die Paderborner Hochfläche und der Arnsberger Wald. Durchflossen wird der Naturpark Diemelsee neben der Diemel auch von der Aar, einem Zufluss der Eder.

Entstehungsgeschichte unter der Erde und Mineralienabbau

Das Gebiet des Naturparks gehört fast vollständig zum Nordostende des Rechtsrheinischen Schiefergebirges. Je nach erdgeschichtlicher Zeit zeigen sich interessante geologische Gesteinsformationen aus Schiefer, Quarziten, Mergel und Kalksandsteinen. Zu den ältesten Gesteinen gehört der so genannte „Wissenbacher Schiefer", entstanden im unteren Mitteldevon, also vor rund 380 Millionen Jahren.

Der Abbau von Eisenerz begann vermutlich schon in keltischer Zeit, urkundlich belegt ist er seit 1271. Die im Schwarz- und Kieselschiefer gebundenen Kupfervorkommen aus der Unterkarbonzeit wurden seit dem 11. Jahrhundert bis nach dem Zweiten Weltkrieg abgebaut und zählen auch heute noch zu den großen Kupferlagerstätten Europas.

Eine besondere Stellung nimmt aber der „Goldberg" genannte, 562 Meter hohe Eisenberg ein, der sich direkt an der Diemelsperrmauer befindet.

eeindruckend: die Diemelstaumauer

Eingang zum Stollen Goldbergwerk Eisenberg

Um dessen Vorkommen rankt sich folgende Legende: „(...) In uralten Zeiten lebte auf der Königsburg auf dem Eisenberge ein gewaltiger Herrscher, der so mächtig war, dass er über Wind und Wetter gebot. Seine unermesslichen Goldschätze ruhten im Innern des Berges und waren der Obhut seines treuesten Tieres, eines goldenen Ziegenbocks, anvertraut. Als einst mächtige Feinde in sein Reich eindrangen, zog er sich mit seinen Tieren zu seinen Goldschätzen zurück. Die fremden Eroberer suchten vergebens, die Schätze zu heben. Nur hier und da fanden sie ein wenig Gold, welches der Ziegenbock von seinen Hörnern abstreifte, wenn er zum Berggipfel emporstieg, um die Wetter zu wehren und sie ins Tal der Diemel oder Eder abzulenken. (...)“

Dass dieser Schutz auch heute noch funktioniert, zeigt die Tatsache, dass geologische Untersuchungen aus jüngster Zeit nicht zu der Erkenntnis geführt haben, dass sich ein Abbau lohnen würde. Damit hätte sich vermutlich das gesamte Landschaftsbild nachhaltig verändert. So bleibt es dabei – der Abbau des Edelmetalls endete bereits im Dreißigjährigen Krieg, angeordnet höchstselbst durch die Fürsten zu Waldeck und Bad Pyrmont.

Impressionen aus der Hochheide

Hügeliges Landschaftsbild

Der Naturpark Diemelsee besteht aus kuppiger Hügellandschaft mit kristallklaren Bächen und engen Tälern. Bei der Gründung des Naturparks 1965 machte der Waldanteil etwa 46 Prozent der Gesamtfläche aus – eine Zahl, die heute weit höher ausfällt, da unrentable Flächen aus der unmittelbaren landwirtschaftlichen Nutzung herausgenommen und stattdessen der forstwirtschaftlichen Nutzung zugeführt wurden. Der Besucher genießt heute, vor allem im Frühjahr und Herbst, das prächtige Farbspiel weiter Mischwälder.

Der ständige Wechsel zwischen Berg und Tal bestimmt den hohen Erholungswert dieser Landschaft, zu der auch die Hochheiden um Usseln und Willingen gehören. Sie bieten gefährdeten Pflanzen einen geschützten Lebensraum – ein besonderes Anliegen der Naturparkträger.

Gewässerschutz ist Artenschutz

Ein Zeichen für die gute Wasserqualität im Bereich des Naturparks ist der hohe Bestand an Wasseramseln, deren Brutplätze häufig zu finden sind. Aber auch Graureiher und andere Wasservögel haben rund um den Diemelsee ihr Refugium gefunden. In den Bachläufen tummeln sich Forellen und Äschen. Bewusst wurden im Naturpark viele Tümpel angelegt, die gefährdeten Amphibien geschützte Lebensräume bieten.

Bereits 15 Kilometer hinter der Diemel-Quelle in Usseln wird der Fluss durch die Diemeltalsperre in seinem Lauf gehemmt. Entstanden ist sie in den Jahren 1920 bis 1924, um die Hochwassergefahr zu vermindern und einen Ausgleich der Weser-Wasserführung zu schaffen. Das wahrhaft imposante Bauwerk mit seinen 200 Metern Länge und 42 Metern Höhe hält bei Vollstau bis zu 20 Millionen Kubikmeter Wasser in Grenzen. Bis in die 50er Jahre wurden im Diemelsee sogar Edelkrebse gewerbsmäßig gefangen. Angler finden hier Plötze, Aale, Brassen und Zander und – besonders begehrt – den Wels. Der künstlich angelegte Stausee bildet eine Ausnahme in einer Landschaft, die durch ihre geologischen Verhältnisse ansonsten arm an stehenden Gewässern ist.

Dank weitsichtiger Planung bietet der rund 166 Hektar große See neben den vielfältigen wasserwirtschaftlichen Aufgaben auch Erholung suchenden Besuchern ausreichend Raum. So hat man unter anderem darauf geachtet, dass seine Ufer überall zugänglich sind und weiträumige Liegewiesen das Wasser säumen.

< Freizeit und Erholung an den Ufern des Diemelsees

Besiedelung und Sehenswürdigkeiten

Die Besiedelung auf dem Gebiet des Naturparks Diemelsee lässt sich bis zu dreitausend Jahre zurückverfolgen. Die fruchtbaren Hochflächen am Ostrand des Rheinischen Schiefergebirges wurden als erstes vom Menschen entdeckt. In der späten Bronzezeit, ca. 1200 v. Chr., folgte die Gründung der ersten Orte wie Usseln, Eppe und Rhena sowie vermutlich alle Ortschaften mit der Endung – lar. Im 5. und 7. Jahrhundert, zur Zeit der fränkisch-sächsischen Eroberung, breiteten sich immer mehr Ortschaften bis in die Höhenlagen des Berglandes aus und im frühen Mittelalter wurden beispielsweise Brilon, Korbach oder Marsberg gegründet.

Nicht erst seit der Gründung des Naturparks zeigen sich die sozialen und wirtschaftlichen Strukturen weitgehend unverändert, erkannte man doch die Bedeutung einer intakten, von landschaftsfressenden Großprojekten wie Industrieanlagen, Verkehrswegen oder Feriensiedlungen verschonten Landschaft.

Gerade bäuerliche Betriebe haben sich zu vorbildlichen Landschaftspflegern entwickelt. Ein sanfter Tourismus trägt zur wirtschaftlichen Sicherung der Betriebe bei. So gibt es viele Beispiele, wie die Attraktivität eines Erholungsraumes ohne Identitätsverlust für die Bevölkerung gesteigert werden kann: mittelalterliche Stadtkerne, Besucherbergwerke, Ausgrabungsstätten, Wander- und Radwege – der Naturpark Die-

Ehemaliges Rathaus in Obermarsberg

Sessellift im Skigebiet Willingen

melsee bietet ein dichtes Netz lohnender Ziele für Groß und Klein zu jeder Jahreszeit. Viele Ziele erreicht der Besucher auf historischen Wegen wie beispielsweise auf der Weinstraße von Frankfurt über Paderborn nach Bremen, der Heidenstraße von Köln nach Leipzig oder dem Heerweg von Arnsberg nach Altenbüren. Dies sind alles Wege, die bereits in fränkischer Zeit bedeutende Militär- oder Handelsstraßen waren.

Im Winter steht der Ort Willingen im Zentrum des Geschehens. Abfahrtshänge, Langlaufloipen und Rodelbahnen bieten Schneevergnügen für jede Stimmung und jeden Schwierigkeitsgrad. Anziehungspunkt ist auch die große Mühlenkopfschanze, auf der sogar Weltcup-Springen ausgetragen werden. Der Schanzenrekord liegt übrigens bei 151,5 Metern, womit die Mühlenkopfschanze die weltweit größte Großschanze ist.

Mühlenkopfschanze

INFORMATIONEN

Naturpark Diemelsee e.V.
Südring 2
34497 Korbach
Tel. 05631 / 954322
Fax 05631 / 954377
info@naturpark-diemelseee.de
www.naturpark-diemelsee.de

WALDLEHRPFAD IN WILLINGEN-STRYCK

Eine Entdeckungsreise durch den Wald mit 17 Stationen zur Entstehung u. a. der Waldtypen, Leben im Totholz, Waldameisen oder Köhlerei.

Informationen
Hessenforst-Forstamt Willingen
Mühlenkopfstr. 8, 34508 Willingen
Tel. 05632 / 98980

Führungen
Upländer Gebirgsverein Willingen e. V.
Tel. 05632 / 6239 und 6613
www.naturpark-diemelsee.de

JUGENDZELTPLATZ

Das Zeltplatzgelände liegt am Südarm des Diemelsees an der Straße Heringhausen-Giebrighausen, inmitten von Wald und Wiesen. Das Wasser erreicht man über eine Straße und eine Liegewiese. 14 000 qm Fläche in Terrassen, Feld für Ballspiele, Grill, Schutzhütte für Spiele u.v.m.

Informationen
Naturpark Diemelsee e. V.
(Adresse wie oben)
Fax 05631 / 954372
info@naturpark.de

INFORMATIONEN ZU UNTERKÜNFTEN UND TOUREN

Sauerland Touristik
Heinrich-Jansen-Weg 14
59929 Brilon
Tel. 02961 / 943229
Fax 02961 / 943247
touristik@hochsauerlandkreis.de
www.sauerland-touristik.de

TouristikService
Waldeck-Ederbergland GmbH
Südring 2
34497 Korbach
Tel. 05631 / 954357
Fax 05631 / 954378
info@waldecker-land.de
www.waldecker-land.de

< *Wandern auf dem Uplandsteig*

Naturpark
Diemelsee

ERLEBNISTOUREN – WANDERN

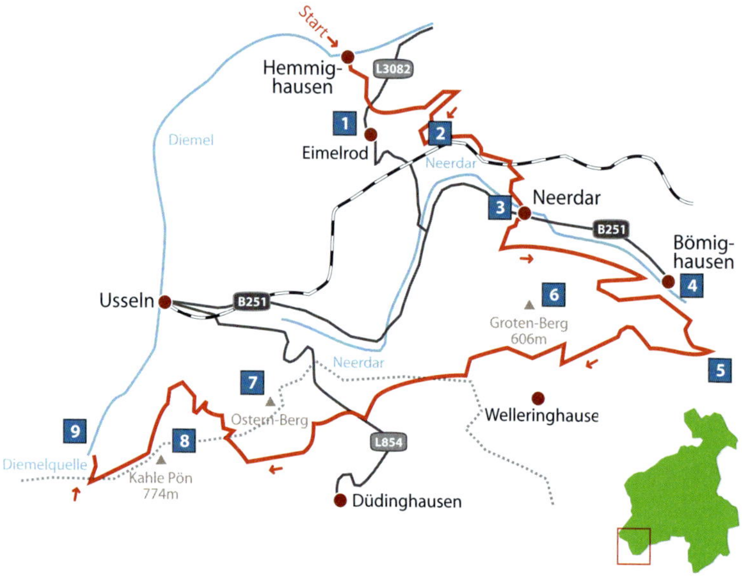

Lage der Tour

Uplandsteig

2. Etappe:
Hemmighausen – Eimelrod –
Neerdar – Diemelquelle
Länge: ca. 20 km
Wanderzeit: ca. 5 Stunden
Einkehr: möglich

Der Uplandsteig rund um Willingen hat eine Gesamtlänge von 64 Kilometern. Er berührt alle neun Ortsteile und führt durch eine abwechslungsreiche Landschaft. Die Etappen dieses Wanderweges erfordern eine gute Kondition, so legt man beispielsweise bereits auf den ersten 15 Kilometern 450 Höhenmeter von insgesamt 1 487 zurück. Der Weg ist gut beschildert durch das weiße U auf schwarzem Grund. Festes Schuhwerk auf den zum Teil naturbelassenen, d. h. unbefestigten Wegen und wettergeeignete Kleidung sind erforderlich.

Die Gesamtstrecke lässt sich gut in drei Etappen einteilen, von Willingen nach Hemmighausen (22 km), weiter bis zur Diemelquelle (23–43 km) und zurück nach Willingen (44–64 km). Wir stellen den Mittelteil vor:

Start ist in Hemmighausen, von wo aus der Weg zunächst steil bergauf und dann zwischen Feldern auf der Höhe bis nach Eimelrod (1) führt. Es geht am nördlichen Dorfende hinab zur Mülmecke, die überquert wird und weiter durch ein trichterförmiges Tal bis zu einer Schutzhütte (2). Oberhalb von Eisenbahnschienen führt der Weg zu-

Markierung Uplandsteig

nächst darunter hindurch und dann steil hinab nach Neerdar (3). Danach geht es wieder leicht bergauf durch den Wald nach Bömighausen (4). Leicht oberhalb von Bömighausen kommt man an einer Kneippanlage vorbei und erreicht den östlichsten Punkt des Uplandsteiges, den Weiher von Bömighausen. An diesem Badesee liegen eine Grillhütte (5) und ein kleiner Campingplatz.

Der Weg führt danach etwas gemäßigter durch eine Felderlandschaft, die man besonders schön vom Groten Berg (6) aus betrachten kann. Unterhalb des Gipfels laden Bänke und eine Schutzhütte zum Verweilen ein. Weiter geht's zur Kreisstraße von Welleringhausen und nach ca. 200 Metern links auf einen Wirtschaftsweg, der zur Gabelung des Uplandsteiges führt. Ab hier bieten sich zwei Varianten, die Tal- oder Bergstrecke, zur Diemelquelle an.

Die Bergvariante ist landschaftlich weitaus reizvoller, sie führt am Hang des Ostern-Berges (7) in den Wald und hinauf auf die Hochfläche der Kahlen Pöhn (8) mit dem gleichnamigen Naturschutzgebiet. Oberhalb des Skiliftes geht es über weitere Heideflächen in den Wald hinein und am Ende wieder steil bergab zur Diemelquelle (9), wo sich der Weg in dem Wiesental wieder mit der Talstrecke verbindet.

ERLEBNISTOUREN – RADWANDERN

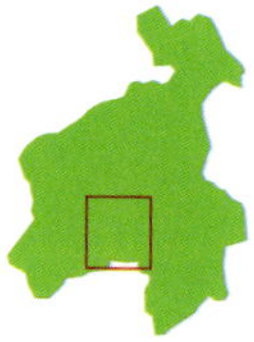

Lage der Tour

TOP-TOUR

Diemelradweg

Tagesetappe:
Diemelquelle – Usseln – Hemmighausen – Giegringhausen – Heringhausen – Diemelsee – Padberg – Marsberg
Länge: 40 Kilometer
Schwierigkeit: mittelschwer
Einkehr: möglich

Der Diemelradweg führt entlang der Diemel über 110 Kilometer von der Quelle in Usseln bis zur Mündung in Bad Karlshafen. Er ist gut ausgebaut und leicht zu befahren, am Besten nimmt man sich rund drei Tage für die ganze Strecke Zeit. Die Beschilderung erfolgt über ein grünes schneckenförmiges Ammoniten-Symbol. Wir stellen eine Tagesetappe vor:

Der Diemelradweg beginnt an der Quelle der Diemel (1), die in 660 Metern Höhe entspringt, und führt zunächst immer dicht an dem Flüsschen entlang. Dabei passiert man das Naturschutzgebiet um den Osterkopf (2) direkt hinter Usseln und erreicht nach rund neun Kilometern die Speiermühle (3). Weiter geht es an der Wolfskante entlang bis nach Giebringhausen (4), wo man eine Pause auf dem Minigolfplatz machen kann. Die nächste Attraktion ist der Diemelsee (5), wo man den Diemelradweg zugunsten einer Seeumrundung verlassen kann. Direkt in Heringhausen gibt es ein Thermalbad mit Kinderbadelandschaft und eine romanische Basilika aus dem 11. Jahrhundert (6). Auf dem See bietet sich eine Bootstour mit der Personenschifffahrt St. Muffert an. Der direkte Radweg führt über die Staumauer nach Hemmighausen und schlängelt sich weiter nach Padberg. Danach geht es durch den Giershagener Wald weiter in Richtung Marsberg (7).

Hier bietet sich ein ausgedehnter Stopp an, um einige Sehenswürdigkeiten anzuschauen, z. B. das historische Obermarsberg, das Besucherbergwerk „Kilianstollen"(8), die Drakenhöhle und die Vincentiusmühle oder die Vogel-Pflegestation für Greifvögel und Eulen. Einen besonders schönen Blick über Marsberg hat man auf dem Aussichtspunkt Bilsteinturm (9).

ERLEBNISTOUREN – RADWANDERN

Bike-Arena Sauerland

Die geschwungene abwechslungsreiche Landschaft des Sauerlandes mit Hügeln, Bergen, Wald und Tälern bietet optimale Voraussetzungen fürs Fahradfahren, neudeutsch Biken. Dem Trend wurde Rechnung getragen und im Frühjahr 2001 wurde die Bike Arena Sauerland mit einem rund 1 700 Kilometer weiten Wegenetz für Biker eröffnet. Die Strecken führen rund um Winterberg, Schmallenberg, Hallenberg, Medebach, Brilon, Kirchhundem, Lennestadt, Olsberg, Eslohe und Willingen. Die 37 Strecken sowie das Kreuzungspunktsystem in Lennestadt/ Kirchhundem sind für Familien, Trekking- und Mountainbiker sowie Rennradler geeignet.

Zur Gruppe der Familien zählen hier auch reine Kindergruppen (Schulklassen, Vereine usw.) sowie Erwachsene mit wenig Raderfahrung und nur geringer Kondition. Auch die Gruppe der Senioren (ab 60 Jahre) zählt zu dieser Kategorie. Mit Distanzen bis zu 40 Kilometer bei maximal 400 Höhenmetern und einem möglichen Asphaltanteil von 100 Prozent werden vor allem hohe Steigungs- und Gefällegrade bei der Planung dieser Touren vermieden. Eine davon soll exemplarisch vorgestellt werden.

Informationen
www.bike-arena.de

Blick auf Willingen

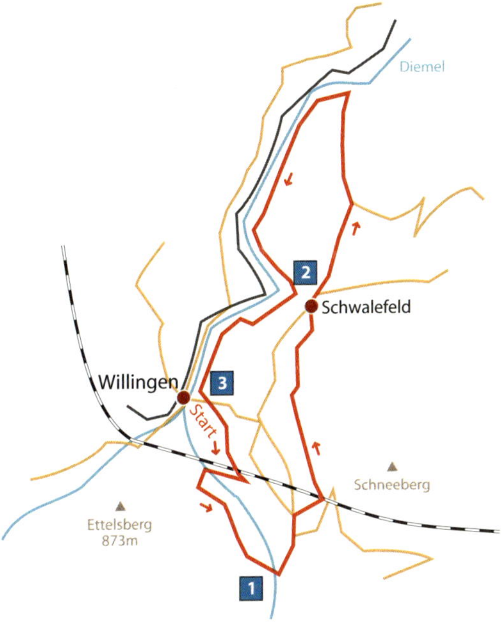

Lage der Tour

Familien-Tour in der Bike-Arena Sauerland

Willingen – Stryck-Aarbachtal – Schwalefeld-Willingen
Länge: 21 km
Höhenmeter: 150 m
Schwierigkeitsgrad: einfach

Ausgangspunkt dieser Tour ist das Haus des Gastes in Willingen. Von hier aus geht es in Richtung Stryck, wo man problemlos einen Abstecher zum Mühlenkopf mit der Mühlenkopfschanze (1) machen kann.

Danach geht es ins Aarbachtal hinein, vorbei an Schneeberg und Eideler Berg, bis nach Schwalefeld. Hier sollte ein Halt eingeplant werden, um sich den Ringwall Schwalenburg (2) anzuschauen. Wer noch Kraft verspürt, dem sei ein Abstecher auf den Orenberg empfohlen, von wo aus man einen herrlichen Blick über Willingen genießen kann. Für alle anderen geht es weiter durch den Ort, immer dem Bachverlauf folgend, bis ins Ittertal. Parallel der Straße geht es nun itteraufwärts zurück nach Willingen.

Zum Abschluss der Tour geht es unterirdisch weiter mit einer Entdeckungsreise durch das Besucherbergwerk (3) in Willingen.

ERLEBNISTOUREN – WEITERE HIGHLIGHTS

Adorf, Besucherbergwerk „Grube Christiane"

800 Jahre Bergbau an einem Tag! Eindrucksvoll präsentiert sich dem Besucher die Welt unter Tage. Beim Rundgang durch den Stollen erklärt ein Führer die alten Techniken des Bergbaus und die schwierigen Arbeitsbedingungen, denen die Bergleute ausgesetzt waren, eindrucksvoll dargestellt anhand von Puppen, die an typischen Orten aufgestellt sind. Eine Führung durch die rund 1,5 Kilometer dauert ca. 90 Minuten.

Informationen

Tourist Information Diemelsee
34519 Diemelsee/Sauerland
Tel. 05633 / 91133
Fax 05633 / 91134
www.grube-christiane.de

Öffnungszeiten

April bis Oktober, sonst nur nach Voranmeldung unter Tel. 05633 / 5955
Mi 14–17 Uhr, Sa 13–17 Uhr,
So/Feiertage 10–17 Uhr

Wallanlage bei Lengefeld

Ausgrabung „Hünenkeller", Entstehung vermutlich zweite Hälfte 8. Jahrhundert.

Schloss der Waldecker Grafen

Auf dem Eisenberg bei Korbach gelang es engagierten Hobby-Archäologen, die Grundmauern mit Burggraben einer alten Schlossanlage freizulegen und weitgehend zu restaurieren. Keramik und Gebrauchsgegenstände aus dem späten 13. bis zum frühen 18. Jahrhundert wurden gefunden und zusammengefügt. Sie sind im Korbacher Wolfgang-Bonhage-Museum zu bestaunen.

Gesteinsaufschlüsse

Der geologisch interessierte Wanderer findet südlich der „Büller Höhe", wie übrigens auch in Rhena sowie zwischen Adorf und Giershagen, sehenswerte Gesteinsaufschlüsse. Weitere Gesteinsaufschlüsse findet man im Eisenberg bei Korbach und zwischen Leitmar und Marsberg.

Heringhausen

Unmittelbar am Diemelsee liegt Heringhausen, eine Gründung Karls des Großen. Die romanische Basilika der Ortschaft gehört zu den Sehenswürdigkeiten im Naturpark. Vergleichbare romanische Kirchen finden sich außerdem in Rhena und Welleringhausen.

Korbach
Sehenswert ist die Fossilfundstelle Korbach, die sogenannte „Korbacher Spalte". Vor ca. 250 Millionen Jahren fanden hier die ältesten Vorfahren der Säugetiere ihr Grab. In Fachkreisen gelten die Funde der Korbacher Spalte als Sensation, die ein einzigartiges Mosaik der Perm-Fauna bildet. Zusammen mit dem 1997 eröffneten Museum ergibt sich ein umfassendes Bild aus dem Erdzeitalter Perm.

Erläuterungen und Führungen an der Korbacher Spalte
Anfang Mai bis Oktober jeden Sonntag um 10.15 Uhr und 11.15 Uhr

Wolfgang-Bonhage-Museum
Informationen
Kirchplatz 2
34497 Korbach
Tel. 05631 / 53289
www.museum-korbach.de
Öffnungszeiten
Di–So 11 Uhr–16.30 Uhr
und an Feiertagen

Marsberg, Besucherbergwerk „Kilianstollen"
Der Marsberger Heimatbund betreibt das Besucherbergwerk Kilianstollen, ein Kleinod für Mineralogen und Geologen. Neben der Darstellung des harten Arbeitslebens unter Tage beeindrucken unter anderem die interessanten Exponate und Mineralien. Führungen mit unterschiedlicher Länge (1 bis 2,5 Stunden) können gebucht werden.
Informationen
Marsberger Heimatbund e.V.
Rathaus
Lillers-Straße 8
34431 Marsberg
Tel. 02992 / 602-1
info@kilianstollen.de; für Anmeldungen
anmeldung@kilianstollen.de
www.kilianstollen.de
Öffnungszeiten
April bis Oktober, sonst nur nach Voranmeldung unter Tel. 02992 / 4366, große Führung mit Grubenbahn Sa 14 Uhr, kleine Führung So/Feiertage 14–17 Uhr, in den Ferien kleine Führung Mi 14–17 Uhr.

Usseln
Eine ehemals romanische, durch spätere Umbauten stark veränderte Basilika steht auch in dem Kurort und Wintersportplatz Usseln. Von Usseln aus sind Ausflugsziele wie der Osterkopf (708 m), die Diemelquelle oder Jägers Weinberg (Naturschutzgebiet) leicht zu erreichen.

Sommerrodelbahn

Rodeln, wie es sein soll – ob allein, zu zweit, ob Alt oder Jung, jeder kann hier sein Tempo selber bestimmen. Wer es rasant mag, kann mit bis zu 40 Stundenkilometern zu Tal rasen.

Informationen
Sommerrodelbahn Willingen
Schwalefelder Str. 5
34508 Willingen
Tel. 05632 / 966977
Fax 05632 / 966978
info@sommerrodelbahn-willingen.de
www.sommerrodelbahn-willingen.de
Öffnungszeiten
täglich ab 9 Uhr, auch bei Nässe

Kletterhalle

Klettern in der Halle entwickelt sich zum neuen Trendsport. Unabhängig vom Wetter können Belastbarkeit und Fitness erprobt und trainiert werden. 20 Routen in unterschiedlichen Schwierigkeitsgraden, auch für Anfänger. Etwas für Könner: Tower Climbing am Willinger Hochheideturm, mit 44 Metern die höchste Outdoor-Kletterwand Europas, auf dem 838 Meter hohen Ettelsberg.

Informationen
Kletterhalle Willingen
Zur Hoppecke 9
34508 Willingen
Tel. 05632 / 966855
Fax 05632 / 966769
info@kletterhalle-willingen.de
www.kletterhalle-willingen.de
Öffnungszeiten
Di, Do 10–12 Uhr u. 14–22 Uhr;
Mi, Fr 14–18 Uhr;
Sa, So 10–12 Uhr u. 14–18 Uhr

Ettelsberg Sesselbahn

Auf dem Ettelsberg erwartet den Besucher eine einzigartige Hochheidelandschaft und er erreicht bequem Ziele wie den Willinger Hochheideturm, den Rothaarsteig, den Wildpark oder den Startplatz für Drachen- und Gleitschirmflieger. Im Winter gelangt man von hier aus auf die Skipisten oder das ausgedehnte Loipen- und Winterwanderwegenetz.

Informationen
Ettelsberg Seilbahn
Zur Hoppecke 5
34508 Willingen
Tel. 05632 / 6715
Fax 05632 / 968201
info@ettelsberg-seilbahn.de
www.ettelsberg-seilbahn.de

Wild- und Freizeitpark
Der ganzjährig geöffnete Park bietet verschiedene Attraktionen für die ganze Familie. Vom Märchenwald mit Darstellungen beliebter Figuren über den Freizeitpark und die Oldtimer-Ausstellung bis zum Wildgehege mit Dam- und Raubwild, Exoten und Streichelzoo. Besonders spannend ist die Greifvogelvorführung mit Lehrvortrag durch einen Berufsfalkner.

Informationen
Wild- und Freizeitpark Willingen
Am Ettelsberg
34508 Willingen
Tel. 05632 / 69198
Fax 05632 / 69062
www.wildpark-willingen.de

Mühlenkopfschanze
Die größte Großschanze der Welt bildet die imposante Kulisse für das alljährlich stattfindende FIS-Weltcup-Skispringen. Sommers wie winters fährt die Standseilbahn den Besucher bis zum „Adlerhorst", dem Absprung der Skispringer. Gastronomie, Besichtigungen und Fanshop komplettieren das Angebot.

Informationen
Ski-Club Willingen e. V.
Zur Mühlenkopfschanze 1
34508 Willingen
Tel. 05632 / 960-0
Fax 05632 / 960370
info@sc-willingen.de
www.weltcup-willingen.de

Ettelsberger Sesselbahn und Mühlenkopfschanze

LEIB & SEELE

Die Kleeblatt Läden

Konsum und gutes Tun – das geht hervorragend, wenn man die Kleeblatt Regionalwarenläden und Lebensmittelmärkte aufsucht. Hierbei handelt es sich um ein Integrationsprojekt des Lebenshilfe-Werkes Kreis Waldeck-Frankenberg e. V. mit dem Ziel, Menschen mit Behinderung zur Eingliederung in den ersten Arbeitsmarkt zu verhelfen.

Im Angebot sind ausschließlich biologische Produkte, wobei es neben Lebensmitteln auch Weine, Naturkosmetik, Pflege- und Reinigungsmittel zu kaufen gibt.

Ein Verkaufswagen steht seit April 2006 auf dem Willinger Wochenmarkt, aber man kann natürlich auch einige Betriebe selbst aufsuchen, wie z. B.:

Hofgut Rocklinghausen – Arbeitsstätte und Wohneinrichtung zugleich

47 Mitarbeiter, die gleichzeitig auf dem Hofgut leben, bewirtschaften unter fachkundiger Anleitung den Bauernhof mit seinen Ländereien und kümmern sich um Bioprodukte wie Fleisch, Wurst und Eier. Zur Vorbereitung auf das Berufsleben mit berufsbildenden und persönlichkeitsfördernden Maßnahmen gibt es das Angebot des Eingangs- und Berufsbildungsbereiches. In einer arbeitstherapeutischen Gruppe wird in besonderem Maße auf Stabilisierung und Integration hingearbeitet.

Informationen
Ansprechpartner
Bernd-Heinrich Kramer,
Einrichtungsleiter
Hofgut Rocklinghausen
34477 Twistetal-Twiste
Tel. 05695 / 9798-0
Fax 05695 / 9798-30
Laden
Corvita – Korbach
Oberstraße 2
34497 Korbach
Tel. 05631 / 64203 und
Geschäftsstelle Kleeblattläden
Am Stege 4
34497 Korbach
Tel. 05631 / 5006-0
Fax 05631 / 5006913
info@kleeblattlaeden.de
www.kleeblattlaeden.de

Die genannten Anbieter stellen nur eine Auswahl dar aus einem großen Angebot weiterer Naturkostbetriebe. Informationen: www.naturpark-diemelsee.de

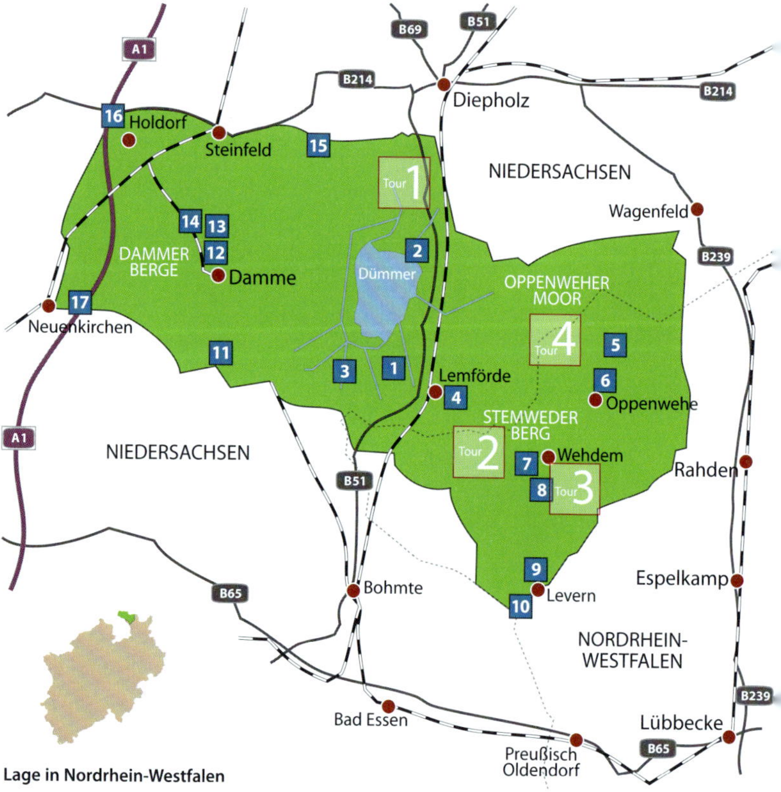

Lage in Nordrhein-Westfalen

Erlebnistouren

Tour 1: „Moor und Meer"
Tour 2: Radrundweg ST3
Tour 3: Radrundweg ST4 („Stemweder-Berg-Route")
Tour 4: Radrundweg ST5

Sehenswürdigkeiten

1. Naturschutzstation Hüde
2. Dümmermuseum Lembruch
3. Schäferhof Stemshorn
4. Amtshof Lemförde
5. Oppenweher Moor
6. Bockwindmühle Oppenwehe
7. Hügelgrab Stemweder Berg
8. Heimathaus Wehdem
9. Historischer Ortskern Levern
10. Kolthoffsche Hofmahlmühle
11. Sierhausener Schanzen
12. Stadtmuseum Damme
13. Mordkuhlenberg (mit Aussichtsturm)
14. Dersaburg Holdorf
15. Kutschenmuseum Steinfeld
16. Gut Ihorst Holdorf
17. Steigenbergturm

Naturpark Dümmer

Wie ein Herz liegt der Dümmersee mitten im nur 472 Quadratkilometer großen Naturpark, der nach diesem See benannt ist. Der Großteil dieses, vor allem für Vogelkundler, reizvollen Naturparks liegt in Niedersachsen. Etwa ein Viertel der Gesamtfläche ragt im Südosten nach Nordrhein-Westfalen hinein.

Hauptanziehungspunkt ist der See, der, eingebettet in feuchte Grünlandflächen zwischen Hoch- und Niedermooren, eine wunderbare Kulisse für malerische Fischerdörfer, Windmühlen, Kirchen und Fachwerkhäuser bildet.

Von der Eiszeit geformt

Für viele sind die Dammer Berge lediglich ein Autobahnrasthof auf der A1, aber tatsächlich handelt es sich um Endmoränen, die von Gletschern während der Eiszeit geformt wurden. Ihr Schmelzwasser ergoss sich in die Dümmerniederung und formte den Dümmersee.

Die Dammer Berge erheben sich im Westteil des Naturparks auf 145 Meter über dem Meeresspiegel und zeichnen sich durch eine abwechslungsreiche Landschaft mit Laubwäldern, Nadelholzforsten und Wiesentälern aus.

Im Südosten begrenzen die Stemweder Berge den Naturpark, die ihren Ursprung in der Kreidezeit haben. Aus einem überwiegend von Buchen geprägten Wald erhebt sich der 181 Meter hohe Stemweder Berg, und gemeinsam mit den Dammer Bergen bilden die bewaldeten Erhebungen der Region den Beginn der norddeutschen Tiefebene.

Einfluss der Hunte in den Dümmersee mit typischer Verlandungszone

Eldorado für Vogelkundler

Die Schafstelze

Der Dümmersee bildet den attraktiven Mittelpunkt des Naturparks, an den sich zwei Moore anschließen: das Ochsenmoor im Süden und im Osten das Oppenweher Moor. Noch bis vor rund 60 Jahren wurde das Oppenweher Moor wirtschaftlich genutzt – dort wurde Torf gestochen. Mittlerweile sind die Bewässerungsgräben allerdings geschlossen und mit den Jahren hat sich hier wieder ein stets wachsendes Hochmoor entwickelt, das ein wertvolles Refugium für seltene Tier- und Pflanzenarten darstellt.

Der beeindruckende Reichtum von Flora und Fauna hat dazu geführt, dass große Bereiche des Naturparks Dümmer zu einem Feuchtgebiet von internationaler Bedeutung erklärt wurden und weitere Schutzgebiete die Flora und Fauna erhalten. Somit ist der Dümmersee heute ein Eldorado für leidenschaftliche Vogelbeobachter.

Blässgänse

< *Der Kranich*

Der Dümmersee ist ein Flachsee mit einer ausgeprägten Verlandungszone, ein ideales, international bedeutendes Rastgebiet für Wasservögel: Zu den Zugzeiten kann man hier z. B. verschiedene seltene Entenarten beobachten wie die Löffel-, Tafel-, Reiher- und Spießente. Auch der Kormoran macht hier gerne Halt.

Im Winter findet man vor allem Gänse, wie die Bläß-, Grau- und Saatgans, aber auch Stock-, Pfeif- und Krickenten sowie Gänse- und Zwergsäger. Zu den Brutzeiten genießen Graugans, Trauerseeschwalbe, Lachmöwe und Rohrweihe sowie der Schilf- und der Teichrohrsänger das weitläufige, durch Schilfröhricht und Weidengebüsch geschützte Gelände.

Das Ochsenmoor bietet sowohl Rast- als auch Nahrungsflächen für die o. g. Enten und Gänse, aber auch für Wattvögel wie Uferschnepfe, Goldregenpfeifer, Kampfläufer oder Bekassine. Für den Großen Brachvogel oder den Kiebitz gibt es versteckte Brutplätze, wo die Vögel ihren Nachwuchs in aller Ruhe bebrüten können.

Aufsehen erregen natürlich auch die Weißstörche in den angrenzenden Dörfern und die Kraniche, die sich alljährlich im Oppenweher Moor niederlassen, um hier auf ihren langen Zügen Rast zu machen.

Typische Moorlandschaft

Kiebitzküken,
Bekassine,
Blässgänse

Morgenstimmung im wiedervernässten Hochmoor

< *Wollgras (oben); Fast schon ein Klischee: Schafherden in der Heide*

Vielseitige Pflanzenwelt am und im Wasser und Wald

Neben der vielseitigen Tierwelt im Naturpark Dümmer sollten einige Pflanzenarten nicht unerwähnt bleiben. Besonders hervorzuheben sind die Sumpfdotterblume, das Wiesenschaumkraut und das Wasser-Greiskraut, die in den Feuchtwiesen rund um den See und den Mooren vorkommen, sowie Schilf, Teich- und Seerosen im Dümmersee und den angrenzenden Gewässern. Im Oppenweher Moor finden Besucher vor allem Wollgras, Torfmoose, Glocken- und Besenheide, Krähenbeere und Sonnentau.

Über die bereits erwähnten Laub- und Nadelwälder, welche die Dammer und Stemweder Berge prägen, wartet vor allem der Stemweder Berg mit mittlerweile eher selten vorkommenden Pflanzen auf, wie z. B. der Schlüsselblume, Maiglöckchen, heimischen Orchideenarten, Waldmeister und Aronstab.

Buchenwald auf dem Stemweder Berg

Kulturelle Attraktionen und Naturschönheiten

Der Naturpark Dümmer lädt das ganze Jahr über zu ruhiger und abwechslungsreicher Erholung ein. Windmühlen prägten in früheren Zeiten das landschaftliche Erscheinungsbild rund um den Dümmersee. Heute können die an der Westfälischen Mühlenstraße gelegene Bockwindmühle in Oppenwehe und die Hofmahlmühle in Levern besucht werden, wo auch heute noch an bestimmten Tagen Mehl gemahlen und verbacken wird.

Überhaupt bieten die Orte im Naturpark einen Einblick in die Lebensweise früherer Zeiten, der nicht nur in historischen Ortskernen wie beispielsweise im alten Stiftsort Levern oder in Lemförde mit seinem alten Amtshof gewährt wird, sondern auch durch lie-

Kolthoff'sche Hofmahlmühle

bevoll ausgestattete und betreute Museen und Heimathäuser. Lohnenswert sind hier vor allem das Dümmermuseum in Lembruch mit wertvollen Ausgrabungsstücken aus früheren Besiedlungen der Uferzonen des Sees, das Heimathaus in Wehdem u. a. mit dem ehemaligen Klassenzimmer einer Zwergschule oder das Kutschenmuseum in Steinfeld.

Wer historisch gesehen noch weiter in die Vergangenheit eintauchen möchte, dem seien das Hügelgrab aus der Bronzezeit auf dem Stemweder Berg empfohlen, die Wallburgen aus der Eisenzeit Dersaburg und Sierhausener Schanzen, der Steigenberg und Mordkuhlenberg mit Aussichtsturm und das Gut Ihorst mit Burg, Kapelle und Wehrgraben in Holdorf.

Altes Amtshaus in Levern

INFORMATIONEN

Naturpark Dümmer e. V.
Niedersachsenstraße 2
49356 Diepholz
Tel. 05441 / 976-1290
Fax 05441 / 976-1762
Naturpark.duemmer@diepholz.de

NATURSCHUTZSTATION DÜMMER

Am Ochsenmoor 52
49448 Hüde-Marl
Tel. 05443 / 1367
naturschutzring.duemmer@t-online.de
www.naturschutzring-duemmer.de
Öffnungszeiten
nur nach telefonischer Anmeldung
Angebot
Umfangreiches Angebot an Führungen und Umweltbildungsveranstaltungen, Veranstaltungsprogramm mit festen Terminen, Ausstellung im Gebäude der Naturschutzstation Dümmer (Eintritt frei!).
Die Naturschutzstation liegt nur wenige 100 Meter vom Dümmer-See entfernt am Rande des Ortes Marl, im Zentrum des Naturparks Dümmer.
Das Stationsgebäude bietet mit seiner Diele Raum für Ausstellungen, die vielfältige Informationen über den Dümmer und die Dümmerniederung sowie die praktische Naturschutzarbeit bereithalten. Der in der Station beheimatete Naturschutzring Dümmer gibt einen eigenenVeranstaltungskalender mit Terminen für Führungen und Aktionen heraus. Jedes Jahresprogramm enthält zudem einen Extrateil mit interessanten Informationen zu einer für die Dümmerniederung typischen Tierart.
Für Gruppen ab sechs Personen können Exkursionstermine vereinbart werden.
Direkt an der Naturschutzstation beginnt der Natur-Erlebnispfad Dümmer. Der viereinhalb Kilometer lange Rundweg führt durch das Naturschutzgebiet Ochsenmoor und zum Südufer des Dümmer-Sees. Mit seinen 13 Informationstafeln gibt er einen Einblick in die Entstehung der Landschaft am Dümmer-See, in die Tier- und Pflanzenwelt und in die sehr wechselvolle Beziehung der Menschen zu diesem See.
Darüber hinaus hat der Naturschutzring Dümmer e. V. einen NaturErlebnisGarten neben der Naturschutzstation eingerichtet. Der Garten soll alle Sinne der kleinen und großen Besucher wecken und Natur hautnah erfahrbar machen.

NATURSCHUTZ-INFORMATIONSZENTRUM HÜDE

Am Ochsenmoor 52
49448 Hüde
Tel. 05443 / 1367
Fax 05443 / 2707
www.naturschutzring-duemmer.de

DÜMMER-MUSEUM

Götkers Hof 1
49459 Lembruch
Tel. 05447 / 341
Duemmermuseum@t-online.de
Öffnungszeiten
Vom 15. März bis 30. Oktober täglich außer Mo von 10–18 Uhr
Wissenswertes aus dem Naturraum Dümmerniederung erfahren Sie im 2003 von Grund auf neu renovierten Dümmer-Museum in Lembruch. Themenschwerpunkte der modernen multimedialen Aus-stellung sind „Landschaftsentwicklung", „Tier- und Pflanzenwelt", „Steinzeitliche Siedlungsplätze" und vieles mehr.

DÜMMER VOGELSCHAU

Dümmerstraße 7a
49401 Damme / Dümmerlohausen
Tel. 05491 / 7849
Öffnungszeiten
Nach Vereinbarung
Vogelkundliches Informationshaus

SAMTGEMEINDE

„Altes Amt Lemförde"
Bahnhofstraße 10a
49448 Lemförde
Tel. 05443 / 209-0
Fax 05443 / 209-50
rathaus@lemfoerde.de
www.duemmer.de

Naturpark
Dümmer

INFORMATIONEN ZU UNTERKÜNFTEN UND TOUREN

Tourist Information
Dümmerland (TID)
Große Straße 76
49459 Lembruch
Tel. 05443 / 242
Fax 05447 / 921572
tid@duemmer.de
www.duemmer.de

KARTEN UND LITERATUR

Wanderkarte „Stemweder Berg"
Herausgeber: Samtgemeinde
„Altes Amt Lemförde"
Bahnhofstr. 10 a
49448 Lemförde
Tel. 05443 / 209-0
Fax 05443 / 209-50
rathaus@lemfoerde.de
www.duemmer.de
www.lemfoerde.de
oder
Gemeinde Stemwede
Fremdenverkehrsamt
Buchhofstr. 17
32351 Stemwede-Levern
Tel. 05745 / 109-30
Fax 05745 / 109-45
info@stemwede.de
www.stemwede.de

„Faszination Natur im
Naturpark Dümmer"
(Hrsg. Naturpark Dümmer e. V.),
Werbeprospekt

„Naturpark Dümmer"
Topographische Karte 1 : 50 000 mit
Wanderwegen

„Naturerlebnis Dümmer"
Hartmut Elsner, Willi Rolfes (Hrsg.)
Edition Temmen ISBN 3-86108-906-8

Gastgeberverzeichnis
DümmerWeserLand Touristik (Hrsg.)

Alle erhältlich über
DümmerWeserLand Touristik
Tel. 05441 / 976-2222
tourismus@diepholz.de

Wanderkarte Dammer Berge
Zweckverband „Erholungsgebiet
Dammer Berge"
Postfach 1353
49375 Vechta
Tel. 04441 / 898-0 und 898-2602
Fax 04441 / 898-1037
wirtschaft@landkreis-vechta.de
www.landkreis-vechta.de

Uferschnepfe >

Naturpark
Dümmer

ERLEBNISTOUREN – RADWANDERN

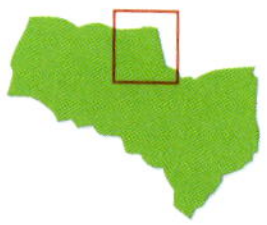

Lage der Tour

TOP-TOUR

„Moor & Mehr"

Länge: ca. 167 km
Fahrzeit: variabel
Schwierigkeitsgrad: Leichte ebene Wegstrecke durchgehend auf asphaltierten, landwirtschaftlichen Wirtschaftswegen.
Einkehr: möglich

Die „Moor & Mehr"-Radtour führt auf 167 Kilometern durch die intakte Landschaft des Naturparks Dümmer und der Diepholzer Moorniederung (1). Der Naturraum mit seinen 15 Hoch- und Niedermooren ist ein in Norddeutschland einzigartiges Naturjuwel im Naturpark Dümmer. Er erstreckt sich vom Dümmer-See (2) bis nah an die Weser. Die „Moor & Mehr"-Route führt auf reizvollen Wegen durch Hoch- und Niedermoorgebiete sowie in Kirchdorf durch eine wunderschöne Heidelandschaft. Ein einmaliges Naturerlebnis ist die Begegnung mit Herden der friedlich weidenden, nur hier beheimateten Diepholzer Moorschnucke. Die Schäferhöfe in Rehden (3), Ströhen (4), Freistatt (5) oder Hüde (6) am Dümmer laden zu Besichtigungen ein. An zahlreichen Stationen bietet die Rundtour auf Moorlehrpfaden oder Aussichtstürmen einen Einblick in die faszinierende und unberührte Naturlandschaft.

Infos zur Tour, Übernachtungsmöglichkeiten sowie Kartenmaterial unter
www.duemmerweserland.de
oder
DümmerWeserLand Touristik
Tel. 05441 / 976-2222
tourismus@diepholz.de

ERLEBNISTOUREN – RADWANDERN

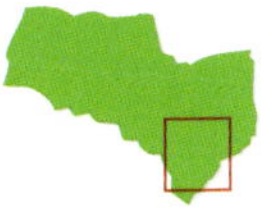

Lage der Tour

Fahrradtour ST 3

Länge: ca. 21 km
Fahrzeit: ca. 1,5–2 Stunden
Einkehr: möglich

Im Bruderschaftsweg am Parkplatz des Friedhofes in Dielingen (1) geht es los. Der Weg führt hinauf zum Dielinger Klei. Eine wunderschöne Fernsicht belohnt den kleinen Anstieg auf 92 Meter Höhe. Ein Blick nach Westen schweift über den Ortsteil Dielingen und im Norden sind bei schönem Wetter die weißen Segel der auf dem Dümmer See fahrenden Boote zu erkennen. Im Nordosten sind der Stemweder Berg (2) und im Süden das Wiehengebirge gelegen. Zu Füßen liegt der Ortsteil Drohne (3). Vom Klei (Ablagerungen aus der Kreidezeit vor etwa 60–130 Mio. Jahren) führt der Weg nahe am Schloss Haldem (4) (13. Jahrhundert) vorbei zur Begräbnisstätte der Familie von der Horst (5) (kleiner Familienfriedhof). Von Haldem geht es dann nach Drohne; der Weg ist eben und führt durch landwirtschaftliche Flächen. In Drohne, auch Eichendorf genannt, lohnt ein Abstecher zum Hauptradweg. Eine Dorfführung ist nach Anmeldung möglich.

ERLEBNISTOUREN – RADWANDERN

„Stemweder-Berg-Route" (ST 4)

Länge: ca. 25 km
Fahrzeit: ca. 2 Stunden
Einkehr: möglich

Start der Route ist an der Heilig Kreuz-Kapelle (Friedhof) in Haldem (1). Sie führt durch ein schönes Tal in die Stemweder Berge hinein. Vorbei an der Schutzhütte „Haldemer Kreuz" geht es bergauf auf dem Kammweg zum Hügelgrab (2) aus der frühen Bronzezeit mit 17 Metern Durchmesser, dann weiter geradeaus auf dem Kammweg und Weißen Weg bis nach Oppendorf (3). Hier ist der Übergang auf den ST 5 nach Oppenwehe möglich. Wer auf dem ST 4 bleibt, radelt nun auf ebenen Wegen unterhalb der Stemweder Berge südlich von Wehdem (4), Westrup (5) und Arrenkamp (6) nach Haldem zurück.

ERLEBNISTOUREN – RADWANDERN

Lage der Tour

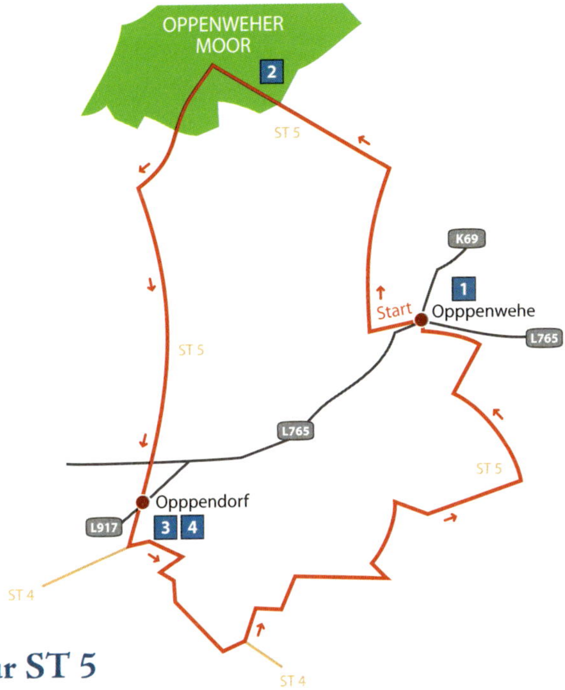

Fahrradtour ST 5

Länge: ca. 19 km
Fahrzeit: ca. 1,5 Stunden
Einkehr: möglich

Start ist an der Bockwindmühle (1) in Stemwede-Oppenwehe. Vor Beginn oder am Ende der Tour kann nach Voranmeldung die Mühle besichtigt und der vorhandene Grillplatz nebst WC genutzt werden.

Von der Bockwindmühle führt der Weg nach Norden durch landwirtschaftliche Fläche und die dem Oppenweher Moor (2) vorgelagerten Feuchtgrünlandbereiche bis an den Rand des Naturschutzgebiets „Oppenweher Moor" (Schutzgebiete für Hochmoor und Feuchtgrünland auf Niedermoor). Ein Aufenthalt im Moor sollte mit eingeplant werden. Dazu muss der Radweg kurz verlassen werden. Nach einem Spaziergang im Moor (Wanderwege von 1,5 bis 8 km) führt der Weg in südlicher Richtung weiter nach Oppendorf.

Am Landgasthaus Stemweder Berg (3) ist der Übergang zum Dümmer-Radweg Nr. 3 zum Dümmer See, zum Dümmer-Radweg Nr. 11 über Wehdem nach Levern und zum ST 4 möglich. Oppendorf (4) und Oppenwehe sind bekannt durch den Anbau von Spargel, der hier frisch von den Feldern geerntet zum Verkauf angeboten wird.

ERLEBNISTOUREN – WEITERE HIGHLIGHTS

Freizeitspaß für jeden Geschmack

Der Naturpark ist von einem gut ausgebauten und ausgeschilderten Wanderwegenetz durchzogen, mit zum Teil überregionalen Wanderwegen, wie dem „Pickerweg" von Osnabrück nach Damme oder dem „Ems-Hase-Hunte-Else-Weg", der die genannten Flüsse miteinander verbindet. Der „Meerweg" verläuft vom Steinhuder Meer über den Dümmersee bis zum Zwischenahner Meer.

Zentrum des Geschehens ist einmal mehr der Dümmersee, der sommers wie winters ein breites Spektrum von Freizeitmöglichkeiten bietet. Als ideales Wassersportrevier lockt er Segler, Surfer, Schwimmer, Ruderer oder Paddler an, und die Badestrände in Hüde und Lembruch laden im Sommer zu entspannten Stunden am Wasser ein.

Im Winter stehen hingegen Schlittschuhlaufen, Eissegeln oder Eiswandern auf dem zugefrorenen See auf dem Programm. Der See ist so beliebt, dass die regelmäßig stattfindenden saisonalen Highlights Gäste aus nah und fern anlocken. Immer Ende August wird der „Dümmerbrand", ein Feuerwerk, veranstaltet und jeden 2. Sonntag im Januar an der Westseite des Sees die „Eiswette". Erwähnenswert ist auch der Karneval in Damme eine Woche vor Rosenmontag und der große Viehmarkt in Brockum, der Ende Oktober/Anfang November stattfindet und als der größte Umschlagplatz für Nutztiere in der Region gilt.

Wandern

Beliebte Ziele für Wanderer und Naturfreunde sind der Dümmer See mit seinem 18 Kilometer langen Rundwanderweg auf dem Dümmerdeich, das Naturschutzgebiet Oppenweher Moor mit Rundwegen bis zu acht Kilometern Länge, der Stemweder Berg mit 15 Rundwanderrouten und einem Zielwanderweg. Verbindungswege ermöglichen Abkürzungen und die individuelle Gestaltung einer Wanderung. Bei einigen Wegen sind Steigungen zu berücksichtigen. Die Aussicht auf die zu Füßen des Berges in Feldern und Wiesen eingebetteten Ortschaften, auf das Wiehengebirge, die Dammer Berge, das Oppenweher Moor und den Dümmer See sind ein besonderes Erlebnis.

Das Hügelgrab aus der frühen Bronzezeit und der Wald-Lehrpfad sind beliebte Wanderziele.

Für Spaziergänger empfehlen sich die parkähnlichen Wege im Bereich der Wilhelmshöhe in Haldem. Geführte Wanderungen werden für das Oppenweher Moor und den Stemweder Berg angeboten.

Informationen

Fremdenverkehrsamt
der Gemeinde Stemwede
Buchhofstr. 17
32351 Stemwede-Levern
Tel. 05474 / 206-0 und 206-207
Fax 05474 / 206-181
fremdenverkehrsamt@stemwede.de
www.stemwede.de

Dammer Berge

Elf verschiedene Routen mit Längen zwischen 3,8 und 11,4 Kilometern sind im Erholungsgebiet ausgewiesen. Leichte Strecken für Anfänger, mittlere und schwere für Fortgeschrittene. Auf die Schwierigkeit wird durch die farblichen Kennzeichnungen blau, rot und schwarz hingewiesen.

Informationen/Karten

Tourist-Information Dammer Berge
Mühlenstr. 12
49401 Damme
Tel. 05491 / 996667
Fax 05491 / 996668
info@dammer-berge.de
www.dammer-berge.de

Nordic-Walking Park Dammer Berge

In einem Karree, das von der Stadt Damme sowie den Gemeinden Holdorf, Neuenkirchen-Vörden und Steinfeld gebildet wird, verlaufen die elf Routen des Nordic Walking Parks. Die Einzelrouten sind miteinander verbunden und kombinierbar. Die Farbe der Route gibt Auskunft über den Schwierigkeitsgrad (blau, rot, schwarz). Routenverlauf und Schwierigkeitsgrade entnehmen Sie dem Kartenmaterial.

Informationen/Karten

www.dammer-berge.de

oder

DümmerWeserLand Touristik
Tel. 05441 / 976-2222
tourismus@diepholz.de

Folgende Partnerhotels leihen Stöcke aus

Waldhotel zum Bergsee
Damme
Tel. 05491 / 9566-0

Jugendherberge
Damme
Tel. 05491 / 9672-0

Hotel zur Post
Holdorf
Tel. 05494 / 9171-0
Hotel Restaurant zum Hollotal
Neuenkirchen-Vörden
Tel. 05493 / 407

Pension Café Wahlde
Neuenkirchen-Vörden
Tel. 05493 / 733

Tagungs- und Wellnesshotel Töwerland
Steinfeld
Tel. 05492 / 89-0

Kanufahren

Eine Kanutour im Naturpark Dümmer ist ein Erlebnis für Gruppen und Einzelfahrer. Geführte Gruppentouren in 2er und 3er oder 10er Kanadiern führen auf einem ruhigem Fluss (Lohne oder Hunte) oder auch auf dem Dümmer-See durch eine Wiesenlandschaft, vorbei an Schilfflächen, überhängenden Trauerweiden und glücklichen Kühen. Mit etwas Glück kann man Graureiher beim Fischen beobachten. Auf Wunsch kann unterwegs gegrillt oder ein Imbiss gereicht werden.

Informationen und Buchung

Bright Side Tours
Tel. 05447 / 997073
info@gruppenspass.de

oder

DümmerWeserLand Touristik
Tel. 05441 / 976-2222
tourismus@diepholz.de

Fliegen

Segelfliegen, Hubschrauber-Rundflüge, Fallschirm-Tandemsprünge: Wer den schönen Naturpark Dümmer einmal von oben betrachten möchte, fliegt hier goldrichtig.

Informationen und Buchung

Flugplatz Damme
Am Flugplatz 8
49401 Damme
Tel. 05491 / 4288
www.flugplatz-damme.de

Öffnungszeiten

Ganzjährig Di–So von 8–18 Uhr

Flugplatz Diepholz-Dümmerland (fdd)
Lehmder Damm 3
49356 Diepholz
Tel. 05441 / 4426
www.flugplatz-diepholz.de

Öffnungszeiten

Ganzjährig täglich von 9–20 Uhr

Reiten

Ob entlang von großflächigen Mooren, durch grüne Wälder und Wiesen oder an Fluss- und Bachläufen entlang – im Naturpark Dümmer wird ein Traum für jedes Reiterherz wahr. Reittouren werden derzeit noch erarbeitet und sind zukünftig u. a. über www.bettundbox.de abrufbar. Aber auch derzeit gibt es schon ein Angebot, das sich durchaus sehen lassen kann.

In den Dammer Bergen finden Sie ein attraktives Reitwegenetz. Die Gesamtstrecke desselben ist rund 57 Kilometer lang und reicht von Vörden im Westen bis zur Steinfelder Bauernschaft Holthausen.

Informationen

www.dammer-berge.de oder
info@dammer-berge.de

Bei der Organisation und Buchung sind folgende Leistungsanbieter behilflich

Wanderreitstation
Uta und Jürgen Schlüter
Protestr. 69
49448 Marl-Hagewede
Tel. 05443 / 738
u.j.schlueter@gmx.de

Wanderreitquartier und Organisation von geführten Ritten
Michaela Köhr-Eickhoff
Eickhöpen 81
49459 Lembruch
Tel. 05447 / 1485
www.koehr-eickhoff.de

Heuhotel
Familie Schliep
Haßlinger Bogen 11
49448 Marl
Tel. 05443 / 420
www.heuhotelferien.de

Reiterferien
HOWI-RANCH Pferdeservice
Angela Wisse und Jürgen Holzförster
Förlinger Bruchstr. 34
49419 Wagenfeld
Tel. 05444 / 295
www.HOWI-RANCH.de

LEIB & SEELE

Diepholzer Moorschnucke

Die Diepholzer Moorschnucke lebt nur in der Diepholzer Moorniederung. Das Gebiet umfasst ca. 125 000 Hektar und wird von großen Moorgebieten durchzogen. Die Diepholzer Moorschnucken halten die Vegetation kurz. Sonst würden die Moorgebiete durch Birken und Bentgras verbuschen. Da im Moor keine Pflanzenschutz- oder Düngemittel ausgebracht werden dürfen, fressen die Schafe ausschließlich unbelastete Pflanzen. Damit die Moorschnucken die Pflanzen nicht zu stark abgrasen, darf der Tierbesatz nicht erhöht werden. Mit Beweidungsplänen, die jedes Jahr von Biologen des BUND neu erstellt werden, wird sichergestellt, dass die Schafe auch an den richtigen Stellen fressen. In den Herden der AG Moorschnucke (eine Arbeitsgemeinschaft mehrerer Schäfereien) gibt es insgesamt ca. 3 000 Moorschnucken (Muttern). Die Hauptlammzeit ist der März, wenn die Vegetation einsetzt.

Die Beweidung erfolgt in Hütehaltung. Hier geht der Schäfer noch jeden Tag mit seinen Hunden und der Herde ins Moor. Nicht selten trifft man daher bei einer Wanderung in den Mooren des Naturpark Dümmer auf eine Herde Diepholzer Moorschnucken mit ihrem Schäfer.

Diepholzer Moorschnucken

Informationen
Schäferhof W. Pfaffel
Fischerstadt 119, 49448 Stemshorn
Tel. 05443 / 929568
Schäferhof mit Herde der Diepholzer Moorschnucke, Betriebsbesichtigung nach Vereinbarung

Schäferei Ulenhof
Am Geestmoor 5, 49453 Rehden
Tel. 05446 / 1330
mc.dreyer@t-online.de
www.moorschnucke.de
Schäferhof mit Herden der Diepholzer Moorschnucke, Betriebsbesichtigung nach Vereinbarung, Hoffeste, Lieferdienst

Obst, Gemüse, Käse und handwerkliche Produkte

Informationen
Moorwindhof Heinrich Veltman
Sonnenstr. 40, 49448 Brockum
Tel. 05443 / 929906
www.moorwindhof.de
Manufaktur zum Herstellen von Hängematten, Schaukeln, Strickleitern, Tauen und Kunsthandwerk

Scheunencafé Lammert
Monika und Sohn Olaf Lammert
Schulstr. 4, 49448 Brockum
Tel. 05443 / 1681
www.scheunen-cafe.de
Planwagentouren mit rustikalem Bauernbüffet incl. Besichtigung einer Kerzenmanufaktur, Aalräucherei, Orchideenzucht, Einkauf im Hofladen (Stutenmilchprodukte, Kerzen)

Hofkäserei Wilhelm Jacob
Düversbrucher Str. 133, 49448 Hüde
Tel. 05447 / 217

Hofladen Heiner Möller
Im Dorfe 53, 49448 Hüde
Tel. 05443 / 304
Verkauf von Obst, Kartoffeln, Gemüse und sonstigen landwirtschaftlichen Produkten

Informationen zur Broschüre „Boxenstopp Route"
Tourist-Information Dammer-Berge,
info@dammer-berge.de,
www.dammer-berge.de

Informationen zur Broschüre „Einkaufen auf dem Bauernhof"
Mühlenkreis Minden-Lübbecke
Postfach 2580
32382 Minden
Tel. 0571 / 807-2317 und 807 / 2329
Fax 0571 / 807-2700,
muehlenkreis@minden-luebbecke.de,
www.muehlenkreis.de

Die genannten Anbieter stellen nur eine Auswahl dar aus einem großen Angebot weiterer Naturkostbetriebe. Informationen: www.duemmer.de

Segelboote auf dem Dümmer >

FREIZEIT & ERHOLUNG

Naturtierpark Ströhen
Ein ca. 30 Hektar großer Landschaftspark dient als Kulisse für rund 600 Tiere aus fünf Kontinenten und das größte private Vollblutaraber-Gestüt Europas.

Kinderspielplatz, Streichelzoo, Elefantenreiten sowie Restaurant mit Kaffeegarten machen den Naturtierpark in Wagenfeld-Ströhen ganzjährig zum Ausflugserlebnis für die ganze Familie.

Informationen
Tierparkstr. 43
49419 Wagenfeld-Ströhen
Tel. 05774 / 505 oder 1088
www.ismer-stud.com
Öffnungszeiten
Ganzjährig, täglich ab 9.00 Uhr

Natur-Freizeitbad Dümmer
Öffentliche Badestellen am Dümmerufer in Hüde und Lembruch

Freizeithallenbad Dümmer
Informationen
Im Dorfe 19
49448 Hüde
Tel. 05443 / 8563

Freibad im Dersa Sportpark
Informationen
Im Dorfe 19
49401 Damme
Tel. 05443 / 8563

Heidesee Holdorf
Holdorf

Natur-Freizeitbad Dümmer

Eissegler auf dem Dümmer

Lage in Nordrhein-Westfalen

Erlebnistouren

Tour 1: „Auf den Spuren der alten Ritterzeit"
Tour 2: „Die Seenroute"
Tour 3: Schäferstündchen mit der Natur
Tour 4: Skifahren

Sehenswürdigkeiten

1. Biggetalsperre
2. Listertalsperre
3. Attahöhle/Attendorn
4. Karl-May-Festspiele/Elspe
5. Kulturdenkmal Wendener Hütte
6. Burg Schnellenberg/Attendorn
7. Jugendburg Bilstein
8. Schloss Neuenhof
9. Kirche Attendorn
10. Kirche Helden
11. Kirche Plettenberg-Ohle
12. Kirche Wenden
13. Mattensprungschanze/Meinerzhagen
14. Südsauerlandmuseum/Attendorn

Naturpark Ebbegebirge

Es gibt Landschaften, in denen sich die Natur als Wunschkonzert präsentiert. Orchestriert wird dieses Erlebnis im Naturpark Ebbegebirge durch ein prächtiges Ensemble von Wald, Wasser, Wiesen, Höhenzügen, Weitsichten und einer artenreichen Tier- und Pflanzenwelt. Eine wahre Reihe der Verführungen, die der Besucher auf vielfältige Art und Weise genießen kann. Während stille Beobachter in frischer Landluft naturnahe Impressionen aufnehmen, bietet sich für die Aktiven ein reichhaltiges Potpourri an Freizeitmöglichkeiten: Wandern, Fahrradfahren, Reiten, Wassersport und sogar Skifahren.

Kein Wunder, dass sich der 1964 gegründete, 777 Quadratkilometer große Naturpark Ebbegebirge als Naherholungsgebiet für die nahe gelegenen Großstadtbereiche an Rhein und Ruhr etabliert hat. Zwischen der mittleren Lenne und der westfälisch-bergischen Grenze besuchen jährlich etwa neun Millionen Menschen die abwechslungsreiche Mittelgebirgslandschaft im südwestlichen Sauerland. Nicht nur die unverwechselbare Natur, sondern auch der Service spricht für sich: Neben zahlreichen Park- und Rastplätzen ist das Gebiet durch ein weitverzweigtes Netz von markierten Rundwanderwegen erschlossen. Sie führen zu Naturschönheiten – darunter mehreren großen Schutzgebieten von europäischer Bedeutung –, aber auch zu Sehenswürdigkeiten wie der weltbekannten Attahöhle in Attendorn, zu Burgen, Schlössern, Kirchen und Klöstern, zu historischen Ortskernen und Museen. Und sie weisen den manchmal schweißtreibenden Weg zum Namensgeber des Naturparks Ebbegebirge, einem in der Nordhelle bis zu 663 Meter ansteigenden Höhenzug zwischen Meinerzhagen und dem Lennetal.

Kalkstein-Wunderwelt
Ein Kristallpalast unter Tage, ein Schmuckkästchen für alle Höhlenfans ist die Atta-Höhle. Mit ihren ebenso reichhaltigen und vielgestaltigen Stalaktiten, Sinterfahnen, Kaskaden und Überhängen gilt sie als die schönste Schauhöhle Deutschlands.
Informationen
Attendorner Tropfsteinhöhle
Finnentroper Straße 39
57439 Attendorn
Tel. 02722 / 9375-0
Fax 02722 / 9375-25
info@atta-hoehle.de
www.atta-hoehle.de

Umwelt verstehen
Die Phänomenta, das einzige Science-Zentrum in Nordrhein-Westfalen, lockt als naturwissenschaftlich-technisches Erfahrungsfeld mit 120 Experimentierstationen auf über 2 000 Quadratmeter Fläche. Ein Museum, in dem man garantiert alles anfassen und ausprobieren darf.
Informationen
Gustav-Adolf-Straße 9–11
58507 Lüdenscheid
Tel. 02351 / 21532
Fax 02351 / 21598
www.phaenomenta.de

Mitten im Wasserland

Zu den Attraktionen im Naturpark Ebbegebirge zählen sicherlich die zehn Talsperren. Diese und zahlreiche Flüsse und Bäche künden von dem großen Wasserreichtum der Region, der bedingt ist durch die klimatischen Verhältnisse mit ihren hohen Niederschlagsmengen. „Das Gebirge ist besonders wasserreich und in den Talschlünden das Getöse der niederrauschenden und brodelnden Quellen fast betäubend …", so beschrieb die westfälische Dichterin Annette von Droste-Hülshoff einmal das Sauerland. Aus ökologischer Sicht sind das beste Voraussetzungen, wie zahlreiche naturnahe Fließgewässer mit bachbegleitenden Wäldern und charakteristischer Flora und Fauna sowie Feuchtwiesen mit seltenen Pflanzen, z. B. Orchideen, beweisen.

Schon früh wurde die Wasserkraft gebündelt und nutzbar gemacht. Bereits 1897–1899 errichtete man die Lingesetalsperre, die meisten anderen folgten Anfang des 20. Jahrhunderts. Der größte und bekannteste

Abendstimmung am Biggesee

Stausee, die zwischen den Städten Olpe und Attendorn gelegene Biggetalsperre, entstand allerdings erst in den Jahren 1956 bis 1965. Zusammen mit der 1912 gebauten Listertalsperre, die heute als Vorbecken der Biggetalsperre fungiert, umfasst sie ein Stauvolumen von 172 Millionen Kubikmetern und eine Wasserfläche von 8,76 Quadratkilometern bei einer Länge von ca. 20 Kilometern.

Neben den üblichen Aufgaben der Trinkwasserversorgung und des Wasserausgleichs fungieren diese beiden Stauseen sowie die Oestertalsperre auch als Freizeitparadies. Ob Baden, Angeln oder Tretbootfahren, Surfen, Segeln oder Tauchen: Hier stellt sich das „Wasserland" für Ausflügler und Urlauber auf höchst vielfältige und unterhaltsame Weise dar. Empfehlenswert ist auch eine Fahrt mit einem der Schiffe der Weißen Flotte der Personenschifffahrt Biggesee. Von hier aus kann man die Aktivitäten rund um den See – Planwagenfahrten, Skaten, ausgewiesene Wander- und Fahrradwege gibt es rund um den ganzen See – beobachten oder den Blick auf die ruhigeren, geschützten Teile lenken, in denen in denen sich seltene Pflanzen und vor allem die Vogelwelt wohl fühlen. Mitten im Biggesee liegt die etwa 100 Hektar große Insel „Gilberg", die mit den umgebenden Wasserflächen und nahen Uferbereichen als Naturschutzgebiet eingestuft ist. Von den Einheimischen wird sie passend „Vogelinsel" genannt.

Wald- und Wanderparadies

„Durch die Wälder, durch die Auen // Zog ich leichten Muts dahin." So wie Johann Friedrich Kind im „Freischütz" mag es vielen Besuchern des Naturparks Ebbegebirge ergehen. Eine geringe Siedlungsdichte und der Waldanteil von zwei Drittel der Gesamtfläche schaffen beste Voraussetzungen für naturnahe Erlebnisse. Und niemand braucht Sorge zu haben, dass er sich im weitläufigen Forst verläuft – für Orientierung ist gesorgt, dank eines weitverzweigtes Wandernetzes, das unter der Obhut des Sauerländischen Gebirgsvereins steht.

Auf ausgewiesenen Wanderwegen ist es ganzjährig möglich, mehrere Naturschutzgebiete von europäischer Bedeutung zu entdecken. Neben den Ebbemooren zählen beispielsweise auch die Buchen- und Bruchwälder bei Einsiedelei und Apollmicke zu nach der Flora- Fauna-Habitatrichtlinie (FFH) der Europäischen Union ausgewiesenen Schutzgebieten von gemeinschaftlicher Bedeutung. Sie sind Teil des großen EU-weiten Schutzgebietssystems NATURA 2000. So stellen die Wälder an der Einsiedelei das größte zusammenhängende Buchenwaldgebiet des mittleren und westlichen Sauerlandes dar und bilden einen wichtigen Rückzugsraum für seltene und störungsempfindliche Waldvogelarten wie dem Rauhfußkauz, dem Schwarzspecht oder der Waldschnepfe. Auch die Kalkbuchenwälder auf den teilweise sehr steilen, felsigen Hängen des Lenne- und des Biggetals und die Wacholderheide Kihlenberg bei Kirchhundem gehören zu den exklusiven Schutzräumen.

Wanderer bei Herscheid

Skigebiet Fahlenscheid

Wintersport und Weitsicht

Nach einem Sprichwort regnet es „nicht jeden Tag im Märkischen Sauerland, aber es hat immer die Neigung dazu" – eine Tatsache, die im Winter eine günstige Schneelage ermöglicht, die vor allem Wintersportfreunde im Ebbegebirge zu schätzen wissen. Insbesondere auf der Nordhelle, der Hohen Bracht sowie in Olpe-Fahlenscheid und Olpe-Thieringhausen können sich die Aktiven auf Loipe und Piste an der weißen Pracht erfreuen. Maschinell gespurte Loipen, gezeichnete Skiwanderwege, Ski-Langlaufschulen, Skigebiete mit Beschneiungsanlagen und sogar ein Snowboard-Funpark mit Flutlicht lassen keine Wünsche offen. Und in Meinerzhagen gibt es die einzige Mattensprungschanze der Region.

Neben Ski- und Rodelanhängern sind die Höhenzüge aber auch ein beliebtes Ausflugsziel für Wanderer, die hierher kommen, um die herrlichen Fernsichten zu genießen. Bemerkenswert sind vor allem der Robert-Kolb-Turm auf der Nordhelle, der Aussichtsturm der Hohen Bracht sowie der Wienhagenturm bei Kierspe und der Homertturm bei Lüdenscheid.

Weitere Aussichten bieten der Robert-Kolb-Turm auf der Nordhelle, der Aussichtsturm der Hohen Bracht sowie der Wienhagenturm bei Kierspe und der Homertturm bei Lüdenscheid

Schloss Neuenhof und Atta-Höhle

Wasserschlösser und unterirdische Welten

Echte Naturschönheiten gibt es im Naturpark Ebbegebirge auch unterirdisch zu entdecken. Die Atta-Höhle ist mit ihren vielfältigen gigantischen und bizarren Gesteinsbildungen an Boden, Wand und Decke – Stalagmiten und Stalaktiten, die bis zu vier Meter lang sind – nicht nur eine der schönsten Tropfsteinhöhlen, sondern nach Meinung von Fachleuten auch das größte zusammenhängende Höhlensystem Deutschlands. Ein Gang durch diese 1907 bei Sprengungen freigelegte, märchenhafte Welt dauert 40 Minuten, die Eindrücke indessen haben bleibenden Charakter. Und vielleicht gibt das Zauberreich irgendwann noch weitere Geheimnisse frei: Erst 1985 entdeckten Höhlenforscher zufällig weitere, bis dahin unbekannte Wege im Höhlenlabyrinth.

„Überirdische" Erlebnisqualitäten beweist der Naturpark im Bereich der kulturhistorischen Sehenswürdigkeiten. Während die Wallburgen „Jäckelchen" und „Hofkühl", die Ringwallanlage „Hünenburg" und die Nölkenburg bis in karolingische Zeiten zurückreichen, führen zahlreiche Burgen, Schlösser oder die Ruinen der Burg Schwarzenberg bei Plettenberg und der Waldenburg bei Attendorn direkt ins Mittelalter, als sich im Sauerland noch Kurköln und die Herren von Kleve-Mark als unversöhnliche Feinde gegenüber standen. So gilt die 1222 erstmals erwähnte Burg Schnellenberg als größte und mächtigste Burganlage in Südwestfalen. Heute beherbergt sie nicht nur ein erstklassiges Hotel, sondern auch eine Schatzkammer mit mittelalterlichen Exponaten.

Wendener Hütte >

Burgruine Schwarzenberg

Zu den wertvollsten Barockbauten im Märkischen Sauerland gehört sicherlich das Wasserschloss Neuenhof bei Lüdenscheid. Seit 1326 urkundlich belegt, befindet sich die Anlage in Privatbesitz und ist nur von außen zu besichtigen.

Die bekannteste Wehranlage der Region ist die um das Jahr 1225 gegründete Burg Bilstein, die zunächst Sitz der Herren von Kleve-Mark war, bevor sie im 15. Jahrhundert nach der so genannten „Soester Fehde" in den Besitz des Kölner Erzbischofs überging. In den herrschaftlichen Gemäuern befindet sich heute eine Jugendherberge.

Sakrale Bauten wie die barocke Wendener Kirche, 1750 bis 1752 von dem Tiroler Maurermeister Franz Beyer erbaut und mit Altären und Heiligenfiguren von Johann Sasse und Johann Nikolaus Düringer ausgestattet, oder die aus dem 13. Jahrhundert stammende Pfarrkirche St. Johannes Baptist in Attendorn – auch „Sauerländer Dom" genannt – prägen seit Jahrhunderten das religiöse Leben und die jeweiligen Stadtbilder.

Auch in frühindustrieller Hinsicht gewährt der Naturpark Ebbegebirge außergewöhnliche Einblicke. Während der Schleiper Hammer in Kierspe die Herstellung von Bakelitgegenständen aus den 1930er Jahren demonstriert, steht bei der 1728 gegründeten Wendener Hütte – der größten Holzkohle-Hochofenanlage ihrer Art in Westeuropa – die Schmelze und Weiterverarbeitung des Eisens im Mittelpunkt.

INFORMATIONEN

Naturpark Ebbegebirge
Danziger Straße 2
57462 Olpe
Tel. 02761 / 81-280
Fax 02761 / 81-514
si_halbe@kreis-olpe.de
www.naturpark-ebbegebirge.de

NATURSCHUTZZENTRUM MÄRKISCHER KREIS

Das Naturschutzzentrum bietet eine breite Palette an Möglichkeiten, sich über Natur und ökologische Zusammenhänge zu informieren. Angeboten werden Seminare (u. a. Anlage und Pflege von Streuobstwiesen oder Landwirtschaft für Naturschützer), Exkursionen (u. a. Vogelstimmenexkursion), Diavorträge (u. a. Turmfalkenschutz), geführte Wanderungen (u. a. durch das attraktive Naturschutzgebiet Stilleking) und Kurse (u. a. Handwerkskunst des Körbeflechtens oder Obstbaumschnitt für Anfänger).
Informationen
Naturschutzzentrum Märkischer Kreis
Grebbecker Weg 3
58509 Lüdenscheid
Tel. 02351 / 4324240
Fax 02351 / 4322780
info@naturschutzzentrum-mk.de
www.naturschutzzentrum-mk.de

WALDLERNPFAD AUF DER NORDHELLE

Unter dem Motto „Sehen und Verstehen" gibt der Lernpfad mittels Informationstafeln interessante Einblicke in die Natur und ihre verschiedenen Lebensräume. Der Rundweg ist 5,5 Kilometer lang und hat einen Höhenunterschied von 70 Metern. Er führt dabei über die höchste Erhebung des gesamten nordwestlichen Sauerlandes, die Nordhelle (663 Meter). Vom Robert-Kolb-Turm, der am Weg liegt, genießt man einen herrlichen Weitblick.
Informationen
Waldlernpfad auf der Nordhelle
58849 Herscheid

GRUBENLEHRPFAD AM SILBERG

Hier steht die Geschichte des Blei- und Kupferbergbaus im Mittelpunkt. Seit dem 16. Jahrhundert wurde er am Silberg betrieben, oft ohne großen Einsatz technischer Hilfsmittel. Die Grundlagen und Bedingungen des nach dem Ersten Weltkrieg eingestellten Abbaus werden von Informationstafeln anschaulich dargestellt. Der Rundweg beginnt oberhalb der Herscheider Mühle an der Straße nach Werdohl. Die Gehzeit beträgt ca. 1 Stunde.
Informationen
Grubenlehrpfad am Silberg
Plettenberger Straße 27
58849 Herscheid
Ansprechpartner:
Gemeinde Herscheid
Tel. 02357 / 90930

Schleiper Hammer

MUSEUMSLEHRPFAD WENDENER HÜTTE

Die Wendener Hütte ist ein technisches Kulturdenkmal ersten Ranges. 1728 von Johannes Ermert gegründet, stellt sie eine der ältesten und am besten erhaltenen Holzkohle-Hochofenanlagen Deutschlands dar. Zudem ist es die größte Anlage ihrer Art in Westeuropa. Erhalten sind von dem 1866 eingestellten Betrieb das zentrale Gebäude der Anlage mit Hochofen und Gießhalle, in der früher Eisenerz geschmolzen wurde. Auch die Weiterverarbeitung des Eisens zu Flintenläufen, Sensen, Messern und Federn erfolgte hier, u. a. im wasserbetriebenen Hammerwerk.

Informationen
Museumslehrpfad Wendener Hütte
Museum Wendener Hütte
Hochofenstraße 6 D
57482 Wenden

Anmeldung zu Führungen
Museumsverein Wendener Hütte e. V.
Danziger Straße 2 D
57462 Olpe
Tel. 02761 / 81401 oder 81752
Fax: 02761 / 94503-401
info@wendener-huette.de
museum-wendener-huette.de

WALDLEHRPFAD STADTWALD HARDT

Mal auf andere Gedanken kommen – dieser geläufige Spruch erfährt auf dem „etwas anderen" Waldlehrpfad seine konkrete Umsetzung. Auf dem 3,8 Kilometer langen Weg begegnen den Besuchern auf 19 Felsbrocken Gedichte, Gedanken und Sinnsprüche zum Thema Wald.

Informationen
Waldlehrpfad Stadtwald Hardt
Information: Harald Blume
57462 Olpe
Tel. 02761 / 62937

BIENENLEHRPFAD REHRINGHAUSEN

Zentrales Thema sind hier die Bienen, aber auch über die Beziehung Bienen-Mensch-Natur. Auf dem ca. 2,2 Kilometer langen Rundweg vermitteln insgesamt 14 Hinweistafeln Naturkenntnisse, alte Traditionen und viele andere Themen mehr.

Informationen
Zweckverband Naturpark Ebbegebirge
Kreishaus, Danziger Straße
Rathaus / Franziskanerstraße
57462 Olpe
Tel. 02761 / 9429-0
(Touristikbüro der Stadt Olpe)
Fax 02761 / 9429-15
Verkehrsamt@olpe.de
www.olpe.de

Naturpark Ebbegebirge

„JAGDHORNWEG" VALBERT

Der am Denkmalplatz in Valbert beginnende historische Jagdhornweg folgt verschiedenen Spuren der Geschichte und Kultur. Unter dem Zeichen des Jagdhorns informiert er auf zehn Tafeln über Flurnamen, Hüttenstandorte oder Reste von Industrieanlagen und hat so manche Geschichte zu erzählen. Unterwegs kann man einen Abstecher zum „Gesundbrunnen" machen.
Informationen
„Jagdhornweg" Valbert
Stürkergasse 5
58540 Meinerzhagen-Valbert
Tel. 02358 / 4714

„NATUR-IMDORF-PFAD"

Ein bemerkenswerter Ansatz und eine verblüffende Umsetzung – der „Natur-imDorf-Pfad" vermittelt an zwölf Stationen unterschiedliche Aspekte rund um das Thema „Mensch und Natur". Im Blickpunkt stehen heimische Pflanzen und Tiere, ökologische Grundlagen und die bewusste Integration der „Natur" in Lebensräume, die vom Menschen geprägt sind. Konsequenter Weise führt der Pfad durch den Ort Niederhelden.
Informationen
„Natur-imDorf-Pfad"
Sandra Schulte-Braun (Diplom-Biologin)
Repetalstr. 261
57439 Attendorn-Niederhelden
Tel. 02721 / 605753
Mobil 0171 / 8905439

INFORMATIONEN ZU UNTERKÜNFTEN UND TOUREN

Märkischer Kreis
Heedfelder Straße 45
58509 Lüdenscheid
Tel. 02351 / 9666367
Fax 02351 / 9666375
www.maerkischer-kreis.de

Freizeit- und Touristikverband
Märkisches Sauerland e.V.
Heedfelder Str. 45
58509 Lüdenscheid
Tel. 02351 / 9666439
Fax 02351 / 9666147
tourismus@maerkischer-kreis.de
www.maerkischer-kreis-tourismus.de

Sauerland-Tourismus e.V.
Bad Fredeburg
Johannes-Hummel-Weg 1
57392 Schmallenberg
Tel. 0180 / 5096980
Fax 02974 / 969833
info@sauerland.com
www.sauerland-touristik.de

Dämmerung im Naturpark >

Naturpark
Ebbegebirge

ERLEBNISTOUREN – WANDERN

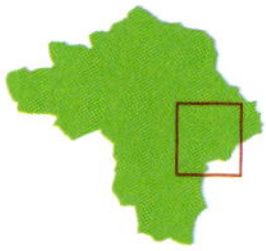

Lage der Tour

TOP-TOUR

Auf den Spuren der alten Ritterzeit

Länge: ca. 22 km
Wanderzeit: ca. 6 Stunden
Schwierigkeitsgrad: mittel
Einkehr: möglich

Ausgangs- und Zielpunkt ist die Burg Bilstein (1), die auch die größte Attraktion der Tour ist. Als einzige nicht zerstörte Burg im Gebiet des Naturparks Ebbegebirge strahlt sie durch ihre mächtigen Rundtürme ein unverändert mittelalterliches Ambiente aus. Die bekannteste Wehranlage der Region wurde um das Jahr 1225 errichtet und war zunächst Sitz der Herren von Kleve-Mark, bevor sie im 15. Jahrhundert nach der so genannten „Soester Fehde" in den Besitz des Kölner Erzbischofs überging. Die Burg wurde Sitz eines „Amtes". Der bekannteste Amtsdroste war Friedrich von Fürstenberg, der 1556 per Pfandverschreibung die Ämter Bilstein und Wal-

Burg Bilstein

denburg übernahm. Nach dem Ende des Heiligen Römischen Reichs Deutscher Nation ging der Besitz zunächst an Hessen und 1816 an Preußen über. 1927 schließlich wurde in den herrschaftlichen Gemäuern eine Jugendherberge eingerichtet.

Die Tour führt aber zu noch älteren, wenn auch fast völlig zerstörten Wehranlagen bei Oberveischede. Man muss schon genau hinschauen, um die Reste der karolingischen Wallburg am Jäckelchen (2) und der Ringburg auf dem Hofkühlberg (3) wahrzunehmen. Letztere stammt übrigens aus der vorrömischen Eisenzeit (5.–1. Jahrhundert v. Chr.).

Über das Jagdhaus auf der Einsiedelei (4) führt der Weg schließlich zur Hohen Bracht mit seinem Aussichtsturm (5) in 584 Meter Höhe und einem herrlichen Weitblick in das „Land der tausend Berge".

ERLEBNISTOUREN – WANDERN

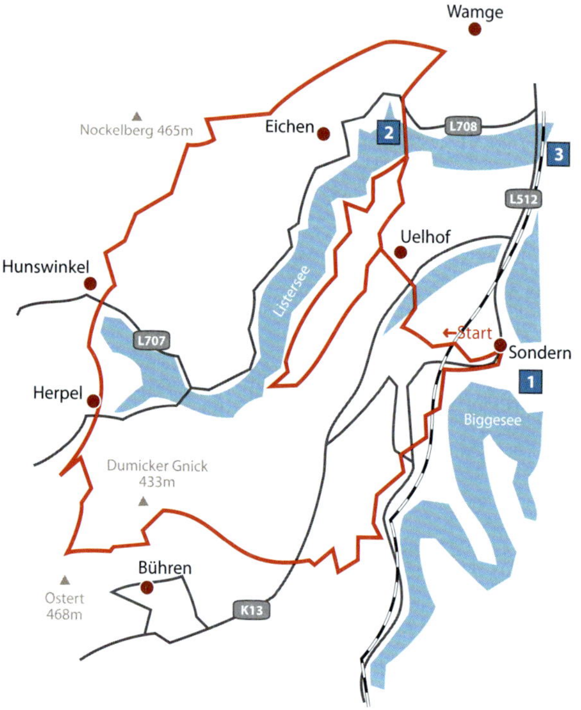

Lage der Tour

Die Seenroute

Streckenlänge: ca. 15 km
Wanderzeit: ca. 4 Stunden
Schwierigkeitsgrad: einfach
Einkehr: möglich

Eine wunderschöne Tour auf den Anhöhen um die Listertalsperre herum bietet die „Seenroute". Startpunkt ist Olpe-Sondern, wo es zunächst vorbei geht an der idyllisch gelegenen Campinganlage Biggesee-Vier Jahreszeiten auf der Halbinsel „Sonderner Kopf" (1), die neben Badestrand und Liegewiese umfangreiche Kreativ-, Freizeit- und Sportprogramme für alle Altersgruppen bietet. Das nächste Ziel ist die Listerstaumauer (2), die vor allem die Herzen der Technikfreunde höher schlagen lässt. Neben der Unterwasserturbine direkt an der Staumauer erblickt man von hier aus

„Weisse Flotte" auf dem Biggesee

Segeln auf der Listertalsperre

auch die Doppelstockbrücke Dumicke und Listertal (3) mit der obenliegenden Landesstraße und dem darunter führenden Schienenverkehr – eine für Deutschland einmalige Konstruktion.

Der weitere Verlauf ist gekennzeichnet durch schöne Blicke auf die 1912 fertig gestellte Listertalsperre, die zusammen mit der Biggetalsperre ein Stauvolumen von 172 Millionen Kubikmetern und eine Wasserfläche von 8,76 Quadratkilometern bei einer Länge von ca. 20 Kilometern umfasst.

Eine schöner Abschluss der Tour könnte eine Rundfahrt mit der „Weissen Flotte" auf dem Biggesee sein.

Informationen
www.personenschiffahrt-biggesee.de

ERLEBNISTOUREN – WANDERN

Schäferstündchen mit der Natur

Hier könnte ein langgehegter Traum in Erfüllung gehen. Ein paar Tage unter freiem Himmel, mitten in der Natur, allerdings auch bei Wind und Wetter – dieses ganz besondere Angebot macht Schäfer Wolfgang Schnarr. Mit ihm und seiner Wanderschafherde geht es durch die Naturschutzgebiete und schönsten Winkel des Sauerlandes. Eine für Städter eigenwillige, aber spannende Zeit, in der Ruhe, Einsamkeit und Naturbeobachtung eine eindrückliche Verbindung eingehen. So hat man die heimische Tier- und Pflanzenwelt noch nie erlebt!

Angebot 1
Schäferwochenende im Sauerland
(Wochenenden von Mitte Mai bis Mitte Juni)
Sie ziehen von Freitag bis Sonntag mit der Schafherde und Wolfgang Schnarr. Sie erleben Lagerfeuerromantik und übernachten in einem echten Schäferkarren.

Angebot 2
Schafschur live
(Ende Mai / Anfang Juni)
Zu diesem Zeitpunkt befindet sich die Schafherde zum Scheren im Gatter. Drei spannende und arbeitsreiche Tage erwarten Sie. Übernachtet wird im Schäferkarren oder im Zelt.

Angebot 3
Schafe hüten und Schafbockauktion
(Bockauktion im Mai, Bockauktion im August)
Als Höhepunkt Ihrer 3-tägigen Tour mit Wolfgang Scharr fahren Sie samstags mit zur Schafbockauktion und erleben, wie der Vater der nächsten Lämmergeneration ersteigert wird.

Angebot 4
Exklusive Schäferwoche für gestresste Manager
(Mitte Mai bis Mitte Juni, Mitte August bis Mitte September)
Sie ziehen eine Woche lang ganz alleine mit Schäfer und Herde und erleben nichts außer Natur und Einsamkeit.

Mehrmals jährlich besteht an vorher festgelegten Terminen die Gelegenheit, mit zwei Personen Wolfgang Schnarr und die Wanderschafherde des Naturschutzzentrums zu begleiten. Die genannten Angebote können gebucht werden, wobei sich bei den Terminen witterungsbedingt oder wegen Änderungen im Routenplan der Schafherde geringe Verschiebungen ergeben können. Die Terminfestlegung trifft Wolfgang Schnarr daher individuell in Absprache mit seinen Gästen.

Informationen
Schäferstündchen mit der Natur
Märkische Naturlamm GbR
c/o Naturschutzzentrum
Märkischer Kreis e. V.
Grebbecker Weg 3
58509 Lüdenscheid
Tel. 02351 / 4324240
Fax 02351 / 4322780
info@naturschutzzentrum-mk.de
www.naturschutzzentrum-mk.de

Schäfer Wolfgang Schnarr
Tel. 06074 / 44937 ab 20 Uhr
Mobil 0171 / 8566032
Fax 06074 / 44937

ERLEBNISTOUREN – SKISPORT

Winterspaß im Skigebiet Fahlenscheid

Winterspaß ohne lange Anreise, das versprechen verschiedene Ziele im Naturpark Ebbegebirge vor allem den Bewohnern der nahe gelegenen Großstadtbereiche an Rhein und Ruhr. Möglichkeiten zum Skilaufen gibt es auf der Nordhelle, der Hohen Bracht sowie in Olpe-Fahlenscheid und Olpe-Thieringhausen.

Während im Ski-Langlauf-Zentrum Thieringhausen maschinell gespurte Loipen warten, ist das Angebot in Fahlenscheid besonders breit gefächert. Für Alpinisten und Snowboarder gibt es zwei Abfahrten (400 und 500 Meter lang), eine Beschneiungsanlage, zwei Doppelankerlifte und eine Flutlichtanlage und als große Attraktion einen Snowboard-Funpark gibt. Im Trend liegt übrigens gerade das so genannte „Snow-Tubing“ – hinter diesem Begriff verbergen sich rasante Abfahrten in aufblasbaren, Gummiboot ähnlichen Ringen. Auf zwei Loipen (fünf und zehn Kilometer

lang), die sich miteinander verbinden lassen, können sich die Langläufer freuen. Darüber hinaus hat der Skiclub Olpe Skiwanderwege gekennzeichnet.

Nach dem Schneevergnügen ist vor dem Apres-Ski: Das verspricht eine zünftige, von allen Pisten gut erreichbare Skihütte. Und wenn die geeignete Skiausrüstung fehlt, ist das auch kein Problem – Bretter und Zubehör können ausgeliehen werden.

Informationen
Tel. 02761 / 9429-0
Fax 02761 / 9429-15
oder im Skigebiet
Tel. 02764 / 260
schnee@fahlenscheid.de
www.fahlenscheid.de

LEIB & SEELE

Streuobst-Apfelsaft

Streuobstwiesen sind seit je her charakteristisch für die Landschaft im Sauerland. Neben einer reichhaltigen Obsternte sind sie ein wichtiger Lebensraum für die heimische Tier- und Pflanzenwelt. Das Naturschutzzentrum Märkischer Kreis hat es sich zur Aufgabe gemacht, diese gefährdeten Biotope zu erhalten und den Streuobstanbau wirtschaftlich zu fördern. Der naturbelassene und sehr aromatische Apfelsaft – garantiert ungespritzt – wird zu fairen Preisen verkauft. Darüber hinaus gehören Apfel-Mango-Saft, Apfelchips und Sauerländer Apfelbrand zum Sortiment, auch als Präsent-Box erhältlich.

Informationen

Märkischer Naturgarten
Naturschutzzentrum Märkischer Kreis
Grebbecker Weg 3
58509 Lüdenscheid
Tel. 02351 / 4324240
Fax 02351 / 4322780
info@naturschutzzentrum-mk.de
www.naturschutzzentrum-mk.de

Bergkäse

Eine besondere Spezialität ist der „Nobes"-Bergkäse, der im Betrieb Dömer in der hofeigenen Käserei hergestellt wird. Unterschieden wird zwischen zwei verschiedenen Reifungsstufen: Die erste Reifungsstufe ist der junge Bergkäse, der mindestens drei bis vier Monate gereift ist. Der alte Bergkäse ist über ein Jahr alt. Während der Lagerung muss der Käse immer wieder abgebürstet werden. Der Name Nobes leitet sich ab von dem alten Hofnamen des Betriebes Dömer.

Informationen

Betrieb Michael Dömer
Zur Hardt 16
57399 Kirchhundem-Rahrbach
Tel. 02723 / 1045

Frische Erdbeeren

Erdbeeren pflücken ist zwar etwas mühsam, der Genuss der feldfrischen Früchte dafür ein besonderer. Der landschaftlich wunderschön gelegene Fachwerkhof am Rande des kleinen Golddorfes Niederhelden lädt zum Pflücken und Kosten ein und bietet darüber hinaus hausgemachte Spezialitäten.

Informationen

Erdbeerhof Korte
Eschenweg 4
57439 Attendorn Niederhelden
Tel. 02721 / 200400
Fax 02721 / 718464
info@ferienwohnungen-korte.de
www.ferienwohnungen-korte.de

Von der Permakultur zum Filzkurs

Der Gärtnerhof Kiesbert ist seit 1995 anerkannter Demeter Betrieb. Auf 17 Hektar wird Kartoffel- und Gemüseanbau sowie Tierhaltung betrieben und direkt ab Hof vermarktet. Der Hof versteht sich als Wandererstation und geht der Philosophie der Permakultur nach, dessen Grundgedanke das Wirtschaften in und mit ökologischen Kreisläufen im Sinne einer dauerhaften und nachhaltigen Nutzung ist. Hofführung mit Praxis für Kindergärten und Schulklassen, Brotbacken im Holzbrandbrotbackofen, bäuerliches Handwerk komplettieren das Angebot. Auf dem Hof, auf dem eine Ferienwohnung gemietet werden kann, werden auch Sens- und Filzkurse geboten. Das Filzen mit Schafwolle gehört zu den ältesten Handwerkskünsten.

Informationen

Gärtnerhof Kiesbert
Kiesbert Nr. 8
58849 Herscheid
Tel. 02357 / 2847
pieper@gaertnerhof-kiesbert.de
www.gaertnerhof-kiesbert.de

Die genannten Anbieter stellen nur eine Auswahl dar aus einem großen Angebot weiterer Naturkostbetriebe. Informationen: www.naturpark-ebbegebirge.de

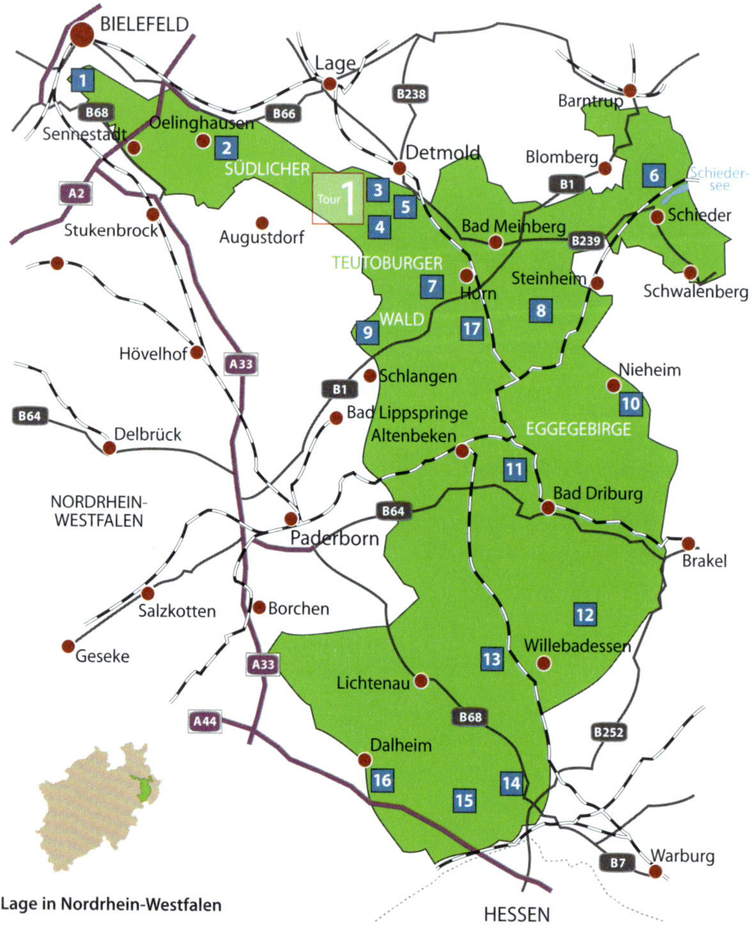

Lage in Nordrhein-Westfalen

Erlebnistouren

Tour 1: Hermannsweg – Donoper Teich bis Velmerstot

Sehenswürdigkeiten

1. Sparrenberg
2. Archäologisches Freilichtmuseum Oerlinghausen
3. Hermannsdenkmal
4. Falkenburg
5. Westfälisches Freilichtmuseum
6. Schiedersee
7. Externsteine
8. Vulkan Sandebeck
9. Fürstenallee
10. Naturerlebnispfad Nieheim
11. Iburg
12. Eggedom Neuenheerse
13. Alte Eisenbahn
14. Wisentgehege
15. Stadtwüstung und Bleikuhle in Blankenrode
16. Kloster Dalheim
17. Preußischer Velmerstot

Naturpark Eggegebirge und südlicher Teutoburger Wald

Wer würde glauben, dass sich in diesem lang gestreckten Gebiet östlich von Bielefeld und Paderborn eine Blume finden lässt, die weltweit nur hier zu finden ist? Oder dass es hier eine der wenigen Populationen der als überaus scheu geltenden Wildkatze gibt? Und doch können beide Fragen mit ja beantwortet und darüber hinaus noch weitere historische Sehenswürdigkeiten und einzigartige Naturdenkmäler aufgezählt werden.

Der 1965 gegründete Naturpark, der seinen Namen den Gebirgskämmen Eggegebirge und Teutoburger Wald verdankt, erstreckt sich auf etwa 1 059 Quadratkilometern über rund 70 Kilometer von der Großstadt Bielefeld im Norden bis zum Diemeltal im Süden.

Beherrscht von Schonklima mit leichten bis mäßigen Reizen, wird der Naturpark auf 60 Prozent seiner Fläche von einem Mischwald aus Buchen, Eichen, Fichten und Kiefern bedeckt, wovon 80 Prozent unter Landschaftsschutz stehen und drei Prozent unter Naturschutz.

Ein Paradies für Wanderfreunde

Vor allem Wochenend- und Tagestouristen finden den Weg in den Naturpark, der über eine Autobahnanbindung sowie attraktive Bahnverbindungen nur einen Katzensprung vom Ruhrgebiet oder Hannover entfernt liegt. Erholungssuchende Besucher können die Natur dieser romantischen Mittelgebirgslandschaft am besten auf Schusters Rappen erkunden. So ist es auch erklärtes Ziel des Naturparks, den Menschen hier im Süden von Ostwestfalen-Lippe die Natur nahe zu bringen und für deren Bewahrung zu sensibilisieren. Auf die beeindruckende Zahl von rund 1 000 Naturdenkmälern, bestehend aus Bäumen, Felsen und Biotopen, kommt der Naturpark Eggegebirge und südlicher Teutoburger Wald.

Hermannsweg bei Velmerstot

Die Externsteine

Aus der Fülle dieser Naturdenkmäler stechen einige Highlights besonders hervor. So sind die Externsteine bei Horn das bedeutendste Natur- und Kulturdenkmal des Teutoburger Waldes, ihnen wurde mittlerweile der offizielle Titel „Geotop" verliehen. Fünf Sandsteinfelsen ragen fast 40 Meter senkrecht in den Himmel und spiegeln sich je nach Wetterlage imposant in einem romantischen Teich wider. Flankiert von mehreren kleineren Felsen stellten die Steine im Mittelalter eine bedeutende Pilgerstätte dar, um die sich Legenden und Mythen ranken. Bereits um 1130 entstand das in den Felsen gemeißelte Kreuzabnahmerelief, das heute als älteste Freiluftplastik Nordwestdeutschlands gilt. Die Externsteine und der umgebende Wald sind heute als Naturschutzgebiet ausgewiesen.

Die Externsteine

„Alte Eisenbahn"

Eine weitere beeindruckende Felslandschaft ist die „Alte Eisenbahn". Es geht hier keinesfalls um eine historische Dampflok, wie der Namen vermuten lässt, vielmehr handelt es sich um eine von Menschenhand geschaffene Schlucht mit schroffen Klippen und dunklen Schluchten. Aber was hat das alles mit Eisenbahn zu tun? Von 1846 bis 1848 waren bis zu 500 Arbeiter im Auftrag der Cöln-Minden-Thüringischen-Eisenbahngesellschaft damit beschäftigt, hier einen Tunnel zu bauen, der das Eggegebirge auf einer Länge von 600 Metern durchqueren sollte. Ein aufwändiges Bauprojekt, vor allem angesichts der damaligen technischen Möglichkeiten. Das Vorhaben stand allerdings unter keinem guten Stern – finanzielle Probleme, Erdrutsche und nicht zuletzt die Revolution von 1848 verzögerten das Bauprojekt, das dann 1850 vom preußischen Staat übernommen wurde. Allerdings hatte der technische Fortschritt den Tunnel mittlerweile überflüssig gemacht und die ehemalige Großbaustelle blieb verwaist.

Vulkan Sandebeck

Bei Vulkan denken die meisten Menschen an die großen Naturkatastrophen rund um Vesuv oder Ätna. Der Vulkan Sandebeck ist aber quasi über seine embryonale Phase gar nicht hinausgekommen – es handelt sich also eher um ein Vulkänchen, korrekt Vulkanit, das sieben bis 14 Millionen Jahre alt ist und in der Erdkruste stecken geblieben ist. Deutschlands nördlichster Vulkan gehört somit auch zu den kleinsten – sein Basaltgang ist nur zehn Meter breit und 300 Meter tief. Der Kern besteht aus hellem, blaugrauem Basaltgestein, das schon 1834 im Auftrag der königlich-preußischen Regierung abgebaut wurde, um es als Straßenschotter einzusetzen. Aber auch heute genießen die Menschen eine Köstlichkeit, welche die vulkanischen Erscheinungen, die auch für die Entstehung des Vulkan Sandebeck verantwortlich sind, hervorgebracht haben – das Wasser der berühmten Mineralbrunnen und Quellen der Region.

< *Felslandschaft Alte Eisenbahn*

Das Galmeiveilchen

Das Naturschutzgebiet „Bleikuhle“ in Lichtenau-Blankenrode enthält, der Name lässt es bereits vermuten, Reste von Schwermetallen, die in der Regel für Mensch, Tier und Pflanze giftig sind. Schwermetalle im Boden gelten allgemein als lebens- und gesundheitsfeindlich. Dennoch finden sich mehrere Arten von Galmei-Pflanzen, benannt nach einem schwermetallhaltigen Erz. Sie haben sich an die Gifte angepasst und wachsen ausschließlich auf schwermetallhaltigen Böden. So sind Pflanzen, die hier wachsen, wie Frühlingsmiere, Galmeigrasnelke, Galmeitäschelkraut, Hallersche Gänsekresse und Galmeitaubenkropf sehr selten und gefährdet, denn ihr Lebensraum wird, aus nachvollziehbaren Gründen, nicht weiter wachsen.

Eine ganz besondere Sensation ist jedoch das unter Naturschutz stehende Galmeiveilchen, botanisch Viola guestphalica, das es weltweit einzigartig nur hier in der Bleikuhle in Blankenrode gibt.

Einzigartig: das Galmeiveilchen

Die Wildkatze

Die Wildkatze wirkt rein äußerlich wie eine etwas zu groß geratene Hauskatze, ihr Sozial- und Fressverhalten unterscheidet sich jedoch deutlich von dem der domestizierten Artgenossen. Zwei Faktoren haben dafür gesorgt, dass die Wildkatze heute nur noch in abgelegenen Gebieten wie den Hochlagen der Mittelgebirge überleben konnte.

Zum einen wurde sie vom Menschen fast ausgerottet, obwohl auf ihrem Speisezettel hauptsächlich Mäuse stehen und alles, was größer als ein Kaninchen ist, verschmäht wird, zum anderen benötigt sie als Einzelgänger große zusammenhängende Reviere, die je nach Lage zwischen 50 und 300 Hektar umfassen, in denen meist keine weiteren Artgenossen geduldet werden.

Es ist äußerst unwahrscheinlich, der Wildkatze in freier Wildbahn zu begegnen, ihre angeborene Scheu, aber auch die verwaschene getigerte Zeichnung mit dem buschigen, stumpf endenden, schwarz geringelten Schwanz machen sie für das menschliche Auge nahezu unsichtbar.

Selten zu sehen: die Wildkatze

< *Sparrenburg*

Kulturdenkmäler rund um das Hermannsdenkmal

Das Hermannsdenkmal gehört sicherlich zu den bekanntesten Denkmälern in Deutschland. Als Landmarke weithin sichtbar, erhebt es sich in beeindruckende 53 Meter Höhe, von denen man etwa 25 Meter erklimmen kann und auf einer Galerie einen phantastischen Rundblick über den Teutoburger Wald, das Lippische Hügelland und das Lipper Bergland genießen kann. Die Legende, die auch Archäologen und Geschichtsforscher in den Bann gezogen hat, rankt sich um die legendäre Varusschlacht im Jahre 9 n. Chr., in der der Germane Arminius die römischen Legionen unter Quintilius Varus geschlagen hat. Im Jahr 1838 begann Ernst von Bandel auf dem Berg Grotenburg nahe Detmold mit der Errichtung des Denkmals, das erst 37 Jahre später fertiggestellt wurde.

Die Sparrenburg

Im 13. Jahrhundert errichteten die Grafen von Ravensberg die Sparrenburg auf dem „Bilivelde" und gaben damit den Anstoß zur Gründung der Stadt Bielefeld. Hier kreuzten sich ehemals die Handelswege vom Rhein zur Weser und von den Niederlanden nach Mitteldeutschland. Ein Besuch des Burggeländes lohnt allein schon wegen des tollen Rundblicks über die Stadt Bielefeld vom 36 Meter hohen Bergfried. Die Rondelle, eine um 1550 errichtete Verteidigungsanlage rund um die Burg, wartet mit rund sieben Meter dicken und bis zu 20 Meter hohen Mauern auf. Interessante Führungen bieten Einblicke in die Unterwelt durch die 250 Meter langen unterirdischen Gänge.

< *Hermannsdenkmal*

Die Ruine Iburg

Mit dem Bau der Iburg wurde im Jahr 1189 begonnen. Der Paderborner Bischof Bernward II wählte als Bauplatz eine alte Wallanlage aus dem 8./9. Jahrhundert, die so genannte „Sachsenmauer", die eine Fläche von rund vier Hektar umfasst. In mehreren Bauabschnitten entstand die 180 mal 50 Meter lange Burg mit Brunnen, Bergfried, Wohngebäuden und romanischer Kapelle, an einem steilen Felsabbruch gelegen.

Um die Gesamtanlage ranken sich viele ungeklärte Fragen, etwa, ob der Name Sachsenmauer auf die Sachsenkriege zurückgeht oder ob das sächsische Heiligtum Irminsul hier seinen Standort hatte. Zumindest die Nationalsozialisten glaubten daran und machten konkrete Pläne zum Wiederaufbau der Burg, die bereits im Jahr 1444 von Otto von Braunschweig zerstört wurde. Heute laden die Ruinen zur Besichtigung ein.

Ruine Iburg

Kloster Dahlheim

Das Kloster Dahlheim blickt auf eine wechselvolle Geschichte zurück. Gegründet von Augustinerinnen im 12./13. Jahrhundert, die das Kloster bereits in der zweiten Hälfte des 14. Jahrhunderts verließen, sind aus dieser Zeit lediglich Reste der ausgegrabenen Kirche zu sehen. Im Jahr 1429 übernahmen Augustiner-Chorherren die verwahrloste Anlage und führten Dahlheim ab 1452 als selbstständiges Kloster.

Der Dreißigjährige Krieg führte mit seinen Zerstörungen zu einer tiefgreifenden baulichen Umgestaltung, deren Ergebnis bis heute zu besichtigen ist. Besonders die Gartenanlage im französischen Stil prägt das Erscheinungsbild und macht die Klosteranlage zu einem der schönsten Klöster im Paderborner Land. 1803 wurde das Kloster säkularisiert und zu einem landwirtschaftlichen Betrieb umgebaut.

1979 erwarb der Landschaftsverband Westfalen-Lippe die Klosteranlage; heute findet sich hier das von einer Stiftung getragene Westfälische Klostermuseum. Ein Ort, der zu Ruhe und Beschaulichkeit einlädt.

Die Fürstenallee

Bis eine Allee eine Straße prachtvoll umsäumt, vergehen in der Regel Jahrzehnte. Die Fürstenallee wurde als standesgemäße Zufahrt zum Jagdschloss Oesterholz in der ersten Hälfte des 18. Jahrhunderts angelegt. Der 2,5 Kilometer lange Abschnitt auf der historischen Verbindung zwischen Detmold und Paderborn imponiert durch Eichen und Buchen in vier Baumreihen entlang der Straße. Umfangreiche Baumsanierungen sichern den Fortbestand dieses bedeutenden Natur- und Kulturdenkmals, das in seiner Ausdehnung und Breite einzigartig ist.

INFORMATIONEN

Geschäftsstelle
Naturpark Eggegebirge
und südlicher Teutoburger Wald
Felix-Fechenbach-Straße 5
32756 Detmold
Tel. 05231 / 627944
Fax 05231 / 627942
naturpark@lippe.de
www.naturpark-suedlicher-teutoburger-wald.de

ARCHÄOLOGISCHES FREILICHTMUSEUM

In Oerlinghausen kann man einen Blick in längst vergangene Zeiten werfen. Das Archäologische Freilichtmuseum führt den Besucher in die Zeit vor etwa 10 000 Jahren v. Chr. bis ins 7. Jahrhundert n. Chr. Auf rund anderthalb Hektar Fläche spiegelt sich die Entwicklung der Lebens-, Siedlungs- und Wirtschaftsformen in verschiedenen Baugruppen mit rund 15 Gebäuden in Originalgröße wider. Auch bei der Anpflanzung von Nutzpflanzen wurde darauf geachtet, dass die Vegetation in etwa der jeweiligen Zeit entspricht, da die klimatischen Bedingungen im Laufe der Zeit recht unterschiedlich waren. Im Tierbereich hat man sich um die Rückzüchtung mittelalterlicher Weideschweine und Ziegen seit 1986 verdient gemacht.

Archäologisches Freilichtmuseum Oerlinghausen

Informationen
Archäologisches Freilichtmuseum
Am Barkhauser Berg 2–6
33813 Oerlinghausen
Tel. 05202 / 2220
Fax 05202 / 2388
archaeoerl@t-online.de
www.afm-oerlinghausen.de
Öffnungszeiten
April bis Oktober täglich 9–18 Uhr

WESTFÄLISCHES FREILICHTMUSEUM

Einen Eindruck vom Leben in dörflichen und bäuerlichen Gemeinschaften bietet das Westfälische Freilichtmuseum auf rund 100 Hektar Fläche. Die Unterschiede in Bauen, Wohnen und Wirtschaften zeigen u. a. die liebevoll aufgebauten Altenteiler- und Handwerkerhöfe oder eine Dorfanlage aus dem Paderborner Land. Die Bauten vermitteln ein Bild ihrer Zeit und spiegeln funktionale Zusammenhänge wider, verstärkt durch die Einrichtungen und Gegenstände an ihren angestammten Plätzen. Der Gesamteindruck wird durch die gelungene landschaftsgärtnerische Gestaltung mit Gärten, Wiesen und Weiden vervollständigt und entführt die Besucher in vergangene Zeiten.

Informationen
Westfälisches Freilichtmuseum
Krummes Haus
32760 Detmold
Tel. 05231 / 7060
Fax 05231 / 706106
wfm-detmold@lwl.org
www.freilichtmuseum-dertmold.de

Öffnungszeiten
April bis Oktober täglich
außer Mo 9–18 Uhr

INFORMATIONEN ZU UNTERKÜNFTEN UND TOUREN

OstWestfalenLippe Marketing GmbH
Teutoburger Wald Tourismusmarketing
Jahnplatz 5
33602 Bielefeld
Tel. 0521 / 9673325
Fax 0521 / 673319
info@teutoburgerwald.de
www.teutoburgerwald.de

Geschäftsstelle des
Eggegebirgsvereins e.V.
Auf dem Krähenhügel 7
33014 Bad Driburg
Tel. 05253 / 931176
Fax 05253 / 931176
info@eggegebirgsverein.de
www.eggegebirgsverein.de

Geschäftsstelle des
Teutoburger-Wald-Vereins e.V.
Ravensberger Straße 61
33602 Bielefeld
Tel. und Fax 0521 / 63019
www.teutoburgerwaldverein.de

Naturkundliche Führungen
Biologische Station Senne e.V.
Junkernallee 20
33161 Hövelhof-Riege
Tel. 05257 / 940905
Fax 05257 / 940506
biostation.senne@t-online.de
www.biostation-senne.de

Naturpark
Eggegebirge und südlicher
Teutoburger Wald

ERLEBNISTOUREN – WANDERN

Lage der Tour

◗ TOP-TOUR

Hermannsweg

Gesamt-Etappe:
Donoper Teich bis Velmerstot
Länge: ca. 21 km
Gut begehbarer, durch einige Steigungen anspruchsvoller Weg mit einigen Abschnitten mit Treppen oder Geländer. Diese Etappe ist zwar immer stark frequentiert und man begegnet auch Radfahrern oder Reitern – aber sie ist auch die landschaftlich schönste Tour.

Donoper Teich bis Hermannsdenkmal
Länge: ca. 5 km
Startpunkt ist der Wanderparkplatz Forstfrieden an der gleichnamigen Gaststätte unmittelbar am Donoper Teich (1). Man durchquert das Naturschutzgebiet, geht über die L 938 weiter bis zum Heidental (2), rechts bis zum Kaiser-Wilhelm-Weg (Rundwanderweg A 1), dann den Gemsensteig links steil bergan. Da teilweise bis zu 20 Prozent Steigung zu bewältigen sind, empfiehlt sich das Tragen von Wanderschuhen. Nach eindreiviertel Stunden mit rund 220 Höhenmetern erreichen wir das Hermannsdenkmal (3), wo ein Café zur Rast einlädt.

Hermannsdenkmal bis Berlebeck
Länge: ca. 4,3 km
Vom Hermannsdenkmal geht es weiter Richtung Süden zum Parkplatz und weiter auf dem Hermannsweg. Man geht

hinunter an einem dichten Fichtenwald, quert die Straße und hat einen schönen Blick auf den Detmolder Ortsteil Heiligenkirchen.

Weiter geht es hinauf Richtung Hangstein mit üppigen Kalkbuchenwäldern (4). Dieser Bereich wird auch „Lippische Schweiz" genannt. Dem Hermannsweg folgen bis zu einer Weggabel mit einer alten Buche, der Straße nach Norden folgen bis zum Café Haus Hangstein (5). Weiter geht's bis zum Naturschutzgebiet Hohe Warte (6) und Richtung Berlebeck. Hier lohnt ein Besuch der Adlerwarte, bevor eine Treppe hinunter ins Tal führt.

Berlebeck bis Hotel Bärenstein

Länge: ca. 3,8 km

Vom Flüsschen Berlebecke aus wandern wir über die L 937 in einer großen Schleife in Richtung Stemberg. Der Weg überwindet 150 Höhenmeter und hat zum Teil Steigungen bis zu 15 Prozent und verläuft etwa 60 Meter unterhalb des Kammes. Auf dem Weg passiert man zwei ehemalige Sandsteinbrüche. Einen Abstecher in die südlich gelegene „Geisterschlucht" (7) zu machen, lohnt auf jeden Fall. Dann dem Weg weiter folgen bis zum Hotel Bärenstein.

Hotel Bärenstein bis Silbermühle

Länge: ca. 5,3 km

Dieser Abschnitt führt zu den Highlights des Naturparks, den Externsteinen und dem Silbersee. Mehrmalige Auf- und Abstiege mit Treppen, die z. T. 30 Prozent Steigung überwinden, erfordern eine gewisse Kondition. Vom Hotel aus geht es ins Naturschutzgebiet Bärenstein (8). An der Ostseite geht es durch einen Buchenhochwald und über eine Treppe abwärts, wo man die Externsteine (9) bereits sehen kann.

Durch das Felsentor geht es nach etwa 30 Metern steil bergauf zum Knickenhagen (10). Nach Erreichen des Hochpunktes bei 315 Metern öffnet sich der Blick auf eine Bergheide.

Nach Osten fällt der Weg nun leicht ab und am Fuß trifft der Hermannsweg auf den Eggeweg und quert die B1. Weiter geht es in einem Linksbogen auf die Nordseite des Berges. Man passiert ein Waldgebiet, „Südholz" (11) genannt, und danach meist Buchenwälder auf dem Weg ins Silberbachtal mit der Silbermühle (12).

Silbermühle bis Velmerstot

Länge: ca. 2,9 km

Von der Silbermühle geht es durch das breite Tal des Silberbaches. Am Ende der Wiese wartet eine Tafel mit Informationen rund um das Silberbachtal auf. Das Tal verengt sich in der weiteren Folge und wird zu einem schluchtartigen Bachtal. Über einen Steg geht es dann auf die andere Bachseite durch eine wildromatische Landschaft mit Sandsteinblöcken (13). Es folgt ein Abschnitt des „Alten Hellweges" (14), der einst von Paderborn nach Hildesheim führte. Der Hermannsweg führt dann durch einen lichten Fichtenwald mit großen Ameisenhaufen am Wegesrand. Nach Passieren des alten Grenzsteins (15) zwischen Lippe und der preußischen Provinz Westfalen gelangen wir auf eine Bergheide und von dort zum Lippischen Velmerstot (16).

ERLEBNISTOUREN – WEITERE HIGHLIGHTS

Der Naturparkbus

Vom Hermannsdenmal über die Externsteine und das Westfälische Freilichtmuseum bis zum Schieder-See: gleich elf der schönsten Ausflugsziele im Naturpark werden vom „Naturparkbus", der Touristiklinie 792, von April bis November an Wochenenden und Feiertagen angefahren.

Auch Radler kommen auf ihre Kosten, denn die Linie 792 führt Fahrradanhänger für bis zu 20 Räder mit.

Informationen

KVG Lippe
Felix-Fechenbach-Str. 3
32756 Detmold
Tel. 05231 / 627951
Fax 05231 / 627956
www.kvg-lippe.de
www.naturparkbus.de

Gewässerökologischer Erlebnispfad

Der Gewässerökologische Erlebnispfad vermittelt an sieben Stationen Einblicke in die Ökologie von Gewässern. Bei der Einrichtung des Pfades wurde darauf geachtet, dass die Objekte und Installationen eine Naturerfahrung direkt vor Ort bieten und die Zusammenhänge anhand von konkreten Einzelbeispielen plakativ und einfach dargestellt werden, sodass ein nahezu spielerisches Begreifen ermöglicht wird.

Als Leitthemen dienen einzelne Arten aus Flora und Fauna des Gewässers, die durch ihre Position und Einnischung im Ökosystem geeignete Beispiele sind und sich dadurch unmittelbar erfahren und erleben lassen.

Informationen

Stadt Willebadessen
Abdinghof 1
34439 Willebadessen-Peckelsheim
Tel. 05644 / 880
Tourist-Info 05646 / 942093

Romantisches Silberbachtal

Naturerlebnispfad Meerhof
Mit viel Engagement wurde der Naturerlebnispfad in Marsberg-Meerhof als Gemeinschaftsproduktion von Naturpark, Staatlicher Forstverwaltung und örtlichen Vereinen aus Marsberg-Meerhof geplant und gebaut.

Über dreieinhalb Kilometer wird der Besucher auf einen Rundweg mit über 20 größeren und kleineren Stationen eingeladen, durch eigenes Handeln, Sehen, Hören, Bewegen und Tasten den Wald zu entdecken.

Infos, Prospekte und Begleitmaterial
Stadtmarketing Marsberg
Lillers Straße 3
34431 Marsberg
Tel.: 02992 / 8200
Fax: 02992 / 1461
naturerlebniswald@stadtmarketing-marsberg.de
www.stadtmarketing-marsberg.de

Freizeitzentrum SchiederSee
Wer das Freizeitzentrum SchiederSee besuchen möchte, sollte mindestens ein Wochenende einplanen, denn von diesem „Basislager" beispielsweise im Wohnmobilhafen oder einer Ferienwohnung aus kann man sowohl im Freizeitzentrum als auch im Naturpark Eggegebirge und Südlicher Teutoburger Wald wundervolle Stunden erleben. Das garantieren allein die Attraktionen des Freizeitzentrums, z. B. Rundfahrten mit dem Partyschiff, Minigolf, Familienpark Funtastico, Spielpark und Biergarten, Abenteuerspielplatz und Spielsee, Bootsverleih und Seerestaurant.

Informationen
Freizeitzentrum SchiederSee
32816 Schieder
Tel. 05282 / 411
Fax 05282 / 968710
willkommen@schiedersee.com
www.schiedersee.com

Freizeitzentrum Schiedersee

LEIB & SEELE

Moor-Köche-Tour

Gesund und lecker: 3-Tagestour mit Wandern, Genießen und Radeln. Die Gasthöfe der Moor-Köche bilden den roten Faden bei dieser Tour und bringen ihren Gästen das Thema Moor mit kreativer Kochkunst nahe. Fahrräder können geliehen werden. Unterbringung in unterschiedlichen Kategorien nach Wahl.

Informationen
Stadtmarketing
Horn-Bad Meinberg GmbH
Parkstraße 2, 32805 Horn-Bad Meinberg
Tel. 05234 / 98903
Fax 05234 / 201244
tourist-information@horn-badmeinberg.de
www.horn-badmeinberg.de

BiOlokal e.V.

Der Verein BiOlokal ist ein Zusammenschluss von Erzeugern, Gastronomie, Hofläden, Bio- und Naturkostläden und Einzelhändlern.

BiOlokal hat den Anspruch, durch die Vermarktung im lokalen Umkreis sinnlose Transporte zu vermeiden sowie für Kunden, Gäste und Abnehmer ein Plus an Frische und Qualität zu sichern. Das merkt man auch beim Genuss der angebotenen Produkte. Der Kunde kann darauf vertrauen, dass alle Lebensmittel, die unter der Marke BiOlokal vertrieben werden, streng nach den Richtlinien der Naturverbände und der Europäischen Union hergestellt sind und somit keine chemischen Zusatzstoffe enthalten und die tierischen Produkte ausschließlich aus artgerechter Tierhaltung stammen.

Panoramablick vom Gipfel des Velmerstot

Informationen
BiOlokal
Bahnhofstraße 1
33813 Oerlinghausen
Tel. 05202 / 4034
Fax 05202 / 5038
www.biolokal.de

Die Land-WIRTE

Unter dem Motto „Gemeinsam geht vieles besser" haben sich 14 Gastronomen zusammengeschlossen, die ihre Liebe zur Region zum gastronomischen Thema machen und typisch lippische Produkte und Gerichte anbieten. Unter dem Label „Land-WIRTE" werden verschiedene Veranstaltungen und Events angeboten sowie kulinarische Spezialitäten aus Land-WIRTE-Produktion in einem eigenen Laden vermarktet.

Informationen
Förderungsgesellschaft des Lippischen Gaststätten- und Hotelgewerbes mbH
Abteilung „Land-WIRTE-Service"
Britta Richard
Hüttenhau 4, 32699 Extertal
Tel. 05262 / 995990
www.land-wirte.de

Die genannten Anbieter stellen nur eine Auswahl dar aus einem großen Angebot weiterer Naturkostbetriebe.
Informationen: www.naturpark-suedlicher-teutoburger-wald.de

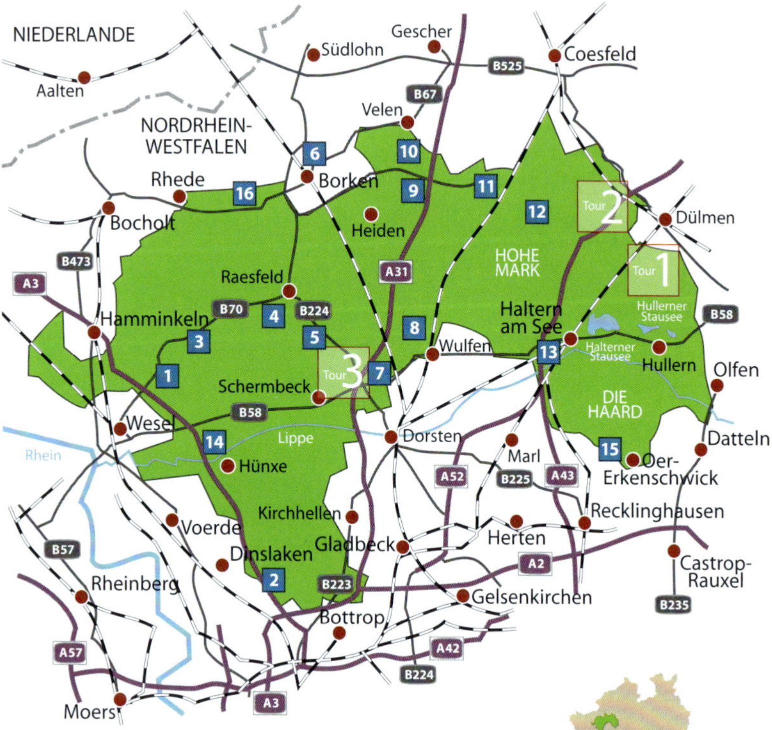

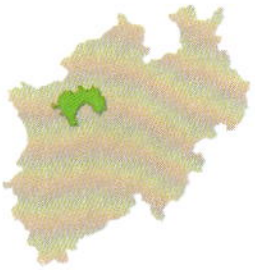

Lage in Nordrhein-Westfalen

Erlebnistouren

Tour 1: Rund um den Hullerner Stausee

Tour 2: Durch die Rekener Kuppenlandschaft zu den Wildpferden im Merfelder Bruch bei Dülmen

Tour 3: Von Schermbeck zum Kloster Marienthal

Sehenswürdigkeiten

1. Otto-Pankok-Museum
2. Hiesfelder Wassermühle
3. Klosterkirche Marienthal
4. Schloss Raesfeld
5. 1 500 Jahre alte Femeiche
6. Burg Gemen
7. Tüshaus-Wassermühle
8. Schloss Lembeck
9. Steinkammergrab „Düwelsteene"
10. Schloss Velen
11. Rekener Windmühle
12. Wildpferdebahn
13. Westfälisches Römermuseum
14. Treidlerdorf Krudenburg
15. Stimbergpark-Maritimo
16. Haus Pröbsting

Naturpark Hohe Mark

Wer durch das Ruhrgebiet in Richtung Norden fährt, findet sich, kaum dass er Bottrop oder Recklinghausen hinter sich gelassen hat, im viertgrößten Naturpark Deutschlands wieder, dem Naturpark Hohe Mark. Mit seinen 1 040 Quadratkilometern Fläche, mehreren tausend Kilometer langen Rad- und Wanderwegen sowie einem ausgedehnten Reitwegenetz bietet der Naturpark Hohe Mark nicht nur für Erholungssuchende aus dem Ruhrgebiet sondern für Touristen aus ganz Deutschland attraktive Natur- und Freizeitangebote.

Große Wasserschlösser, Wind- und Wassermühlen, Heidelandschaften, einer der letzten Köhler Deutschlands, ein uraltes Steinkammergrab und die über die Grenzen Nordrhein-Westfalens hinaus bekannten Wildpferde sind nur die herausragendsten Attraktionen des Naturparks.

Das alles verteilt sich in West-Ost-Richtung über 59 Kilometer und erstreckt sich vom Diersfordter Wald westlich von Wesel bis zur Ruine der Rauschenburg an der Lippe zwischen Datteln und Olfen. Im Norden reicht der Naturpark bis vor die Tore der westmünsterländischen Städte Bocholt, Rhede, Borken, Coesfeld und Dülmen. Er dehnt sich über 40 Kilometer nach Süden hin aus und so gerät der Naturparkfreund, ehe er sich's versieht, wieder mitten ins Ruhrgebiet.

Abwechslungsreiche Landschaft mit Höhepunkten

Je weiter sich der Naturpark nach Norden erstreckt, umso mehr überwiegt die Münsterländer Parklandschaft, die mit Erhebungen zwischen 25 und 75 Metern im Wesentlichen recht flach ist. Daran schließt sich eine überraschend abwechslungsreiche Landschaft, das „Hügelland-Dreieck“ mit Teilen der Haard, dem Rekener Kuppenland und der Hohen Mark, an, deren geschlossenes Waldgebiet zwischen Haltern und Reken dem Naturpark seinen Namen gab. Hügel und Kuppen erreichen am Stimberg in der Haard Höhen bis zu 154 Metern. Das „Hügelland-Dreieck“ wird vor allem von Wanderern bevorzugt.

Über 35 Prozent der Fläche des Naturparks ist dicht mit Misch-, Laub- und Nadelgehölzen bewaldet. Die bäuerliche Kulturlandschaft mit Wiesen, Weiden und Äckern, eingestreuten Hecken, Feldgehölzen und vereinzelten Höfen sorgt dafür, dass es immer neue An- und Aussichten auf dem Weg durch den Naturpark gibt. Im Westen des Naturparks wird die Landschaft durch die so genannten Niederrheinischen Sandplatten geprägt. Zu ihnen gehören die „Steinberge“, die „Brüner Höhen“ und die „Tester Berge“. Der östliche Teil des Naturparks Hohe Mark erhält seine Ausprägung durch die kreidezeitlichen Halterner Sande, die mit Flugsand überdeckt sind.

Impressionen

Westruper Heide bei Haltern

Einzigartige Moor- und Heidelandschaften

Besonders erwähnenswert sind im Naturpark Hohe Mark die zum Teil sehr alten Moor- und Heidelandschaften mit einer Vielzahl seltener und bedrohter Tier- und Pflanzenarten.

Eines der ältesten Hochmoore ist das Burlo-Vardingholter Venn im Nord-Osten von Rhede, das laut verschiedener Untersuchungen eine Entstehungsgeschichte von 3 000 bis 4 000 Jahren hinter sich hat. Es umfasst einen etwa 100 Hektar großen, schon 1932 als Naturschutzgebiet ausgewiesenen Hochmoorkomplex an der niederländischen Grenze. Dazu gehört auch der stark verlandete Heideweiher „Entenschlatt". Das Burlo-Vardingholter Venn bietet Platz für zahlreiche gefährdete moortypische Pflanzen- und Tierarten wie die Große Moosjungfer, eine vom Aussterben bedrohte Libellenart, oder gefährdeten Vogelarten wie den Wespenbussard.

Das Naturschutzgebiet „Büngernsche Heide und Dingdener Heide" liegt nordöstlich des Stadtteils Dingden. Noch im letzten Jahrhundert erstreckte sich hier eine fast 500 Hektar große Heidelandschaft mit anmoorigen bis moorigen Teilflächen. Zu Beginn der 20er Jahre des letzten Jahrhunderts tobte ein großer Flächenbrand in dem Gebiet. In der Folge begannen einheimische Landwirte mit der Kultivierung der Flächen, was im Laufe der Jahrzehnte mit einer planmäßigen Entwässerung der anmoorigen und moorigen Flächen einherging.

Seit 1987 steht nun die Dingdener und Büngern-sche Heide unter Naturschutz. Die schrittweise Exten-sivierung der landwirtschaftlichen Nutzung bot zahlreichen vom Aussterben bedrohten Tier- und Pflan-zenarten hier ein neues Refugium. In den Feuchtwie-sen, Hecken, Krautsäumen und Feldgehölzen kann man allerlei seltene Vögel beobachten, doch auch Rep-tilien, Amphibien, Libellen, Heuschrecken und andere Insekten finden hier einen wertvollen Rückzugsraum.

Rund 20 Prozent aller nachgewiesenen Gefäßpflanzenarten stehen auf der roten Liste der bestandsgefährdeten Arten in Nordrhein-Westfalen.

Auffallend sind die vielen Kopfweiden, deren unverwechselbares Erscheinungsbild mit besenförmigen Kronen, angeschwollenen oberen Stammteilen und häufig hohlen Stämmen auf die Bewirtschaftung zurückgeht, bei der alle zwei bis fünf Jahre sämtliche Seitentriebe entfernt werden. Die Zweige wurden früher zum Flechten benutzt. Die hohlen Stämme sind willkommene Behausungen für viele Insekten und höhlenbrütende Vögel wie zum Beispiel dem seltenen Steinkauz.

Natur und Freizeit am Wasser

Eines der ältesten Naturschutzgebiete in Nordrhein-Westfalen ist das Schwarze Wasser. Seit 1936 steht es bereits unter Schutz und liegt, eingebettet in der Dünenlandschaft des Diersfordter Waldes, nordwestlich von Wesel. Es zählt zu den beliebtesten Naherholungsgebieten Wesels und ist Ziel gemütlicher Wanderungen und Radtouren.

Das Schwarze Wasser liegt in einer abflusslosen Dünenmulde und wird ausschließlich durch Regenwasser gespeist. Der Name rührt von der dunklen Färbung des Wassers her, die auf Huminstoffe, das sind abgestorbene Organismen der Moorvegetation, zurückzuführen ist. An der Ostseite dominieren Schwinggrasgesellschaften mit Torfmoosen, während im Westen des Heideweihers Seggen und Binsen vorherrschen. Der ca. 6,5 Kilometer lange Rundweg ermöglicht wechselvolle Aussichten und lässt interessante Vogelbeobachtungen zu.

Wie so oft liegt das Besondere jedoch im Verborgenen. Der nährstoffarme Heideweiher beherbergt eine Vielzahl von Tieren und Pflanzen, die sich an die extremen Standortbedingungen angepasst haben. Die teils empfindliche Vegetation wird durch Besucherlenkung geschützt. Dem kundigen Beobachter erschließt sich dennoch eine Artenvielfalt, die durch die abwechslungsreichen Lebensbedingungen im Natur-schutzgebiet ermöglicht wird. Zum Naturschutzgebiet gehört nämlich nicht nur der Heideweiher selbst, sondern auch offene, trockene Sandflächen mit Silbergrasflur, Dünenhänge, Heide und Wald. Es beherbergt außerdem zahlreiche Libellen-, Ameisen-, Specht- und Froscharten, die sich lautstark bemerkbar machen. Es lohnt sich also, Feldstecher und Bestimmungsbücher mit zu bringen.

Sythener Wassermühle mit Stauwehr

Beliebtes Siedlungsgebiet seit über 4 000 Jahren

Bereits in der klimatisch begünstigten Wärmeperiode zwischen den letzten beiden Eiszeiten, der Riß- und Würmeiszeit, fanden Menschen im Gebiet des Naturparks offenbar gute Bedingungen zum Leben vor. Davon künden eine Speerspitze aus Elfenbein und zwei Faustkeile, die beim Kanalbau in Datteln gefunden wurden. Eine große, östlich von Heiden befindliche Steinkammer-Grabstätte, die „Düwelsteene", wird sogar auf über 4 000 Jahre geschätzt und zählt somit zum ältesten erhaltenen Kulturdenkmal im Naturpark.

Später drangen dann auch die Römer vom Rhein über Xanten und entlang der Lippe bis zum Halterner See vor und errichteten ein Lager sowie Befestigungen zur Sicherung des Nachschubes. Ihre Hinterlassenschaften sind im Westfälischen Römermuseum in Haltern am See, dem wichtigsten Römerstandort in Nordrhein-Westfalen, zu besichtigen

Der Halterner See ist bis heute ein beliebtes Naherholungsziel vor allem für die Menschen aus dem Ruhrgebiet.

Halterner See – Erholung steht im Mittelpunkt

Der Halterner See wurde zwischen 1928 und 1930 durch die Stauung der Stever und des Mühlenbaches künstlich angelegt und stellt heute mit seiner rund 300 Hektar großen Fläche und seinem 20 Millionen Kubikmeter umfassenden Stauraum die Wasserversorgung für über eine Million Menschen sowie Industrie und Gewerbe im westlichen Münsterland und nördlichen Ruhrgebiet sicher. Zudem ist der See ein Paradies für Freunde des Wassersports. Er ist drei Kilometer lang und zwei Kilometer breit und bietet den Spaziergängern auf zehn Kilometer Rundwegen wunderschöne Seeblicke sowie Kanus- Paddel- und Tretbootfahrern herrliche Perspektiven vom Wasser aus.

Radwanderern stehen 20 gekennzeichnete Radwanderwege mit einer Gesamtlänge von 350 Kilometern zur Verfügung. Ein ganz besonderer Anziehungspunkt ist das Seebad Haltern. Neben einem 1 000 Meter langen Natursandstrand und 50 000 Quadratmeter Liegefläche bietet das Strandbad zudem Spielplätze, Restauration, Grillmöglichkeit, Kiosk, Strandkörbe und eine DLRG-Station.

Am Nordufer befindet sich der Segelboothafen mit den Steganlagen der Segelclubs und eine der drei Anlegestellen des Fahrgastschiffes „Möwe", das von März bis Oktober zu einer Rundfahrt auf dem Stausee einlädt.

Seebad Haltern – Öffnungszeiten und Preise
Geöffnet ist von Mai bis September, werktags von 10–18.30 Uhr und samstags, sonntags und feiertags von 9–19 Uhr. Die Tageskarte kostet für Erwachsene 3,50 €, Kinder und Jugendliche bis 17 Jahre zahlen 2,50 €.

Radeln, Reiten und Wandern

Die große Anzahl der Erholung suchenden Revier-Bürger führte dazu, dass mehr als 200 Wanderparkplätze angelegt wurden, von denen rund 1 300 Kilometer der unterschiedlichsten Wanderwege abgehen, bzw. kreuzen. Hinzu kommen Weitwanderstrecken des Sauerländischen Gebirgsvereins, die den Naturpark ganz oder teilweise durchziehen. Die Wanderer zieht es vor allem in das Hügelland der Hohen Mark mit einem Rundwegenetz von 215 Kilometern, die Haard mit 167 Kilometern, das Gebiet der Königshardter Sandplatten und das Hünxe-Gahlener Lippetal mit 150 Kilometern sowie das Gebiet der Schermbecker Sandplatten mit 150 Kilometern Wegenetz.

Segeln auf dem Haltener See

Für Freizeitreiter ist insbesondere im östlichen Teil des Naturparks ein über 200 Kilometer langes Reitwegenetz eingerichtet worden, wo sich auch einige Wanderparklätze befinden, die für Pferdeanhänger geeignet sind. Pferdefreunden sei auch der Besuch der Wildpferdebahn des Herzogs von Croy ans Herz gelegt. Im Norden der Bruchlandschaft Weißes Venn bilden Heide und Wald zusammen mit ausgedehnten Koppeln die Heimat der berühmten Wildpferde, Kreuzungen der einst im Merfelder Bruch heimischen Wildpferde mit anderen Wildpferdrassen, die hier in völliger Freiheit aufwachsen und leben.

Neben Wander- und Reitwegen erschließt ein mehrere tausend Kilometer weites Radwanderwegenetz den Naturpark regional und überregional. Es bietet unterschiedliche Themenrouten an, die die Attraktionen des Naturparks sinnvoll miteinander verbinden.

Schlösser, Wind- und Wassermühlen

Das Wasser begleitet den Besucher nicht nur am Halterner See. Interessierte finden im Naturpark Hohe Mark einige Raritäten aus dem Bereich der westfälischen Wasserburgen. Besonders attraktiv und reizvoll sind die Schlösser Lembeck, Raesfeld und Velen. Eingebettet in die idyllische westfälische Parklandschaft, zählen sie zu den kunstgeschichtlich interessantesten Wasserschlössern des Münsterlandes.

Neben zahlreichen Schlössern gibt es über 35 Wind- und Wassermühlen. Die sehenswertesten stehen in Coesfeld-Lette, Dinslaken-Hiesfeld, Tüshaus und Groß Reken.

Wasserschloss Lembeck

Besucher- und Informationszentrum in Raesfeld

INFORMATIONEN

Naturpark Hohe Mark e. V.
Informations- und Besucherzentrum
Tiergarten Schloss Raesfeld
Hagenwiese 40
46348 Raesfeld
Tel. 02865 / 60910
Fax 02865 / 609129
naturpark-hohemark@raesfeld.de
www.naturpark-hohemark.de
Öffnungszeiten
ganzjährig dienstags bis freitags
9.30–12.30 und 13.30–16.30 Uhr
01.04. bis 31.10. Sa 13.30–17.00 Uhr,
So- u. feiertags 11.00–17.00 Uhr
01.11. bis 31.03. Sa, So- u. feiertags
13.30–16.30 Uhr

Die Informations- und Geschäftsstelle des Naturparks Hohe Mark befindet sich in dem 2005 neu errichteten Besucherzentrum Tiergarten Schloss Raesfeld in unmittelbarer Nähe der historischen Schlossanlage. Das moderne Gebäude ist wesentlicher Bestandteil eines außergewöhnlichen Projekts mit einer Ausstrahlung über das gesamte Gebiet der Hohen Mark. Der dem Gebäude und Schloss angrenzende Tiergarten lädt schon seit vielen Jahren mit seinem gut ausgebauten Wegenetz viele Besucher zu Spaziergängen ein. Anfang der 1990er Jahre stellte sich heraus, dass nicht nur das Schloss, sondern auch der rund 100 Hektar große Tiergarten um 1650 im Stil der Renaissance angelegt worden war.
Unter dem Motto „Wahrung des kulturhistorischen Erbes" wurden der in seiner Grundstruktur noch weitgehend erhaltenen Anlage durch forstliche und bauliche Maßnahmen die typischen Eigenarten eines renaissancezeitlichen Tiergartens wiedergegeben. Hierzu gehört auch der Besatz mit Rot- und Dammwild.
Der Charakter des historischen Tiergartens lässt sich in einer Dauerausstellung im Informations- und Besucherzentrum auf ganz eigene Weise erleben. Diese schlägt darüber hinaus einen Bogen von der Geschichte des Schlosses und des Tiergartens zur Wahrnehmung von Landschaften sowie Entwicklungen und Umgebung historischer Kulturlandschaften bis zur heutigen Zeit.

KARTEN UND WEITERE INFORMATIONEN

Beim Regionalverband Ruhrgebiet in Essen sind vier Freizeitkarten („Tourtipp") erhältlich unter www.rvr-online.de:
1. „Kirchheller Heide" 1 : 15.000
2. „Hohe Mark" 1 : 20.000
3. „Die Haard" 1 : 20.000
4. „Reittipp Naturpark Hohe Mark Ost" mit über 200 km Reitwegenetz, 1 : 30.000

Freizeitkarte NRW 1 : 50.000,
Nr. 8 „Naturpark Hohe Mark"
Wanderkarte NRW 1 : 25.000

Nr. 53 „Haltern am See, Hohe Mark und Die Haard"

Beide herausgegeben vom
Landesvermessungsamt NRW,
www.lvma.nrw.de

Naturpark
Hohe Mark

ERLEBNISTOUREN – WANDERN

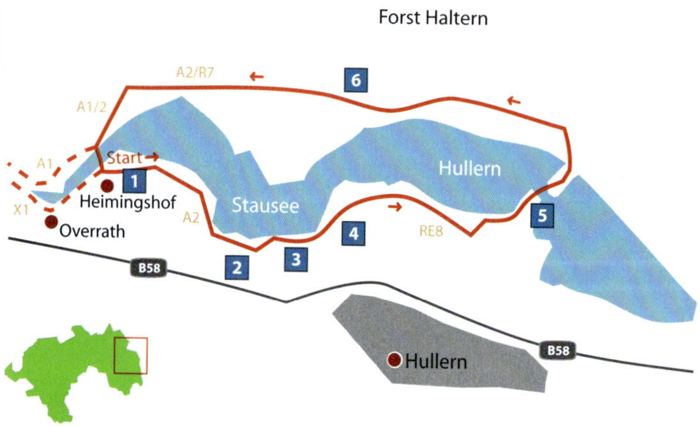

Lage der Tour

Rund um den Hullerner Stausee

Heimingshof – Hullerner Stausee – Truppenübungsplatz Borkenberge – Heimingshof
Länge: ca. 7 km
Wanderzeit: ca. 2–3 Stunden
Einkehr: möglich
Besonderheit: Für Vogelbeobachtungen unbedingt ein Fernglas mitnehmen!

Die Tour beginnt am Wanderparkplatz „Am Heimingshof" (1), von wo aus ein schmaler Pfad ans Südufer des Sees führt. Der Weg rund um den See verläuft dann durch einen kleinen Mischwald, der immer wieder den Blick auf den See freigibt. Hier entdeckt man Haubentaucher, besonders niedlich sind die Elterntiere, die ihre Jungen mitunter huckepack im Gefieder mitnehmen.

Die Route führt weiter an der oberen Böschungskante in den Wald an einer Schutzhütte (2) vorbei. Nach weiteren 500 Metern können Sie auf der gegenüberliegenden Seeseite Kormorane (3) beobachten, die hier seit 1987 ganzjährig anzutreffen sind. Danach geht die Wanderroute weiter vorbei am Haus Hagemann (4), einer kleinen Kapelle und einer schönen alten Buche. Es folgen zwei weitere Kapellen, an der dritten biegt die Hauptroute links ab direkt zum See. Hier finden Sie Schmetterlinge, die durch die Pflanzenvielfalt angezogen werden. Kurz vor der Brücke bietet ein Aussichtshügel (5) einen schönen Blick auf die Borkenberge. Hinter der Brücke geht es wieder zurück durch einen Birken-Eichen-Ahorn-Wald und weiter über einen teilweise sandigen Weg an der Grenze des Truppenübungsplatzes Borkenberge (6) zurück zum Ausgangspunkt Heimingshof.

ERLEBNISTOUREN – WEITERE HIGHLIGHTS

Naturführung

Frau Magdalene Heinze, ausgebildete Naturführerin & Jägerin, bietet als Waldlehrerin kindgerechte Ausflüge und Informationen über Bäume, Pflanzen und Tiere des Waldes zu allen Jahreszeiten an.

Waldführungen

1. Biologie, Ökologie & Mythologie des Waldes
2. Biologie im Freien: Lebensräume Wiese, Hecke, Wegrand, Still- & Fließgewässer
3. Waldlesungen zu allen Jahreszeiten
4. Diavorträge über Bäume, Pflanzen & Tiere
5. Beratung bei biotopverbessernden Maßnahmen

Informationen

Magdalene Heinze – Waldlehrerin
(ausgebildete Natürführerin und Jägerin)
Eichenweg 1
46342 Velen
Tel. 02863 / 2946
info@waldschule-heinze.de
www.waldschule-heinze.de

Segelflug

Wer möchte nicht auch einmal die Welt von oben sehen, die Wege und Felder aus der Vogelperspektive betrachten? Das passende Fluggerät dazu finden Sie in Dorsten, klassische kleinmotorige Maschinen und traditionelle wie ultramoderne Gleitflieger haben hier eine gute Adresse.

Rundflüge und Veranstaltungen

Luftsportverein Dorsten e. V.
Im Ovelgünne 20
46282 Dorsten
Tel. 02362 / 44221
lsv-dorsten@web.de
www.lsv-dorsten.de

Kanu und Patrouillenbootfahrten

Auf der Lippe von Dorsten-Hervest nach Schermbeck lassen die leicht zu befahrenden Stromschnellen einen Hauch von Abenteuer aufkommen. Mit geschulten Bootsführern können selbst Ungeübte die Wellen und Strömungen der Lippe mühelos bewältigen. Dauer: ca. 3 bis 4 Stunden. Erlebnisfahrten mit dem Patrouillenboot von Mai bis Oktober auf dem Wesel-Datteln-Kanal an jedem 1. Samstag im Monat. Ab 11 Uhr stündlich von der Kanaluferpromenade am Lippetorzentrum, Altstadt.

Informationen

stadtinfo Dorsten
Westwall 61
46282 Dorsten,
Tel. 02362 / 308080-0
www.win-dor.de
und www.lippe-kanu-touren.de

ERLEBNISTOUREN – RADWANDERN

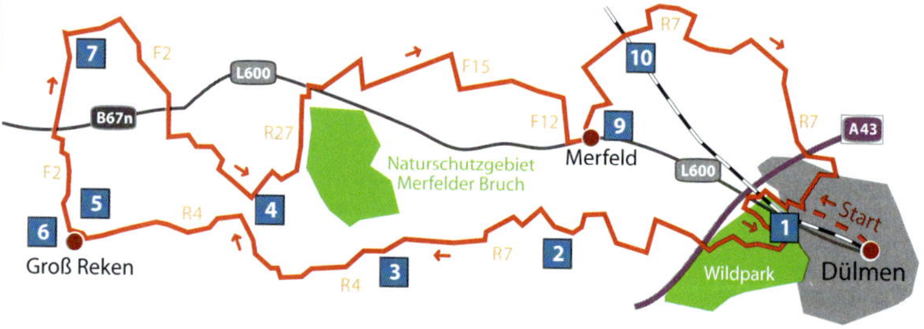

Lage der Tour

TOP-TOUR

Durch die Rekener Kuppenlandschaft zu den Wildpferden im Merfelder Bruch bei Dülmen

Dülmen – Wildpark – Merfelder Bruch – Heubachwiesen – Maria Veen – Groß Reken – Melchenberg – Weißes Venn – Maria Veen – Letter Bruch – Merfeld – Welte – Dülmen
Länge: ca. 60 km
Fahrzeit: ca. 4–5 Stunden
Einkehr: möglich

Diese zwar längste, aber auch abwechslungsreichste Tour durch den Naturpark Hohe Mark beginnt in Dülmen. Erstes Ziel ist der Wildpark (1) des Herzogs von Croy. Danach geht es unter der A 43 durch auf einem Pfad zum Restaurant Haus Waldfrieden. Anschließend geht es auf einem Waldweg durch den Kiefernforst Middelers Heide. Danach ändert sich das Landschaftsbild und es öffnet sich der Blick auf die weite Merfelder Venn-Niederung (2). Hier beginnt ein großes Gebiet von ehemaligen Sümpfen und Mooren, wovon heute nur noch zahlreiche Entwässerungsgräben zeugen.

Der Weg führt hier über Wirtschaftswege bis zum Kannebrocksbach. Nach seiner Überquerung biegt der R7 rechts ab und man erreicht (R7W) den Eingang zur Wildpferdefangbahn im Naturschutzgebiet Merfelder Bruch. Der Weg führt weiter zum Feuchtwiesenschutzgebiet Heubachwiesen (3).

Danach geht es durch einen kleinen Eichenwald über die Kreisstraße nach Maria-Veen (4). Nach Überquerung der Bahnlinie führt der Weg in die Rekener

Wildpferde im Merfelder Bruch

Kuppenlandschaft, die mit vielen Aufs und Abs sowie herrlichen Ausblicken auf das Waldgebiet Hohe Mark und Groß Reken zum Wanderparkplatz am Paddesstoel 7344 führt.

Hier sieht man die Rekener Turmwindmühle (5), die ein Heimatmuseum beherbergt. Anschließend geht es nach Reken (6), wo die alte Wehrkirche besichtigt werden kann. Es geht durch den Ort auf der Hauptstraße, bis zur Steinstraße, der Sie rechts auf den 133 Meter hohen Melchenberg folgen. Ein sandiger Weg führt steil wieder hinunter bis zum Weißen Venn (7). Die Strecke verläuft z. T. an Hauptverkehrsstraßen bis nach Maria Veen, wo es nach Überquerung der Bahnlinie links in Richtung Heubach geht, weiter bis zum Merfelder Bruch (8), durch sandige Abschnitte und über bewaldete Kuppen bis nach Merfeld (9). Hier kommen Sie wieder auf den R7, der Sie entlang des Naturschutzgebietes Am Entenborn (10), dem Kottenbrook-Forst über den Dülmener Flachrücken zurück nach Dülmen führt.

ERLEBNISTOUREN – RADWANDERN

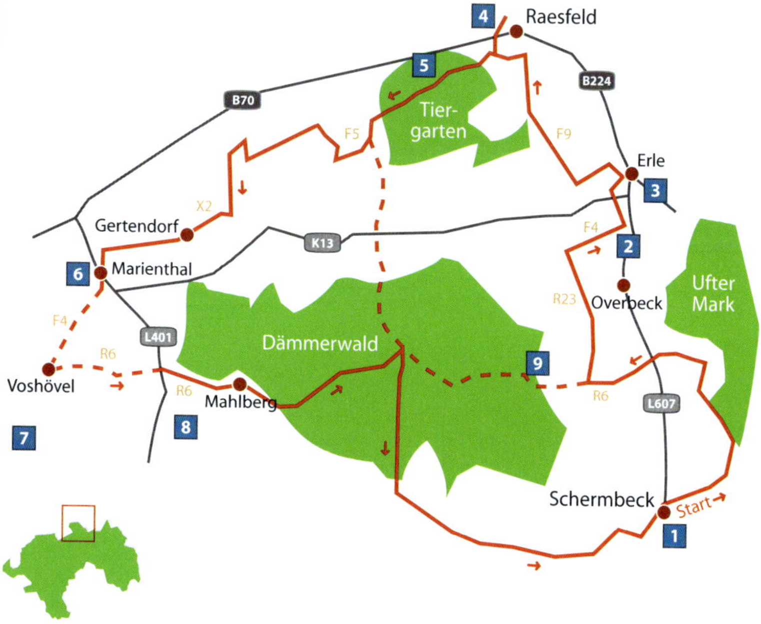

Lage der Tour

Von Schermbeck zum Kloster Marienthal

Schermbeck - Overbeck – Erle – Raesfeld – Tiergarten – Gertendorf – Marienthal – Voshövel – Mahlberg – Dämmerwald – Schermbeck
Länge: ca. 44 km
Fahrzeit: ca. 3–4 Stunden
Einkehr: möglich

Ausgangspunkt ist der Wanderparkplatz am unteren Mühlenteich in Schermbeck, wo ein Blick auf den gut erhaltenen Ortskern lohnt (1). Es geht auf der Mittelstraße zur St. Ludgerus Kirche, weiter durch Alt-Schermbeck in die Rüster und Üfter Mark. Am „Rhader Weg" folgen Sie zunächst der Niederrhein-Route und dem R6 und ab Nelskamp dem R23 auf der „Westricher Straße" Richtung Raesfeld-Erle. Über einen Wirtschaftsweg entlang fahren Sie bis zum Mühlenweg, wo der F4 zur Erler Windmühle Schwane (2) führt. Zurück auf der Hauptroute führt die Wanderung auf einem Feldweg nach Erle (3).

Durch Wohnstraßen geht es bis zur katholischen Kirche mit einem Parkplatz, von wo aus Sie zu Fuß zur Femeiche gelangen, die mit ihren ca. 1 500 Jahren zu den ältesten Bäumen Deutschlands zählt.

Der Weg verläuft weiter über die Hauptstraße bis Sie „Die kleine Brennerei im Münsterland" erreichen. Auf Wirtschaftswegen geht es dann nach Raesfeld (4). Hier lohnt vor allem der Besuch des Wasserschlosses mit der doppeltürmigen Schlosskapelle und dem Heimatmuseum.

Nächster Halt ist der Tiergarten (5) Raesfeld mit einem natur- und heimatkundlichen Lehrpfad sowie einer alten Mühlenruine.

Die Route führt an einem Windkraftwerk vorbei durch einen Kiefernwald zur Issel. Vor einer Wochenendhaussiedlung geht es auf den „Moschüringsweg" über Gertendorf auf asphaltierten Feldwegen nach Marienthal (6), wo ein Abstecher in das Kloster mit Klosterkirche lohnt.

Weiter geht es auf dem F4 Richtung Voshövel, am Golfplatz vorbei, dann kurz vor Siegewinkelbach links den Berg hoch in den Dämmerwald. Ein weiterer Abstecher über die R6-Kennzeichnung führt Sie zum Otto-Pankok-Museum im Haus Esselt (7).

Von Voshövel aus kommen Sie auf den Weg „Zum Teufelsstein", links an einer Gasstätte vorbei bis zum Naturdenkmal Teufelsstein (8).

Danach führt der Weg mitten durch den Dämmerwald, wo an einer Schutzhütte der Jacobsbrunnen liegt. Auf dem Weg nach Schermbeck führt der R6 noch zum Naturschutzgebiet Lichtenhagen (9), bevor Sie durch typische münsterländer Parklandschaft wieder zurück nach Schermbeck gelangen.

Über 1500 Jahre alt: die Femeiche

Wassermühle in Schermbeck

LEIB & SEELE

Stutenmilch
Die wohltuende Wirkung von Stutenmilch auf Körper und Geist ist noch nicht allzu vielen Menschen bekannt. Nutzen Sie die Chance, auf einer Fahrradtour bei den Lechtenbergs einzukehren, um sich über die Stutenmilch und deren Produkte zu informieren. Sowohl Körperpflegeprodukte als auch Selbstgebackenes, alles hergestellt mit der Haflinger Stutenmilch aus kontrollierter Produktion. Bauerncafé und Bauernladen laden zu einem erholsamen Zwischenstopp ein.

Informationen
Haflinger Hof Lechtenberg,
Heetkamp 22
46414 Rhede
Tel: 02872 / 3242
Fax: 02872 / 8579
www.rheder-stutenmilch.de

Ziegenkäserei Hof Sondermann
Die „weiße deutsche Edelziege" beherrscht diesen Hof und versorgt Interessenten mit Wolle, Milchprodukten und letzlich auch Fleisch, also mit all den Köstlichkeiten, die Ziegen hergeben können. Ziegenmilch ist leicht verdaulich, da sie über eine feinere Fett- und Eiweißstruktur verfügt. Sie beinhaltet eine andere Art von Proteinen und wird daher auch von Kuhmilchallergikern gut vertragen. Sie wird auch bei anderen Nahrungsmittelallergien, bei Hautveränderungen sowie Magen-, Darm und Lungenerkrankungen eingesetzt.

Im Verkauf bietet Hof Sondermann verschiedene Käsesorten aus Frisch- und Schnittkäse an, außerdem täglich frische Ziegenmilch, Joghurt und Butter.

Informationen
Ziegenkäserei Hof Sondermann
Michaelisweg 10
46286 Dorsten-Lembeck
Tel. 02369 / 77138
Fax 02369 / 77445
email@ziegenkaeserei-sondermann.de
www.ziegenkaeserei-sondermann.de

Öffnungszeiten
Mo–Sa 8–12.30 Uhr
und 14–18.30 Uhr
Lieferservice

Die genannten Anbieter stellen nur eine Auswahl dar aus einem großen Angebot weiterer Naturkostbetriebe. Informationen www.naturpark-hohemark.de

Anzeige
TREKKER'S
WORLD
DAS MAGAZIN FÜR
REISEN, ABENTEUER
UND AUSRÜSTUNG
www.trekkers-world.de
MÄRZ/APRIL 2006
TREKKER'S
WORLD
DAS MAGAZIN FÜR REISEN
ABENTEUER UND AUSRÜSTUNG
ALASKA
NEULAND IM NORDEN
NEUGUINEA
ZEITREISE IN DIE VERGANGENHEIT
WINTERFINALE
SCHWUNGVOLL IN DEN FRÜHLING
HOCH HINAUS
KLETTERN FÜR EINSTEIGER
WASSER SPEICHER
BEWÄHRTE TRINKSYSTEME
17 SEITEN EXTRA
ALLES ÜBER FERNGLÄSER
DIE NEUEN MODELLE IM FOKUS
SPANIEN
SPURENSUCHE AUF GRAN CANARIA
MAI/JUNI 2006
TREKKER'S
WORLD
DAS MAGAZIN FÜR REISEN
ABENTEUER UND AUSRÜSTUNG
DVD
BRASILIEN
VOM AMAZONAS ZUM ZUCKERHUT
PORTUGAL
SPORTLICHE HERAUSFORDERUNG
ENGLAND
WEG DER GESCHICHTE UND GESCHICHTEN
NORDIC WALKING
FIT IN DEN SOMMER
DURCHBLICK
DIE NEUEN SPORTBRILLEN
MOUNTAINBIKEN
TECHNIK, TRAINING, AUSRÜSTUNG
INDIEN
SIKKIM – DEM HIMMEL SO NAH

FREIZEIT & ERHOLUNG

Freizeitbad Aquarius
„Der Schwimm- und Saunaspaß in Borken" ist die Adresse für wasserbegeisterte In- und Outdoorschwimmer und Saunierer. Auf einer Gesamtwasserfläche von ca. 1 400 Quadratmetern, werden alle Altersgruppen angesprochen. Auf neun 25 m-Bahnen im Innen- und Außenbereich können Gäste werktags von 6.00 bis 23.00 Uhr und am Wochenende von 8.00 bis 23.00 Uhr relaxen oder aktiv sein. Vier Saunen, ein Dampfbad, die Lichtoase, das Kaminzimmer, ein gemütlicher Schlaf- und Ruheraum und die bekannten Erlebnisaufgüsse runden ein harmonisches Entspannungsangebot ab.
Informationen
Parkstraße 20
46325 Borken
Tel. 02861 / 935-0
Fax 02861 / 935-200
www.aquarius-borken.de

Freizeitbad Atlantis
Wasser- und Saunalandschaft, Atlantis Fit & Gesund, Beachvolleyball-Gelände, Angebote für Senioren, Sportschwimmer, Kinder und Jugendliche.
Informationen
Konrad-Adenauer-Platz 1
D-46284 Dorsten
Tel. 02362 / 9517 - 0
Fax 02362 / 951711
info@atlantis-dorsten.de
www.atlantis-dorsten.de

Freizeitpark Ketteler Hof
Der Ketteler Hof ist ein 12 Hektar Mit-Mach-Erlebnis-Park in parkähnlicher Landschaft mit Sommerrodelbahn, Räubernest, Robinienklettertürmen mit Wellenrutsche, Spiel-Fort, Riesensprungkissen, Schlauchboot, Wasserrutsche, Wasserspielplatz u.v.m.
Informationen
Rekener Straße 234
45721 Haltern am See/Lavesum
Tel. 02364 / 34 09
info@kettelerhof.de
www.kettelerhof.de
Öffnungszeiten
von März bis Oktober,
täglich von 9–18 Uhr,
Preise
8,50 €/Personen ab 2 Jahre

Freizeitpark Prickingshof
Erholungs- und Freizeitpark am Prickingshof mit vielen Attraktionen für groß und klein, Musterbauernhof mit Kinderspielplätzen und Streichelzoo.
Informationen
Niehuser Weg 14
45721 Haltern-Sythen
Tel. 02364 / 6195 oder 6588
Fax 02364 / 69558
Öffnungszeiten
Sommerzeit: 9–19 Uhr
Winterzeit: 9–18 Uhr

HeidenSpassBad

Mit einer Wasserfläche von 1 200 Quadratmetern bietet das HeidenSpassBad beheizte Schwimmbecken sowie ein Wellenbecken. Wer genug vom Wasser hat, kann sich auch „an Land" vergnügen. Auf der großen Spiel- und Liegewiese mit einer Fläche von über 15 000 Quadratmetern befindet sich ein Beachvolleyballfeld und außerdem eine Spielanlage mit Matschbahn und riesiger Sandbaustelle für die Kleinen.

Außerdem bieten wir Ihnen an, den Geburtstag Ihres Kindes im HeidenSpassBad zu feiern.

Informationen
Am Sportzentrum 3
46359 Heiden
freibad@heiden.de
www.heiden.de
Schwimmmeister Martin Schubert
Tel. 02867 / 8333

Öffnungszeiten
Das HeidenSpassBad ist in der Regel von Mitte April bis Anfang September geöffnet. Das Wellenbecken öffnet ab Mitte Mai.

Anmeldung Kindergeburtstag
Tel. 02867 / 8142

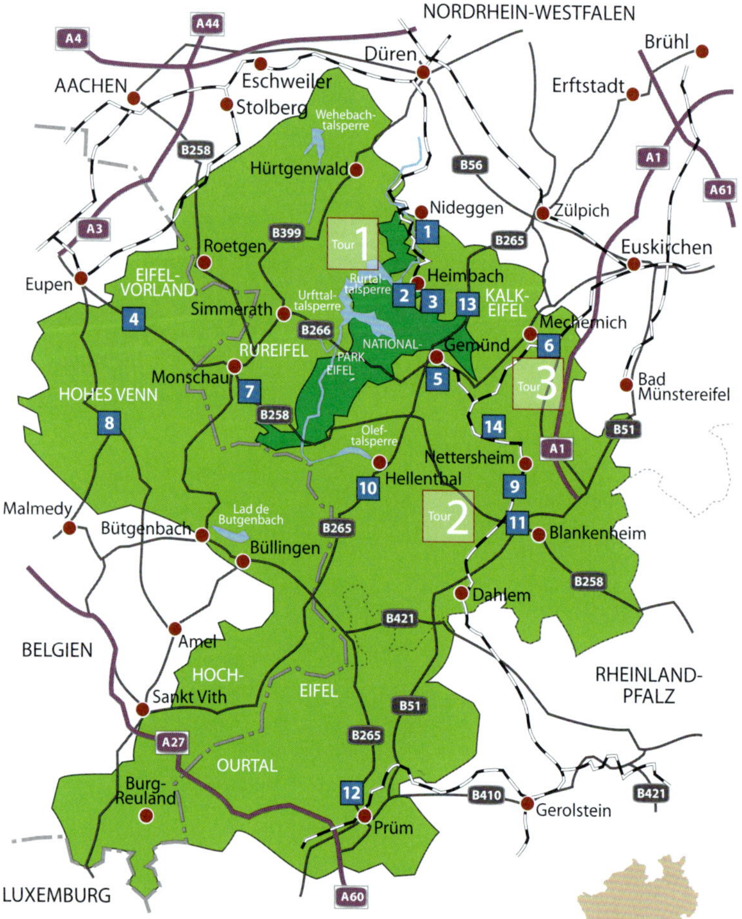

Lage in Nordrhein-Westfalen

Erlebnistouren

Tour 1: Der Eifelsteig
Tour 2: Historische Ortskernroute
Tour 3: Nordic Walking Park Mechernich

Sehenswürdigkeiten

1. Biologische Station Nideggen
2. Wasser-Info-Zentrum Eifel
3. Narurerlebnisausstellung Heimbach
4. Naturzentrum Haus Ternell
5. Walderlebniszentrum Gemünd
6. Grube Günnersdorf
7. Naturhaus Seebend
8. Naturparkzentrum Botrange
9. Naturschutzzentrum Eifel
10. Grube Wohlfahrt
11. Eifelmuseum
12. Infostelle „Mensch und Natur"
13. Wildniswerkstadt Düttling
14. Jugendwaldheim Urft

Deutsch-Belgischer Naturpark Hohes Venn – Eifel

Unberührte Hochmoore und Heideflächen, blühende Wiesen, scheinbar endlose Wälder, bizarre Felslandschaften mit tiefen Flusstälern und Seen, dazu eine vielfältige Tierwelt mit seltenen Arten: Der Steckbrief des Deutsch-Belgischen Naturparks Hohes Venn – Eifel präsentiert sich als perfektes Drehbuchkonzept für Entdecker. Zwar spielt die Natur stets den Hauptdarsteller – dafür darf der Besucher in die erlebnisreiche Rolle des Abenteurers schlüpfen, den Wechsel der vielseitigen Szenerien selbst bestimmen und den Traum von echter Naturerfahrung genießen. Urwüchsige Natur ist kein Monopol ferner Länder.

Regisseur des Ganzen ist der 1960 gegründete Deutsch-Belgische Naturpark Hohes Venn – Eifel. Mit einer Fläche von knapp 2 700 Quadratkilometern ist er nicht nur der größte Naturpark in Nordrhein-Westfalen, sondern auch ein ganz besonderes „Dreiländereck". Teile der deutschen Bundesländer Nordrhein-Westfalen und Rheinland-Pfalz sowie Ostbelgiens bilden die Dreifaltigkeit, die Naturanbetern ihre Andachtsräume sichert. In diesem Zusammenhang steht eine weitere Besonderheit: Im Herzen des Naturparks liegt der Nationalpark Eifel, einer von 14 Nationalparks in Deutschland und der einzige in Nordrhein-Westfalen.

Wacholdernaturschutzgebiet Lampertstal
Das Lampertstal in der Heidelandschaft bei Blankenheim bietet das drittgrößte Wacholderschutzgebiet Deutschlands. Im Mittelalter als Heil- und Zauberpflanze verehrt, dient die „Zypresse des Nordens" heute als Gewürz und als Grundlage hochwertiger Schnäpse. Ebenso sehenswert sind die auf dem Kalkmagerrasen gedeihenden 31 seltenen Orchideen- und Enzianarten.
Führungen
Tel. 02449 / 87222

Puzzlespiel der Naturlandschaften

Wie ein Puzzlespiel sieht das Nebeneinander der Naturräume auf der Landkarte aus. Sieben Teile sind anzulegen, um das deutsch-belgische Grenzgebiet in der Eifel zwischen Aachen und Düren im Norden, Malmedy (Belgien) im Westen, Euskirchen und Bad Münstereifel im Osten sowie Prüm im Süden in die Passform zu bringen. Selbstverständlich spielen hier die Grenzen zwischen Staaten und Bundesländern keine Rolle, die Natur hat ihre eigenen Spielformen entworfen.

Wanderung im Hohen Venn

Trockentäler und Hochmoore

Die klimatisch relativ warme und trockene Kalkeifel am Ostrand des Naturparks ist sozusagen das Ackerbauzentrum der Region. Der geologische Untergrund (Kalksteine, Dolomite, Grauwacken und Schiefer) ließ u.a. die fruchtbaren Braunerden entstehen, bietet aber auch Rückblicke in entlegene Zeiten der Erdgeschichte. Das klüftige, wasserdurchlässige Kalkgestein hinterließ zahlreiche Trockentäler und Mulden mit einem großen Fossilienreichtum. Logisch, dass sich hier eine besondere Pflanzenwelt entwickelte, so zum Beispiel an den Hängen rund um Blankenheim-Alendorf, wo tausende Wacholder säulenartig auf dem Kalkmagerrasen stehen.

Einen Mix aus Landwirtschaft und Waldgebieten bietet das flache, sanft gewellte Vennvorland (Eifelvorland) im Nordwesten des Naturparks.

Südlich angrenzend zeigt sich ein Namensgeber des Naturparks, das Hohe Venn, mit seinem für Europa einzigartigen, weitläufigen Hochmoorgebiet, seinen Heiden und ausgedehnten Wäldern. Der Name „Venn" stammt übrigens vom lateinischen Wort „fagna" ab, das Sumpf oder Morast, auf Neudeutsch auch Fango bedeutet. An Wellness aber dachte hier früher niemand, im Gegenteil – große Flächen der Hochmoore wurden zum Torfstechen genutzt.

Wasser, Wälder und Millionen Narzissen

Einen völlig anderen Naturraum bietet die benachbarte Rureifel, die eines der Kerngebiete des Naturparks darstellt und den Nationalpark Eifel mit einschließt. Prägendes Element ist der Fluss Rur, der sich tief in die Landschaft eingegraben hat. Gespeist aus dem niederschlagsreichen Venngebiet und weitergeleitet von Rur, Urft, Olef, Kall, Perlenbach und Wehebach, verfügt die Rureifel über sechs der insgesamt 15 im Naturparkgebiet vorhandenen Stauseen und Talsperren, die sowohl dem Hochwasserschutz, aber auch als Trinkwasserreservoir, Schutzgebiete für Flora und Fauna und Sport- und Erholungszentren für den Menschen dienen. Der bekannteste ist der gewundene Rursee, der mit einer überstauten Fläche von 780 Hektar und einem Fassungsvermögen von 203 Millionen Kubikmetern zu den größten Talsperren Deutschlands gehört und im unteren Bereich zahlreiche Möglichkeiten zur naturnahen Erholung und zum Wassersport bietet.

Der Name Rureifel steht aber nicht nur als Synonym für das Element Wasser, sondern auch für ausgedehnte Waldflächen. Der Hürtgenwald und der Schleidener Wald vereinigen sich als größtes zusammenhängendes Buchenwaldgebiet der Nordeifel zum „Kermeter", der wiederum mit etwa 3.100 Hektar das größte Naturschutzgebiet Nordrhein-Westfalens bildet.

Kleiner Fuchs

Schmetterlingsschutzgebiet Urfttal
Kaum eine Tierart vermittelt soviel Anmut und Farbenpracht wie der Schmetterling. Im Urfttal bei Nettersheim kann man von Frühjahr bis Herbst 60 verschiedene, zum Teil vom Aussterben bedrohte Tagschmetterlingsarten antreffen. Dazu informiert der hier eingerichtete „Schmetterlingspfad" über die Gewohnheiten und die Lebenswelt der flatternden Schönheiten.
Führungen
Tel. 02486 / 1246

Monschauer „Naturburg"

Narzissenblüte

Doch damit der Besonderheiten nicht genug: In den Tälern des deutsch-belgischen Grenzgebiets zwischen Monschau und Hellenthal blühen im Frühjahr Millionen wilder Narzissen. Das in Deutschland einzigartige Schauspiel zieht alljährlich viele Naturfreunde in die Region. Und wer schon mal in der Gegend ist, sollte sich das so genannte Monschauer Heckenland nicht entgehen lassen. Zu bewundern sind hier „Naturburgen", also Häuser und Höfe, die zum Schutze gegen eisige Winde und lange Winterperioden von haushohen Buchenschutzhecken umgeben sind. Als niedere Buchenhecken ist diese Form des Windschutzes auch in den Feldfluren ein typisches Bild, wo sie wertvolle Lebensräume für Pflanzen und Tiere bilden.

Blick auf den Rursee >

Keine Angst vorm „Schwarzen Mann“

Von der Mitte bis in den Süden des Naturparks reicht die Hocheifel. Dicht bewaldete Bergrücken und Hochflächen in über 500 Metern Höhe, durchschnitten von den idyllischen Bachtälern der Prüm und der Kyll, bestimmen hier das Bild. Zu den großen Waldgebieten gehören Ommerscheider und Losheimer Wald, Schneifel und Duppacher Rücken. Über allem aber thront der „Schwarze Mann“ in der Schneifel, die mit 689 Metern höchste Erhebung im Gebiet. Zwei Namen mit Geschichte gilt es hier aufzuklären: Der „Schwarze Mann“ – wie auch der Kinderreim – rührt aus den Zeiten her, als in den Buchenwäldern noch die Köhler ihren rußigen Job verrichteten und nach wochenlanger Arbeit mit entsprechend geschwärzten Gesichtern zurückkehrten. Die Bezeichnung „Schneifel“ ist die Abkürzung für die Zusammensetzung „Schnee-Eifel“ und übersetzt die dortigen meteorologischen Grundbedingungen, denen zufolge sich die aus dem Nordwesten kommenden Wolken beim Anstieg über die fast 700 Meter hohen Gipfel stark abkühlen, um es an den Nordwesthängen regnen oder eben schneien zu lassen.

Ein letztes Beispiel für die Vielfalt der Landschaftsformen bietet das Ourtal im Südwesten des Naturparks. Hier schlängelt sich das Flüsschen Our mal durch sumpfige Talauen mit heckenumgrenzten Viehweiden, mal durch zerklüftete, waldbewachsene Steilufer. Zwischen sanft gewellten Hochebenen und tief eingeschnittenen Bachschluchten zeigt sich die Our als notorischer Grenzgänger, der auf dem Weg nach Luxemburg mehrfach die deutsch-belgische Staatenlinie überquert, bis er am Dreiländereck in Ouren schließlich symbolische Bedeutung bekommt: Das hier 1977 eingeweihte Europadenkmal erinnert an die Gründerväter der Europäischen Gemeinschaft und macht den einst trennenden Grenzfluss damit zum Bindeglied zwischen den Ländern.

Flussaue im idyllischen Rurtal

Erlebnisreich und barrierefrei

So vielfältig wie die Naturräume sind auch die Informations- und Veranstaltungsangebote des Naturparks. Insgesamt zwölf Naturzentren vermitteln mit verschiedenen thematischen Ausrichtungen alles Wissenswerte über Flora und Fauna, aber auch über Möglichkeiten zu Naturerlebnissen, sportlichen Aktivitäten und naturnaher Erholung. Über 40 Naturpfade, 25 Touren sowie Erlebnispunkte laden zu aktiven Naturerfahrungen ein, ob zu Fuß, auf Rädern, auf dem Wasser, in der Luft, hoch zu Ross oder auf Skiern. Ein außergewöhnliches, in Nordrhein-Westfalen einmaliges Angebot hat die Initiative „Eifel barrierefrei" entwickelt, die nach einem integrativen Ansatz im gesamten Naturparkgebiet Führungen und Erlebnisprogramme auch für Menschen mit Behinderungen durchführt. Ob Führungen in Gebärdensprache im Besucherbergwerk „Grube Wohlfahrt", Tastgegenstände im Freilichtmuseum und im Waldpädagogischen Zentrum in Mechernich-Kommern oder barrierefreie Landschaftspfade wie in Nettersheim-Marmagen – rund 40 hochwertige Angebote richten sich sowohl an Rollstuhlfahrer und Menschen mit Mobilitätseinschränkung als auch an Blinde, Gehörlose und Menschen mit Lernschwierigkeiten.

Informationen
www.eifel-barrierefrei.de

Erlebnisprogramme für Menschen mit Behinderungen

Burg Nideggen

Höhlenwerkzeuge und Burgenkultur

Entdecker- und Erlebnisqualitäten beweist der Naturpark Hohes Venn – Eifel auch auf kulturhistorischem Terrain, und wie! Über 100 Burgen, Schlösser und Klöster sowie zahlreiche historische Ortskerne und Museen machen die Vergangenheit auf vielfältige Art und Weise lebendig. Die ältesten Besiedlungsanzeichen, Werkzeuge aus der Steinzeit, fanden sich in der Kakushöhle bei Mechernich in der Kalkeifel. Zahllose Zeugnisse gehen in die Römerzeit zurück, in der die wichtige Verbindungsachse Köln – Trier durch das Gebiet des heutigen Naturparks führte. Sehenswert sind vor allem das Aquädukt bei Mechernich und die Matronentempel in Bad Münstereifel-Nöthen und Nettersheim. An vielen Stellen in der Kalkeifel sind zudem Reste der römischen Wasserleitung von der Eifel nach Köln zu sehen. Etwas außerhalb des Naturparks, in Zülpich, wurde erst 1931 sogar eine gut erhaltene römische Badeanstalt ausgegraben.

Beeindruckend sind die Burgen und Schlösser, die oft majestätisch über den historischen Ortskernen thronen. Viele dieser kolossalen Zeitzeugen befinden sich heute in Privat- oder Firmenbesitz, einige jedoch – wie die Burgen in Nideggen und Monschau sowie die Burg Satzvey in Mechernich – gewähren als Veranstalter von Kulturevents eine stimmungsvolle Kulisse.

Öffentlich zugänglich sind auch zwei bedeutende Klosteranlagen. Das im 10. Jahrhundert gegründete Kloster Steinfeld bei Kall-Steinfeld ist mit seinen drei charakteristischen Türmen nicht nur eines der besterhaltenen klösterlichen Baudenkmäler des Rheinlandes, sondern als Gesamtanlage eine Verbindung aller wichtigen europäischen Architekturstile. Die oberhalb der Stadt Heimbach auf 417 Meter Höhe liegende Abtei Mariawald wurde 1480 gegründet und ist heute das einzige (männliche) Trappistenkloster in Deutschland.

Kloster Steinfeld

Das Kloster ist kunstgeschichtlich ein einzigartiges Ensemble der zentralen Bauepochen Europas. Die Architektur der Basilika (um 1150) ist romanisch, die Ausstattung (König-Orgel, Altäre, Kanzel, Reliquienschreine) überwiegend barock. Wandgemälde aus gotischer Zeit sind ebenso zu bewundern wie die im Übergang zur Renaissance datierende Ausmalung der Gewölbe und der Gurtbögen.

Kloster Steinfeld

INFORMATIONEN

Verein Naturpark Nordeifel (D)
im Deutsch-Belgischen Naturpark
Hohes Venn – Eifel
Geschäftsstelle
Steinfelder Straße 8
53947 Nettersheim
Tel. 02486 / 911117
Fax 02486 / 911116
info@naturpark-eifel.de
www.naturpark-eifel.de

Naturpark Hohes Venn – Eifel (B)
Naturparkzentrum Botrange
Route de Botrange
4950 Robertville; Belgien
Tel. +32 / 80 / 440300
Fax +32 / 80 / 444429
info@centrenaturebotrange.be
www.centrenaturebotrange.be

NATURZENTRUM EIFEL IM NATURERLEBNISDORF

Römerplatz 8-10
53947 Nettersheim
Tel. 02486 / 1246
Fax 02486 / 7878
naturzentrum@nettersheim.de
www.nettersheim.de
Öffnungszeiten
ganzjährig Mo–Fr 9–17,
Sa/So 10–17 Uhr. Eintritt frei.
Schwerpunkte
Geologie, Archäologie, Naturerlebnis,
Umweltbildung, Wandertouren,
Lehrpfade, Ausstellungen u. v. m.

NATURPARK-INFORMATIONSSTÄTTE MENSCH & NATUR

Tiergartenstraße 70
54595 Prüm
Tel. 06551 / 985755
Fax 06551 / 985519
np.nordeifel.pruem@t-online.de
www.naturerlebnis-eifel.de
Öffnungszeiten
ganzjährig Di–Do 13.30–16.30 Uhr,
Mai bis September: So 15–17 Uhr.
Schwerpunkte
Geologie der Prümer Kalkmulde,
Waldökologie und Waldwirtschaft,
Landwirtschaft in der Eifel,
„Prümer LandTour“:
4 thematische Wanderrouten
durch das Prümer Land, Lehrpfade,
Schulnahe Umwelterziehungs-
einrichtung Rheinland-Pfalz.

NATURPARKZENTRUM BOTRANGE ROUTE DE BOTRANGE

4950 Robertville; Belgien
Tel.: +32 / 80 / 440300
Fax: +32 / 80 / 444429
info@centrenaturebotrange.be
www.centrenaturebotrange.be
Öffnungszeiten
ganzjährig Mo–Fr 9–18,
Sa/So 10–18 Uhr.
Schwerpunkte
Das Hohe Venn (geführte Wanderungen), Ausstellungen, Umweltbildung.

WASSER-INFO-ZENTRUM EIFEL (WIZE)

Karl-H.-Krischer-Platz 1
52396 Heimbach
Tel. 02446 / 9119906
Fax 02446 / 9119907
info@wasser-info-zentrum-eifel.de
www.wasser-info-zentrum-eifel.de
Öffnungszeiten
ganzjährig Di–So 14–17 Uhr,
Mo. geschlossen. Gruppen mit Führung nach Vereinbarung.
Schwerpunkte
Natur und Wasser, Technik und Wasser, Kunst und Wasser, Umweltbildung, Seminare, Fortbildungen usw.

NATURZENTRUM HAUS TERNELL / CRIE D'EUPEN

Ternell 2–3
4700 Eupen; Belgien
Tel. +32 / 87 / 552313
Fax +32 / 87 / 558160
haus.ternell@belgacom.net
www.ternell.be
Öffnungszeiten
ganzjährig Mo-Fr 9-17,
Sa/So 10-17 Uhr.
Schwerpunkte
Forstzoologisches Museum, thematische Ausstellungen, Lehrpfade und Kräutergarten, grüne Boutique, Cafeteria.

NATURHAUS SEEBEND

Hauptstraße 123
52156 Monschau-Höfen
Tel.: 02472 / 912886
info@eifelverein-hoefen.de
www.eifelverein-hoefen.de
Öffnungszeiten
auf Anfrage
Schwerpunkte
Wanderungen zur Narzissenblüte (April und Mai), Beginn des „Monschauer Heckenwegs".

Deutsch-Belgischer
Naturpark
Hohes Venn-Eifel

BESUCHERBERGWERK GRUBE WOHLFAHRT

53940 Hellenthal
Tel.: 02448 / 911140
Fax: 02448 / 637
heimatverein.rescheid@t-online.de
www.grubewohlfahrt.de
Öffnungszeiten
ganzjährig, Führungen täglich um 11, 14 und 15.30 Uhr, Grubenhaus täglich von 10.30–11.30 und 13.30–17.30 Uhr.
Schwerpunkte
Erzbergbau und Erzgewinnung in der Eifel, Exkursionen in das Besucherbergwerk, Ausstellung im Grubenhaus.

NATURERLEBNISAUSSTELLUNG IM „HAUS DES GASTES“

Über Rur
52396 Heimbach
Tel. 02446 / 3578
info@heimbach-eifel.de
www.heimbach-eifel.de
Öffnungszeiten
April bis Oktober 10–12 und 14–17 Uhr, November bis März 14–17 Uhr.
Schwerpunkte
Natur- und Kulturgeschichte der Region, Leben und Arbeiten im Niederwald.

EIFELMUSEUM BLANKENHEIM

Ahrstraße 55–57
53945 Blankenheim
Tel.: 02449 / 95150
Fax: 02449 / 951520
eifelmuseum-blankenheim@t-online.de
www.eifelmuseum-blankenheim.de
Öffnungszeiten
je nach Jahreszeit unterschiedlich, s. Homepage
Schwerpunkte
Dauer- und Themenausstellungen zu Natur und Kultur in der Eifel.

BIOLOGISCHE STATION IM KREIS DÜREN E. V.

Zerkaller Straße 5
52385 Nideggen-Brück
Tel. 02427 / 949870
Fax 02427 / 9498722
info@biostation-dueren.de
www.biostation-dueren.de
Öffnungszeiten
April bis Oktober
Sa 14–17, So 11–18 Uhr,
November bis März
So 11–17 Uhr,
Gruppen nach Vereinbarung.
Schwerpunkte
Die Ausstellung Rur & Fels informiert über die wichtigsten Lebensräume der Flussaue und der Buntsandsteinfelsen mit ihren Tier- und Pflanzenarten, Außengelände mit Beginn des Landschaftsentdeckungspfads Nideggen.

BERGBAUMUSEUM MECHERNICH

Bleibergstraße 6
53894 Mechernich
Tel. 02443 / 48697
Fax 02443 / 8204
Bergbaumuseum-Mechernich@t-online.de
www.mechernich.de
Öffnungszeiten
ganzjährig Di–Sa 14–16,
So 11–16 Uhr, Mo. Ruhetag.
Schwerpunkte
Erzbergbau am Mechernicher Bleiberg, Führungen durch Museum und Grube, bergbauhistorische Wanderung, Schatzsuche im Bergwerk für Kinder.

INFORMATIONEN ZU UNTERKÜNFTEN UND TOUREN

Eifel Tourismus GmbH
Kalvarienbergstraße 1
54595 Prüm
Tel. 06551 / 96560
Fax 06551 / 965696
info@eifel.info
www.eifel.info
Schwerpunkte
Touristische Informationsstelle für die Eifel und das deutsche Naturparkgebiet.

Verkehrsamt der Ostkantone
Mühlenbachstraße 2
4780 St. Vith; Belgien
Tel.: +32 / 80 / 227664
Fax: +32 / 80 / 226539
info@eastbelgium.com
www.eastbelgium.com
Schwerpunkte
Tourist-Information für das ostbelgische Naturparkgebiet mit dem Hohen Venn.

Deutsch-Belgischer
Naturpark
Hohes Venn-Eifel

ERLEBNISTOUREN – WANDERN

TOP-TOUR

Eifelsteig

Blankenheim – Hellenthal – Einruhr – Gemünd – Blankenheim
Gesamtlänge: 86 Kilometer, aufgeteilt in vier Tagesabschnitte
Schwierigkeit: einfach bis mittelschwer

Der Eifelsteig hat eine Gesamtlänge von 86 Kilometern und verläuft durch die Kalk- und die Rureifel sowie durch Teile des Nationalparks. Er führt durch eine der schönsten und abwechslungsreichsten Mittelgebirgslandschaften Europas mit zahlreichen historischen Ortskernen, durch Wälder, vorbei an den Talsperren von Olef und Urft, auf die Höhe des Kermeters. Die Weglänge ist sinnvoll in vier Tagesabschnitte aufzuteilen.

Tour 1:

Blankenheim – Hellenthal
Länge: ca. 20 km
Wanderzeit: ca. 5 Stunden
Einkehr: möglich
Sehenswürdigkeiten:
Blankenheim (1)
Mitten im Ort, unter einem Fachwerkhaus aus dem Jahre 1726, entspringt die Ahr. Der historische Stadtkern zeigt Stadttore

aus dem Mittelalter, eine spätgotische Pfarrkirche und historische Fachwerkgebäude. Museen: Regionalmuseum für Naturkunde und Kulturgeschichte der Nordwesteifel, Karnevalsmuseum im Georgstor, naturkundliche Ausstellung im Hirtentor. In der Nähe: Freilinger See mit zahlreichen Freizeitangeboten und das Wacholdernaturschutzgebiet Lampertstal.
Wildenburg (2)
Hier steht die einzige nicht zerstörte Höhenburg des Kreises Euskirchen, auf schmalem Berggrat erbaut. Die über 800 Jahre alte ehemalige Ritterburg dient heute der Bischöflichen Akademie als Tagungshaus.
Reifferscheid (3)
Romantische Burgsiedlung, Schlossruine mit Bergfried, erstmals 1106 als Burg des Herzogs von Lothringen erwähnt.
Wildgehege Hellenthal mit Greifvogelstation (4)
Adler, Falken und Bussarde können hier täglich auf Freiflügen beobachtet werden.
Oleftalsperre (5)
Trinkwassertalsperre mit einer in Pfeilerzellenbauweise errichteten Staumauer.

Tour 2:

Hellenthal – Einruhr
Länge: ca. 25 km
Wanderzeit: ca. 5–6 Stunden
Einkehr: möglich
Sehenswürdigkeiten:
Oleftalsperre (6)
In naturbelassener Umgebung führt der Weg an beiden Ufern des Sees entlang.
Hellenthaler Forst (7)
Scheitelpunkt des „Eifelsteigs" mit über 600 m. Im Wüstebachtal lohnen im Frühjahr herrliche Narzissenwiesen.
Einruhr (8)
Das Dorf ist idyllisch gelegen am Obersee der Rurtalsperre. Besonderes Angebot: eine Fahrt mit der historischen Postkutsche bis Erkensruhr.

Tour 3:

Einruhr – Gemünd
Länge: ca. 20 km
Wanderzeit: ca. 5 Stunden
Einkehr: möglich
Sehenswürdigkeiten:
Kermeter (9)
Höhenzug und waldreiches Gebiet mit herrlichen Blicken auf den Rursee, nur übertroffen durch den 28 Meter hohen Aussichtsturm in Wolfgarten, der einen weiten Blick über die Höhen des Kermeters bis hin zur Burg Vogelsang bietet.
Gemünd (10)
Gut für die müden Knochen: Gmünd ist ein Kneippkurort mit Massagen, Packungen, Bädern …

Tour 4:

Gemünd – Blankenheim
Länge: ca. 24 km
Wanderzeit: ca. 5–6 Stunden
Einkehr: möglich
Sehenswürdigkeiten:
Kloster Steinfeld (11)
Im 10. Jahrhundert gegründet, bedeutendes architekturgeschichtliches Ensemble mit der so genannten „Eifelbasilika".
Naturschutzgebiet Haubachtal (12)
Moor- und Heidelandschaft mit vielen seltenen Pflanzen.
„Blankenheimer Tiergartentunnel" (13)
1468 erbautes Wasserversorgungssystem für die Bewohner der Burg Blankenheim. Eines der ältesten Tunnelbauten in Nordrhein-Westfalen. Teil des „Tiergartentunnel-Wanderwegs".

ERLEBNISTOUREN – RADWANDERN

Historische Ortskernroute

Gesamtlänge: ca. 100 Kilometer
Startpunkt: variabel, alle an der Strecke liegenden Bahnhöfe bieten sich als Startpunkt an. Die Fahrradmitnahme ist grundsätzlich möglich.
Schwierigkeit: einfach bis schwer
Einkehr: möglich

Diese Radtour verläuft durchgängig auf dem „Landesweiten Radwegenetz NRW". Sie kann – je nach Lust, Laune und Fitness – individuell gestaltet werden. Durch die zentrale Lage dieser Route auf dem Landesnetz bietet sie den Einstieg in fast alle übrigen Themenrouten des Kreises.

Bad Münstereifel
Aus einer Klostergründung (um 830) hervorgegangenes, mittelalterliches Kleinod, fast vollständig von einer erhaltenen Stadtmauer umfasst. Zwischen den Stadttoren Orchheimer, Heisterbacher, Werther und Johannis Tor beeindrucke reich verzierte Fachwerkfassaden mit barockem Flair. Seit 1967 anerkanntes Kneipp-Heilbad. Sehenswert: die Stiftskirche (1) von 1110, das Romanische Haus (2), der Klosterplatz (3) und das Windeckhaus (4).

Blankenheim
Während der mittelalterliche Ortskern gut erhalten ist, bestehen von der ehemaligen Burg der Grafen von Blankenheim nur noch Ruinen. Auch deshalb hat Blankenheim eine andere Attraktion: Mitten im Ort, in der Brunnenstube im Keller eines Fachwerkhauses von 1726 entspringt die Ahr (von außen einsehbar), die nach ca. 90 Kilometern in den Rhein mündet und einer ganzen Region und dem Wein ihren Namen gegeben hat. Aus der Quelle fließen durchschnittlich 700 Liter Wasser in der Minute.

Dahlem-Kronenburg
Eines der malerischsten Burgdörfer in der Eifel. Hoch über dem Flüsschen Kyll gelegen, verzaubert das mittelalterliche Ambiente. Über den Burgbering geht es zur 1277 erstmals erwähnten Burgruine, die einen herrlichen Blick über das weite Land und den Kronenburger See bietet.

Hellenthal-Reifferscheid
Die romantische Burgsiedlung mit Häusern teils aus dem 17. Jahrhundert hat bis heute ihren wehrhaften Charakter behalten. Reifferscheid wurde erstmals 1106 als Burg des Herzogs von Lothringen erwähnt. Sehenswert: die Schlossruine mit Bergfried (5), die Torburg der Vorburg (6), das „Matthias-Tor" (7) aus dem 14. Jahrhundert, der Zehnt-Weg (8), die Pfarrkirche St. Matthias (9) und der Marktplatz (10).

Mechernich-Kommern
Von Stadtbränden und Kriegszerstörungen verschont gebliebenes Fachwerkdorf am Fuße der Eifel. Sehenswert: die Burg Kommern (11), deren Wohnturm vermutlich aus dem 13. Jahrhundert stammt, die neugotische Katholische Kiche St. Severinus (12) und das Fachensemble der Kölner Straße (13).

Monschau
Historische Altstadt im tief eingeschnittenen Tal der Rur mit urigen Fachwerkhäusern und herrschaftlichen Gebäuden. Letztere erinnern an die Blütezeit der berühmten Tuchmacherstadt im 18. Jahrhundert. Bekannt ist der Luftkurort auch durch die haushohen Buchenhecken mit Eingängen, Fenstern und Torbögen, die als Schutz vor der kalten Witterung angelegt wurden. Sehenswert: die 1217 erstmals erwähnte Burganlage (14), das Rote Haus (15).

Nideggen
Schon der Rundblick von der Burgruine über das Rurtal ist ein Genuss. Der Ort selbst weist mit seinen vielen kleinen kopfsteingepflasterten Gassen und Straßen sowie den Fachwerk-, Ritter- und Patrizierhäusern in längst vergangene Zeiten. Sehenswert: die aus dem 12. Jahrhundert stammende Burganlage (16), die Kirche St. Johannes-Baptist (17), das Zülpicher (18) und das Dürener Tor (19).

Monschau

Hellenthal-Reifferscheid

Schleiden-Olef
Ende des 17. Jahrhunderts wurde der malerisch in einem Bogen des Flüsschens Olef gelegene Ort nach einem verheerenden Brand um einen dreieckigen Platz wieder aufgebaut. Sehenswert: Kath. St. Johann Baptist Pfarrkirche (20), die Fachwerkhäuser am dreieckigen Platz (21).

Stolberg
Die „Kupferstadt" im Dreiländereck. Ab dem 15. Jahrhundert wurden hier Eisen, Kupfer, Blei, Gold und Silber verhüttet, viele ehemalige Kupferhöfe erinnern noch daran. Wahrzeichen und Siedlungsursprung ist die seit 1118 bezeugte Burg.

Dahlem-Kronenburg

ERLEBNISTOUREN – WEITERE HIGHLIGHTS

Mountain Biking

Ein Paradies für Mountainbiker oder solche, die es werden wollen, ist das von der Stadt Bad Münstereifel entwickelte Radwegenetz. Auf einer Gesamtlänge von rund 300 Kilometern bietet es zehn Einzeltouren mit Streckenlängen von 18 bis 68 Kilometern mit unterschiedlichen Schwierigkeitsgraden. Die Bandbreite ist so groß, dass sich das Angebot sowohl an Familien und Einsteiger, als auch an Fortgeschrittene richtet. Sogar Profis sind hier gut versorgt – mit einer 68 Kilometer langen Powertour, die immerhin eine Höhendifferenz von ca. 1 200 Metern aufweist.

Das komplette Angebot liefert ein übersichtlich gegliederter Bikeführer, der neben wertvollen Informationen zur Strecke (Karte, Kilometerangaben) und Orientierungshilfen für Biker (Tourenbeschreibung, Höhendiagramm) auch die Sehenswürdigkeiten der jeweiligen Touren beinhaltet. Erhältlich ist der Bikeführer in der Kurverwaltung sowie in Fahrrad- und Buchläden der Region.

Informationen
Tel. 02253 / 542244
www.mtb-eifel.de

Ballonfahren

Lautlos über die Eifellandschaft schweben, Wälder, Seen und Vulkane aus der Vogelperspektive genießen: Dieses ganz besondere Erlebnis bietet eine Ballonfahrt über die Eifel. Die Ballonfreunde EIFEL e. V. veranstalten regelmäßig Touren in der Luft und nehmen alle mit, die sich diese unvergessliche Erfahrung nicht entgehen lassen wollen.

Neben dem Heimathafen Übereisenbach wird auch in der Nähe von Burg Satzvey, Wachendorf oder Blankenheim gestartet.

Informationen
Ballonfreunde EIFEL e. V.
54689 Übereisenbach
Tel. 06524 / 7054
friedel@eifelballon.de
www.eifelballon.de

Landgasthof Gut Marienbildchen

Genießen Sie ein paar schöne Stunden bei feiner regionaler Küche mit Produkten aus der eigenen Landwirtschaft und unserem Jagdrevier. Dazu bieten wir Ihnen erlesene Weine aus unserem großen Weinangebot (über 250 Sorten). Erfreuen Sie sich an der wunderschönen Aussicht aus unseren liebevoll eingerichteten Gasträumen. Unser Landgasthof, auf halber Strecke zwischen Aachen und Monschau gelegen hat 7 gemütliche Zimmer im Landhausstil mit Dusche oder Bad und WC, TV, Radio und Balkon.

Kontakt

Landgasthof Gut Marienbildchen
Familie Ziemons
Münsterbildchen 3
52159 Roetgen
Tel. 02471 / 2523
gut-marienbildchen@t-online.de
www.gut-marienbildchen.de

Öffungszeiten

12–15 Uhr, 17–22.30 Uhr

Küchenzeiten

12–14 Uhr, 18–20.30 Uhr
Sonntags ganztägig und montags mittags geschlossen

Angebot

Auf den Übernachtungspreis sowie den Restaurantumsatz bieten wir Ihnen einmalig einen Rabatt von 10 % bei Vorlage des Buches „Natur erleben“ für maximal 4 Personen

LANDGASTHOF
Gut Marienbildchen

ERLEBNISTOUREN – NORDIC WALKING

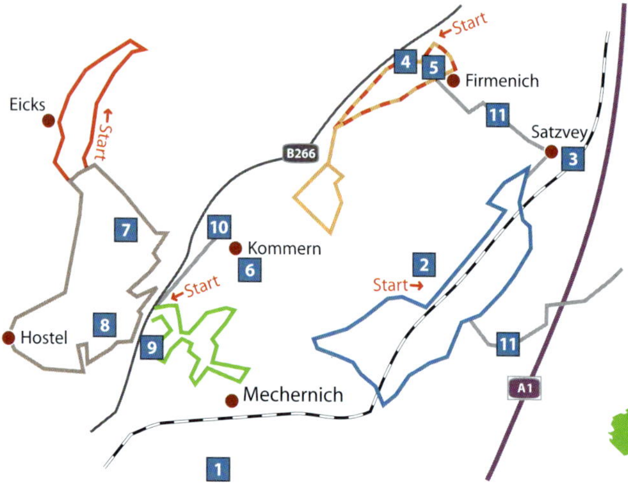

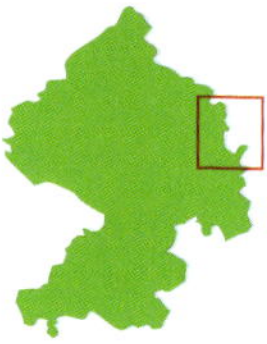

Lage der Tour

Park Mechernich

Nordic Walking ist die Gesundheitssportart Nummer Eins, ein Ganzkörpertraining, das gleichzeitig Arme, Oberkörper und Beine stählt. Die Sportmedizin spricht von einer idealen Sportart zur Stärkung des Herz-Kreislauf-Systems, zur Konditionsstärkung und für einen hohen Kalorienverbrauch.

Seit April 2005 bietet der Nordic Wal-king Park Mechernich Neueinsteigern, Fortgeschrittenen und Profis sechs Routen mit unterschiedlichen Schwierigkeitsgraden. Die landschaftlich reizvollen Strecken sind vier bis zehn Kilometer lang. Das Routennetz besteht insgesamt aus 42,8 km ausgeschilderten Wegen. Der Park ist nach den Qualitätskriterien der Deutschen Sporthochschule eingerichtet und nach den Vorgaben des Deutschen Skiverbandes zertifiziert. Schautafeln an den Startpunkten mit Routenverlauf und Höhenprofilen und Stationstafeln auf den Strecken mit Tipps zur Herzfrequenzmessung sorgen für qualifizierte Informationen für den Nordic Walker.

Panorama bei Mechernich

Auf dem Weg liegen zahlreiche Freizeiteinrichtungen und Sehenswürdigkeiten:
Bergbaumuseum und Besucherbergwerk Grube Günnersdorf (1)
Hochwildpark Rheinland (2)
Burg Satzvey (3)
Eifel-Therme Zikkurat (4)
Kultur- und Freizeitfabrik Zikkurat (5)
Historischer Ortskern Kommern (6)
Rheinisches Freilichtmuseum (7)
Freizeitinsel Sommerrodelbahn (8)
Erholungspark Mühlental (9)
Materialverleih (10)

Materialverleih und Kursangebote
Sportwelt Schäfer, Tel. 02256 / 958580
OutFit, Tel. 0172 / 2910040

Kreissparkasse Euskirchen-Route
Länge: ca. 4,8 km
Schwierigkeitsgrad: einfach
Einkehr: möglich

Kay König-Route
Länge: ca. 6,4 km
Schwierigkeitsgrad: mittelschwer
Einkehr: möglich

Eifeltor Panorama-Route
Länge: ca. 10,6 km
Schwierigkeitsgrad: schwer
Einkehr: möglich

Leichte Zikkurat-Route
Länge: ca. 4,0 km
Schwierigkeitsgrad: einfach
Einkehr: möglich

Mittelschwierige Zikkurat-Route
Länge: ca. 7,3 km
Schwierigkeitsgrad: mittelschwer
Einkehr: möglich

Hochwildpark Rheinland-Route
Länge: ca. 9,7 km
Schwierigkeitsgrad: schwer
Einkehr: möglich

FREIZEIT & ERHOLUNG

Roetgen Therme mit „Alte Post" Wellness Hotel * Superior**

Zu einem Aufenthalt im Naturpark gehört unbedingt das Erlebnis „Eifeler Schwitzhütte", die bei 70 °C mit Heu und Tannenzweigen aus der Eifel angelegt ist und die jahrhundertealten, heilsamen Kräfte des Heues nutzt. Die Schwitzhütte als Motto einer gelungenen Kombination von Natur, Wellness und Erholung – in Roetgen sind dies Umgebung, Saunadorf, Therme und angeschlossenes Hotel (DZ ab 89,90 Euro). Zur Verfügung stehen sechs Pools zwischen 15 °C und 38 °C, sieben verschiedene Sauna- und Warmluftbäder sowie Massagen und Beauty-Angebote des Spa-Bereichs. Eine besondere Attraktion ist das Open-Air-Solewasserpool mit Unterwassermusik.

Körper und Seele schweben lassen. In der Brasserie wird leichte italienisch-französische Küche serviert.

Informationen

Postweg 8
52159 Roetgen
Tel. 02471 / 12030
Fax 02471 / 120326
info@roetgen-therme.de
www.roetgen-therme.de

Eifel-Therme-Zikkurat

Sport, Gesundheit und Erholung auf 3 900 Quadratmetern. Das Badeangebot umfasst ein Außenbecken, ein Sportbecken und das mit Salz angereicherte Erlebnisbad, komplettiert durch 50-Meter-Rutsche, vier Wasserfälle, Luftsprudelbank, drei Nackenduschen, Strömungskreisel, Kletternetz und Whirlpool. Die Saunalandschaft besteht aus Finnischer Sauna, Dampfbad, Sanarium, Blockhaussauna und einem rund 900 Quadratmeter großen Saunagarten. Im Wellnessbereich werden u. a. Ganzkörper- und Reflexzonen-Massagen angeboten. Außerdem stehen für Aktive ein Beach-Volleyballplatz und ein Beach-Soccerfeld zur Verfügung.

Informationen

Eifel-Therme-Zikkurat
An der Zikkurat 2
53894 Mechernich
Tel. 02256 / 9579-0
Fax 02256 / 9579-19
info@eifel-therme-zikkurat.de
www.eifel-therme-zikkurat.de

LEIB & SEELE

Regionalmarke EIFEL

Die Eifel ist nicht nur eine attraktive Urlaubslandschaft, sondern auch die Ursprungsregion hochwertiger Produkte. Um die Qualitätserzeugnisse der Region zu schützen und für den Verbraucher erkennbar zu machen, wurde die „Regionalmarke EIFEL" entwickelt.

Oberste Maxime des Zusammenschlusses sind kontrollierte Qualität und garantierte Herkunft aus dem Naturraum Eifel nach dem Motto: Eifel – Qualität ist unsere Natur. Die Transparenz gegenüber dem Verbraucher schafft Vertrauen, stärkt dadurch qualitätsorientierte, klein- und mittelständische Strukturen und trägt letztlich zur nachhaltigen Wirtschaftsweise in der Kulturlandschaft Eifel bei.

Mit dem dazugehörigen Logo versehen, wird eine breite Produktpalette geboten, die sowohl Lebensmittel und Holz-Produkte als auch touristische Dienstleistungen mit einschließt. Ob Premium-Schinken, Streuobst-Apfelsaft, Räucherspezialitäten und Eier oder frische Vollmilch, Wurstspezialitäten, Honig, Bio-Käse und Edelbrände, ob Holz-Accessoires und -Möbel, Präsentkörbe oder Hotels, Pensionen, Ferienwohnungen, Restaurants und Gasthäuser: Die Regionalmarke EIFEL steht für Ursprünglichkeit und authentischen Genuss, Vertrauen und Sicherheit.

Informationen
Tel. 06551 / 9656-712
www.regionalmarke-eifel.de

Die genannten Anbieter stellen nur eine Auswahl dar aus einem großen Angebot weiterer Naturkostbetriebe. Informationen: www.naturpark-eifel.de

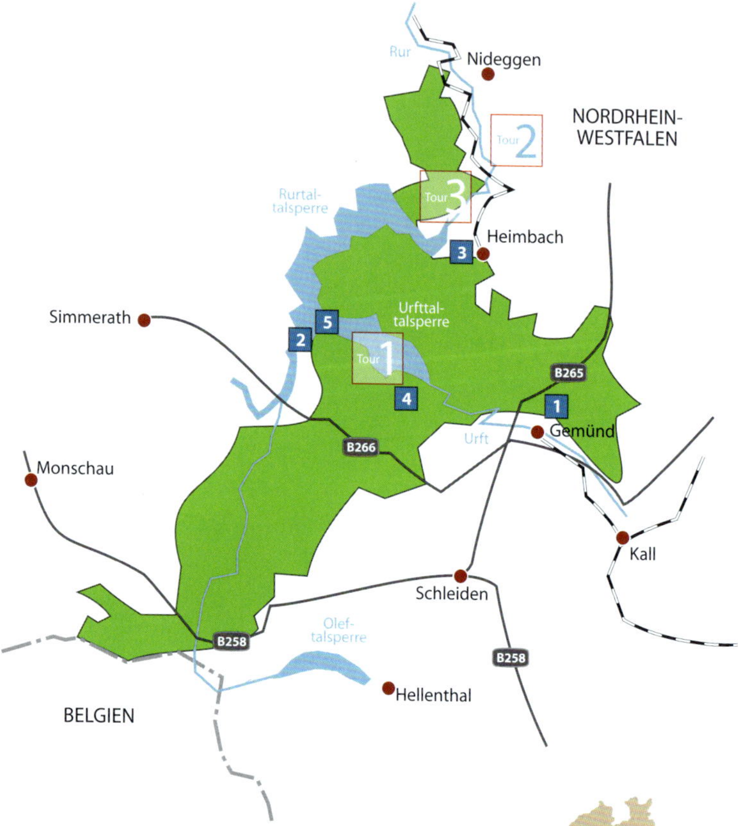

Lage in Nordrhein-Westfalen

Erlebnistouren

Tour 1: Die Urftseeroute
Tour 2: Unterwegs auf der Rur
Tour 3: Staubecken Heimbach

Sehenswürdigkeiten

1. Nationalpark-Tor Gemünd
2. Nationalpark-Tor Rurberg
3. Nationalpark-Tor Heimbach
4. Ehemalige NS-„Ordensburg" Vogelsang
5. Urftseestaumauer

Nationalpark Eifel

Manches wächst erst durch Zurückhaltung. Zum Beispiel der Urwald von morgen. Mit der Schönheit unberührter Natur, die sich wieder regeneriert, ihren ureigenen Kreislauf entwickelt, Heimat wird für gefährdete Tiere und Pflanzen, sich also in der Vielfalt des Lebens entfaltet. Die „Natur Natur sein lassen" lautet die Philosophie des Nationalparks Eifel, in der der Mensch generell die Rolle des staunenden Beobachters hat. 2004 wurde der Nationalpark von Menschen gegründet, um die einzigartige Natur im Herzen des Naturparks Hohes Venn – Eifel, genauer gesagt der Naturräume der Rureifel und der westlichen Hocheifel, vor dem Menschen zu schützen.

Das heißt natürlich nicht, dass Besucher hier nicht willkommen sind, ganz im Gegenteil: Der Nationalpark Eifel ist ein stolzer Gastgeber, der Wanderwege gezogen, Aussichtspunkte eingerichtet, Erlebnistouren entwickelt sowie Ausstellungen und Informationsstellen eröffnet hat, um seinen Schatz angemessen präsentieren zu können. Die sensible Teilhabe am „Wunder der Natur" als vitalisierende und erholsame Erfahrung ist ausdrücklich erwünscht.

„Wald, Wasser und Wildnis“

Wildkatze
Sie schleichen unauffällig durch die Wälder, tragen den liebevollen Beinamen „Eifel-Tiger“ und haben als eine ursprüngliche Tierart in der Eifel überlebt. Rund 1 000 Tiere bilden sogar die größte Population Mitteleuropas. Typische Merkmale der Wildkatze sind der breite wuchtige Kopf, der dicke Schwanz mit schwarzen Ringen und schwarzem stumpfem Ende, die fleischfarbene Nase und die verwaschen getigerte Zeichnung auf graubeigem Grund. Allein im Nationalpark Eifel leben über 50 Wildkatzen.

„Wald, Wasser und Wildnis“ – der Dreiklang des Nationalparks meint es ernst, vor allem in punkto Wildnis. Denn schon per Definition ist ein Nationalpark eine auf Grund ihrer Einzigartigkeit besonders schützenswerte Landschaft, die weder bewirtschaftet noch außerhalb der gekennzeichneten Wege von Besuchern betreten werden darf. Der freiwillige Rückzug des Menschen schafft die Voraussetzung für eine urwüchsige Natur, die sich wiederum als Attraktion für den Menschen erweist.

Der rund 11 000 Hektar große Nationalpark Eifel ist Nordrhein-Westfalens erster und bislang einziger Nationalpark. Trotz der großen Vielfalt an Landschaftsformen – Wälder, Flüsse, Seen, tiefe Felsschluchten und großflächige Offenlandbereiche – und der landschaftsprägenden Flüsse Rur und Urft, ist das Gebiet in erster Linie ein Wald-Nationalpark, zu dem die Staatswälder Wahlerscheid, Dedenborn, Kermeter und Hetzingen, aber auch das Offenland der Dreiborner Hochfläche gehören. Die 3 300 Hektar große Dreiborner Hochfläche hat eine besondere Geschichte: Sie wurde jahrzehntelang als belgischer Truppenübungsplatz genutzt und ist erst seit 2006 zugänglich. Hier

Ihre Wanderungen in der Erlebnisregion Nationalpark Eifel können Sie gut mit Schiffstouren auf dem Rur- oder Obersee kombinieren.

Die Dreiborner Hochfläche rund um die ehemalige NS-„Ordensburg" Vogelsang war 60 Jahre lang militärisches Sperrgebiet

Der bebaute Bereich Vogelsang oberhalb des Urftsees liegt inmitten des Großschutzgebietes, ist aber keine Nationalparkfläche.

Im Nationalpark Eifel wächst der Buchen-Urwald von morgen

steht auch die berühmt-berüchtigte NS-„Ordensburg" Vogelsang, die zwischen 1934 und 1936 von den Nationalsozialisten als Schulungsstätte für die künftige „NS-Elite" errichtet wurde, während des Zweiten Weltkrieges als Lazarett und Militärlager und nach Kriegsende schließlich als Kaserne des Truppenübungsplatzes diente.

In den Waldgebieten, die rund zwei Drittel der Gesamtfläche ausmachen, geht es vor allem um den Schutz und die Ausbreitung des Buchenwaldes. Noch vor rund 2 000 Jahren war die Buche die dominierende Baumart in Mitteleuropa, bevor der Bestand durch das Eingreifen des Menschen in die Natur entscheidend dezimiert wurde – auf heute 15 Prozent der deutschen Waldfläche. Ein anderes Zahlenbeispiel: Während Laubwald rund die Hälfte des Nationalpark-Waldes ausmacht, sind noch fast 50 % der ehemaligen Wirtschaftswälder mit nicht-heimischen Nadelbäumen bedeckt. Grund genug also, die vorhandenen Buchenwälder zu schützen und deren Ausbreitung zu fördern. Neben der Einstellung des Holzeinschlages gehört dazu die Umwandlung von Fichtenwald in Laubwald, also die Zurückverwandlung von Kulturlandschaft in Naturlandschaft. Weil dieser Prozess viel Zeit braucht, gehört das Eifelgebiet zu den so genannten „Ziel-Nationalparken" – spätestens nach 30 Jahren sollen mindestens 75 Prozent der Fläche sich selbst überlassen bleiben.

Im Nationalpark Eifel lebt die größte Mauereidechsen-Population Nordrhein-Westfalens. Insgesamt beherbergt das Großschutzgebiet über 460 gefährdete Tier- und Pflanzenarten

Rotwild, Biber und Milan

Die Zurückeroberung der natürlichen Wälder und die Schutzstellung der übrigen natürlichen Landschaften schaffen einmalige ökologische Lebensräume für Flora und Fauna. Über 400 gefährdete Pflanzen- und Tierarten sind im Nationalpark Eifel beheimatet. Die prominentesten Bewohner sind zu Lande sicherlich die seltene Wildkatze mit einer der größten Population Mitteleuropas, die Rothirsche, die künftig vor allem auf dem Truppenübungsplatz als eine der größten Rotwildvorkommen in Mitteleuropa tagaktiv zu beobachten sein sollen, oder die in Nordrhein-Westfalen seltene Mauer-Eidechse; zu Wasser der Biber, und in der Luft Milan, Wespenbussard, Schwarzstorch, Uhu und Eisvogel. Eindrucksvoll sind auch die eher mikroskopischen Entdeckungen: Allein 1 300 Käferarten wurden in den Wäldern des Nationalparks gezählt. Sie profitieren besonders von dem gesteigerten Aufkommen an Alt- und Totholz, die Nistmöglichkeiten, Nahrung, Speisekammern und Schutz schaffen und damit die Artenvielfalt im Wald bereichern.

Der spektakulären Tierwelt steht eine ebenso bezaubernde Pflanzenwelt beiseite, deren Highlight sicherlich die Gelbe Narzisse darstellt. In jedem Frühjahr werden die Talwiesen in Wahlerscheid zu einem gelben Blütenmeer, wenn sich Millionen dieser wilden Blumenart entfalten. Deutsche Hundszunge, Astlose Graslilie, Fieberklee und Mondviole sind ebenso schutzbedürftig.

Auf dem ehemaligen Truppenübungsplatz Vogelsang soll künftig tagaktives Rotwild erlebbar sein

Begleiten Sie die Ranger und Waldführer des Nationalparks bei ihren Touren

Entdecken, erleben und staunen

Biber
Äußerst schmackhaftes Fleisch und ein begehrtes Fellkleid – der früher weit verbreitete Biber stand Anfang des 20. Jahrhunderts weltweit kurz vor der Ausrottung. Schutzmaßnahmen und großangelegte Umsiedlungs- und Wiederansiedlungsaktionen, seit 1966 auch in Deutschland durchgeführt, retteten die wenigen noch bestehenden Populationen. 1981 wurde der Biber auch in der Eifel wieder angesiedelt.

Gerade wegen der besonders strengen Reglementierungen zum Schutz der Natur hat der Nationalpark ein umfangreiches Informationssystem mit vielfältigen Maßnahmen zur Umweltbildung entwickelt. Als Zentren dienen die drei Nationalpark-Tore in Simmerath-Rurberg, Schleiden-Gemünd und im Bahnhof Heimbach, die interessante Ausstellungen und Umweltbildung mit individuellem Besucherservice verbinden. Speziell ausgebildete Ranger, die sich um die Einhaltung der Schutzbestimmungen, die Instandhaltung der Wege- und Infoeinrichtungen sowie um die Pflege für besondere Lebensräume kümmern, bieten mehrmals wöchentlich Entdeckungstouren an – kostenlos und ohne Voranmeldung.

Eisvogel
Ein wirklich schillernder Zeitgenosse, dessen Obergefieder je nach Lichteinfall blau oder türkisfarben glänzt. Der kleine Wasservogel, auf der Roten Liste NRW als stark gefährdet eingestuft, fliegt niedrig über die Gewässer und fängt seine Beute durch Stoßtauchen. Vorkommen des Eisvogels sind vor allem an der Urft und im Norden des Nationalparks zu beobachten

Natürlich kann man den Nationalpark – immer auf ausgewiesenen Wegen – auch auf eigene Faust erkunden. Die offizielle Wanderkarte des Nationalparkgebiets gibt darüber ebenso Aufschluss wie die Wanderbuch-Reihe „ThemenTouren Nationalpark Eifel".

Wer den Nationalpark unter fachkundiger Begleitung erleben möchte, kann gegen eine Aufwandsentschädigung auch exklusive Gruppentouren mit ehrenamtlich tätigen WaldführerInnen buchen.

Eine wichtige Rolle für die Planungen der Nationalparkverwaltung spielt die „Barrierefreiheit", also das Erlebbarmachen der Natur für Menschen mit und ohne Behinderungen. So gibt es Führungen in deutscher und niederländischer Gebärdensprache, Erlebnisangebote für sehbehinderte und blinde Besucher und einen Ranger-Treffpunkt für Menschen, die in ihrer Mobilität eingeschränkt sind.

Im Nationalpark Eifel gibt es spannende Angebote für Jung und Alt

INFORMATIONEN

Den Nationalpark-Veranstaltungskalender und weiteres kostenloses Informationsmaterial erhalten Sie im Internet unter www.nationalpark-eifel.de, in den Nationalpark-Toren oder beim:
Landesbetrieb Wald und Holz NRW
Nationalparkforstamt Eifel
Urftseestraße 34
53937 Schleiden-Gemünd
Tel. 02444 / 95100
Fax 02444 / 951085
info@nationalpark-eifel.de

„KNORRIGE EICHEN, BUNTE SPECHTE UND WALDGESCHICHTE(N)"

Unter diesem Motto steht im Nationalpark-Tor Schleiden-Gemünd u. a. eine Ausstellung über die Lebensräume des Eichenwaldes. Anhand von verschiedenen Modellen erfährt der Besucher Wissenswertes über die Spechte des Nationalparks, die Waldgeschichte und die Waldnutzung. Letzteres wird näher dokumentiert durch einen begehbaren Kohlenmeiler, der mitten in die verschlossene Welt der Köhlerei führt.
Filmisch werden die spezielle Natur und Landschaft des Nationalparks sowie die Erlebnismöglichkeiten in der angrenzenden Region präsentiert.
Darüber hinaus bietet das Nationalpark-Tor Schleiden-Gemünd eine Anlaufstelle für Touristen.
Informationen
Nationalpark-Tor Gemünd
Touristik Schleidener Tal e. V.
Kurhausstraße 6
53937 Schleiden-Gemünd
Tel. 02444 / 2011
Fax 02444 / 1641
info@gemuend.de
www.gemuend.de
Öffnungszeiten
ganzjährig und täglich 10–17 Uhr,
Eintritt frei.

„LEBENSADERN DER NATUR"

Im Mittelpunkt der Präsentation des Nationalpark-Tors Simmerath-Rurberg stehen die Lebensräume Fließ- und Stillgewässer, die der Besucher u. a. auf spektakuläre Weise aus der Flug-Perspektive eines Milans kennen lernt. Als Bewohner werden Flusskrebs, Perlmuschel und Biber näher beleuchtet. Ihre Spuren führen gleichzeitig durch die Natur- und Kulturgeschichte der Eifel, deren Eigenheiten auch mit modernster Technik aufgearbeitet wurden: Per Knopfdruck werden Informationen auf ein dreidimensionales Gelände-Relief projeziert. Zur Ausstellung gehört auch ein Film über das Nationalparkgelände. Darüber hinaus bietet das Nationalpark-Tor Simmerath-Rurberg eine Anlaufstelle für Touristen.
Informationen
Nationalpark-Tor Rurberg
Rursee-Touristik GmbH
Seeufer 3
52152 Simmerath-Rurberg
Tel. 02473 / 93770
Fax 02473 / 937720
info@rursee.de
www.rursee.de

Öffnungszeiten
ganzjährig und täglich 10–17 Uhr,
Eintritt frei.

„WALDGEHEIMNISSE"

Die Ausstellung des im Januar 2006 im umgebauten Bahnhof eröffneten Nationalpark-Tors Heimbach führt in ein Buchenwald-Labyrinth, das den Wald und seine Geheimnisse sinnenreich erlebbar macht: Ein begehbares Hörspiel, das – begleitet durch Infotafeln, Guckkästen und Tasthöhlen – zum Entdecken einlädt. Dies gilt erfreulicher Weise auch für behinderte Menschen, die Präparate ertasten und Erklärungen in Punktschrift ausmachen können. Tierische Hauptakteure sind Wildkatze und Schwarzstorch, deren Lebenswelt informativ dargestellt wird. Darüber hinaus bietet das Nationalpark-Tor Heimbach eine Anlaufstelle für Touristen.

Ausstellung „Waldgeheimnisse"

Informationen
Nationalpark-Tor Heimbach
Rureifel-Tourismus e.V.
An der Laag 4-6
52396 Heimbach
Tel. 02446 / 805790
Fax 02446 / 8057930
info@rureifel-tourismus.com
www.rureifel-tourismus.de
Öffnungszeiten
ganzjährig und täglich 10-17 Uhr.
Eintritt frei.

NS- „ORDENSBURG" VOGELSANG

Inmitten des Nationalparks liegt die ehemalige NS-„Ordensburg" Vogelsang, welche aber keine Nationalparkfläche ist.
Infos und geführte Geländerundgänge durch den bebauten Bereich Vogelsang gibt es bei der
Serviceagentur Vogelsang
Forum Vogelsang
53937 Schleiden
Tel. 02444 / 915790
Fax 02444 / 9157929
serviceagentur@vogelsang-ip.de
www.vogelsang-ip.de

Nationalpark Eifel

WEITERE INFORMATIONEN ZU ANGEBOTEN IM UMFELD DES NATIONALPARKS

Deutsch-Belgischer Naturpark
Hohes Venn-Eifel
Steinfelder Straße 8
53947 Nettersheim
Tel. 02486 / 911117
info@naturpark-eifel.de
www.naturpark-eifel.de

Eifel Tourismus (ET) GmbH
Kalvarienbergstr. 1
54595 Prüm
Tel. 06551 / 9656-0
info@eifel.info
www.eifel.info

Monschauer Land Touristik e.V.
Seeufer 3
52152 Simmerath
Tel. 0180 / 5012500
info@eifel-tipp.de
www.eifel-tipp.de

Rureifel-Tourismus e.V.
An der Laag 4-6
52396 Heimbach
Tel. 02446 / 805790
info@rureifel-tourismus.de
www.rureifel-tourismus.de

Touristik Schleidener Tal e.V.
Kurhausstr. 6
53937 Schleiden-Gemünd
Tel. 02444 / 2011
info@gemuend.de
www.gemuend.de

Eifeler Quellendreieck
Verein „Erholungsgebiet
Oberes Kylltal e.V."
Burgberg 22
54589 Stadtkyll/ Vulkaneifel
Tel. 06597 / 2878
touristinfo.obereskylltal@t-online.de
www.obereskylltal.de

„Natur Natur sein lassen" lautet die Philosophie im Nationalpark Eifel >

Nationalpark
Eifel

ERLEBNISTOUREN – WANDERN

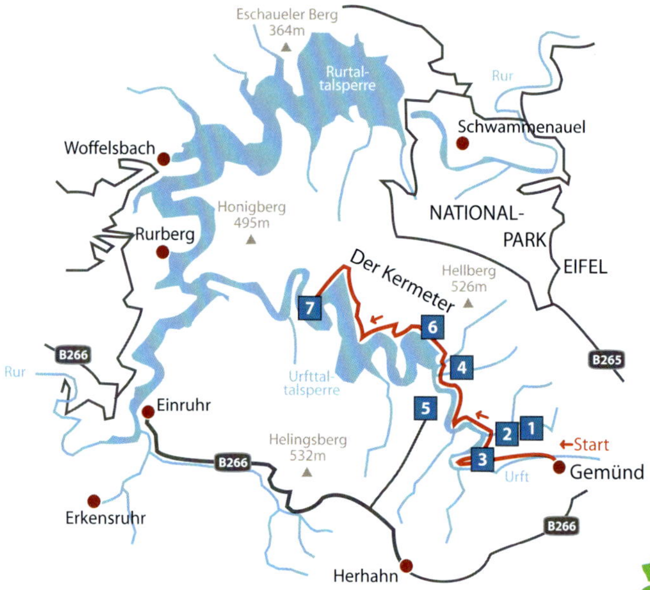

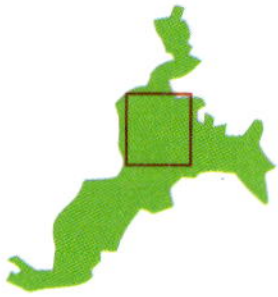

Lage der Tour

TOP-TOUR

Die Urftseeroute

Länge: 11 km
Wanderzeit: ca. 3 Stunden
Schwierigkeitsgrad: einfach

Entdeckerherzen schlagen höher, denn die Route führt auf ihrer elf Kilometer langen Strecke entlang des östlichen Urftseeufers durch das ehemalige Truppenübungsgebiet Vogelsang, das erst Anfang 2006 für die Öffentlichkeit zugänglich wurde. Bis dahin hatte das belgische Militär das Gelände beansprucht und so ganz nebenbei dafür „gesorgt", dass sich hier in Teilen eine unberührte, besonders schützenswerte Landschaft entwickeln konnte, in dem seltene Tierarten ein Rückzugsgebiet fanden. Insgesamt bildet die sich wild durch die Landschaft schlängelnde Urft mit ihren Altarmbereichen sowie dem Urftsee die Grundlage für ganz verschiedene Lebensräume. Beste Voraussetzungen also für einen naturnahen Streifzug im Herzen des Nationalparks Eifel, der übrigens auch mit dem Rad unternommen werden kann!

Unterwegs auf der Urftseeroute

Sehenswürdigkeiten:

Rippelmarken (1)

Eine Zeitreise in das geologische Zeitalter des Devon bieten die an den offenen Felsbereichen am Wegesrand zu beobachtenden, so genannten Rippelmarken. Die ca. 390 Millionen alten Versteinerungen erzählen von einer Erdepoche, als die heutige Nordeifel noch in einem tropischen Korallenmeer lag. Entstanden sind die Rippelmarken durch Wellenbewegungen.

Bruchwald (2)

In der Urftaue sieht man einen typischen, aus Weiden und Erlen bestehenden Bruchwald.

Pulvermühle (3)

Die Übereste verraten es nicht mehr – hier wurde zwischen 1871 und 1904 Schwarzpulver hergestellt.

Lohrbachtal (4)

Auf einmal weitet sich der Blick – mit der ersten Aussicht auf den Urftsee.

Die „Burg“ Vogelsang (5)

Der Anblick der ehemaligen Schulungsstätte der Nationalsozialisten lässt den Betrachter noch heute erschaudern. Die Anlage wurde übrigens nach Kriegszerstörungen vom belgischen Militär teilweise rekonstruiert.

Turm am Seeufer (6)

Er markiert den Endpunkt eines Druckstollens, der mit einer Fallhöhe von 110 Metern auf einer Länge von 2 700 Metern durch den Bergrücken des Kermeters bis zum Jugendstilkraftwerk in Heimbach verläuft.

Urftseestaumauer (7)

58 Meter hoch, 226 Meter lang, aus Bruchsteinen ab 1899 errichtet – die Staumauer war seinerzeit ein gewaltiges architektonisches Unterfangen. Informationen zu Technik und Geschichte der Urfttalsperre gibt es direkt an der Staumauer.

ERLEBNISTOUREN – WANDERN

An der Seite von Profis

Jeden Sonntag führen die Ranger der Nationalparkverwaltung über die Dreiborner Hochfläche. Bestens vertraut mit den Geheimnissen der Natur erläutern sie während der etwa 3-stündigen Tour die Besonderheiten der Wald- und Offenlandflächen sowie deren Bedeutung für den Nationalpark.

Ausgehend von der Tourist-Info im Forum Vogelsang führt die Route entlang des Neffgesbachs zur Wüstung Wollseifen. Die ehemalige Ortschaft musste mit Gründung des Truppenübungsplatzes im Jahre 1946 von den Bewohnern aufgegeben werden. Nach etwa 6,5 Kilometern endet die Wanderung am Ausgangspunkt auf Vogelsang. Die Führung ist kostenlos und eine Anmeldung nicht erforderlich. Das Nationalparkforstamt Eifel hat die Strecke für Wanderer im Gelände markiert. Für individuelle Touren können Gruppen bei der Nationalparkverwaltung einen ehrenamtlich tätigen Waldführer buchen.

Entdecken Sie mit den Rangern im Nationalpark Eifel die Geheimnisse der Natur

ERLEBNISTOUREN – KANUWANDERN

Auf dem Staubecken Heimbach

Ganzjährig paddeln kann man im Heimbacher Staubecken. Als Wochenausgleichsbecken der Rurtalsperre mit einem Gehalt von 1,2 Millionen Kubikmetern Wasser und einer Länge von drei Kilometern dient es gleichzeitig als Hochwasserschutz, Trinkwassergewinnung, Energieerzeugung und Erholungsgebiet für Wassersportler. Eine exzellente Wasserqualität und die mit Schilf und Gräsern bewachsenen Flachuferabschnitte machen den See aber auch zur Heimat zahlreicher Wasservögel. Reizvolle Anblicke bieten darüber hinaus die bis ans Wasser reichenden, bewaldeten Hänge und das Jugendstil-Wasserkraftwerk aus dem Jahr 1904, in dem ein Industriemuseum mit historisch-technischer Einrichtung die Wasserkraftnutzung des Urftsees demonstriert.

Touren und Fahrten können – individuell, für Gruppen oder Schulklassen – gebucht werden bei

Kanu Petry
Frankenstr.7
53894 Mechernich-Eicks
Tel. 02443 / 6747
Fax 02443 / 7413
Mobil 0179 / 4629930
www.kanu-petry.de

Auch der Rursee bei Schwammenauel bietet jede Menge Wassersportmöglichkeiten

ERLEBNISTOUREN – KANUWANDERN

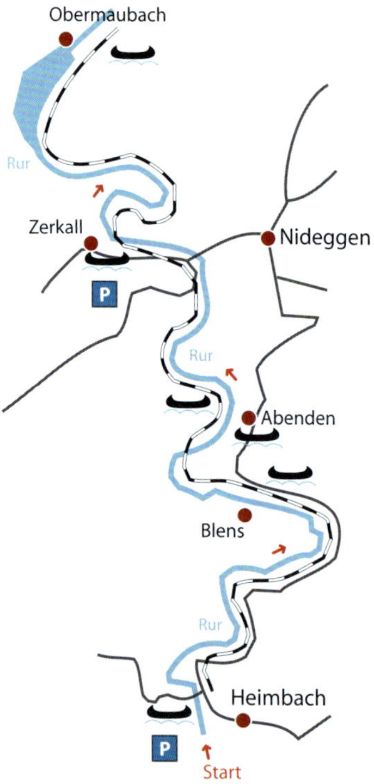

Lage der Tour

Unterwegs auf der Rur

Heimbach – Hausen –
Blens – Abenden – Zerkall
Länge: 14 Kilometer
Dauer: ca. 4,5 Stunden
Schwierigkeit: einfach

Eine der schönsten und naturnahsten Fortbewegungsmöglichkeiten ist das Kanufahren im Canadier oder Doppelkajak. Das gemächliche und lautlose Gleiten sowie der veränderte Blick aus der Wasserperspektive schaffen neue Sichtweisen und überraschende Naturerlebnisse.

Genießen Sie auf der Rur die Natur aus der Wasserperspektive

Die naturbelassene Rur gehört sicherlich zu den schönsten Flüssen in Nordrhein-Westfalen und garantiert vielfältige Landschaftsbilder während der Fahrt. Eifeldörfer, Wiesen und Waldabschnitte ziehen vorbei, Kehrwasser, Schwellen und kleinen Stromschnellen tragen zur Abwechslung auf dem Wasser bei.

Da bei allem Tourenspaß aber der Naturschutz den Vorrang genießt, kann die Rur wegen der Vogelbrut nur vom 15. Juli bis zum 28. Februar befahren werden, und auch das nur bei einem festgelegten Mindestpegelstand. Sinnvoll ist sicherlich auch, dass die Anzahl der Boote beschränkt ist.

Den Kanutag für eine Stärkung unterbrechen oder beschließen kann man zünftig in den Grillhütten direkt an der Rur, die man vorher reservieren sollte.

Von Vorteil ist die gute Anbindung an den öffentlichen Nahverkehr: An den Ein- und Ausstiegsstellen befinden sich in etwa 300 Meter Entfernung die Haltestellen der Rurtalbahn Düren-Heimbach.

LEIB & SEELE

Gastgeber
Nationalpark
Eifel

Gastgeber Nationalpark Eifel

„Als Gastgeber des Nationalparks Eifel fühlen wir uns dem Nationalpark Eifel und seiner Region besonders verpflichtet. Wir wollen dazu beitragen, dass diese einmalige Naturlandschaft für uns und unsere Nachkommen erhalten bleibt. Unseren Gästen möchten wir die Schönheit der Landschaft vermitteln und das Erleben der Natur mit allen Sinnen ermöglichen." Gemäß dieser Philosophie wurden Hotellerie- und Gastronomiebetriebe sowie Anbieter von Ferienwohnungen und ein Campingplatz als Nationalpark-Gastgeber zertifiziert.

Speziell auf Nationalparkgäste ausgerichtet, halten die Betriebe umfangreiche Nationalpark-Informationen vor und sind durch mehrtägige Schulungen bestens für Fragen und Tipps rund um das Thema Nationalpark Eifel vorbereitet.

Strenge Auflagen wie der nachhaltige Umgang mit Abfall, Wasser und Energie bzw. die Pflege regionaler Wirtschaftskreisläufe sind ebenso wichtig wie spezielle Kriterien unter Berücksichtigung der Umweltdachmarke Viabono bzw. der Regionalmarke Eifel.

Informationen
www.nationalpark-gastgeber.eu
Buchungshotline
06551 / 9656-0, www.eifel.info

Lage in Nordrhein-Westfalen

Erlebnistouren

Tour 1: Der Homertweg
Tour 2: Mescheder Höhenwanderweg

Sehenswürdigkeiten

1. Felsenmeer und Heinrichshöhle
2. Hönnetal
3. Luisenhütte Wocklum, Balver Höhle, Reckenhöhle
4. Pfarrkirche St.Blasius, Balve
5. St. Lambertus-Kirche, Affeln
6. St. Walburgis-Kirche, Meschede
7. Schloss Laer, Meschede
8. Kloster Brunnen
9. Maschinen- und Heimatmuseum Eslohe
10. Naturbühne Elspe
11. Pumpspeicherwerk bei Rönkhausen
12. Stertschultenhof Cobbenrode

Naturpark Homert

Den Naturpark Homert beschreiben heißt Abwechslung und Vielfalt zu schildern. Mal gibt er sich geheimnisvoll wie in dem von zahlreichen Höhlen durchzogenen Hönnetal, wo sich mit der Balver Höhle die größte Kulturhöhle Deutschlands befindet. Oder er präsentiert sich als bizarre Gesteinslandschaft wie im Felsenmeer bei Hemer. Mit seinem Waldreichtum ist er aber auch eine Oase mit vielfachen Möglichkeiten naturnaher Erholung. Eine artenreiche Tier- und Pflanzenwelt lädt zum Staunen ein. Bemerkenswert sind vor allem die selten vorkommenden, verschiedenen Wacholder-Bergheiden – in Sundern existiert sogar ein Naturschutzgebiet Wacholderheide.

Daneben bietet er zahlreiche kulturelle und kunsthistorische Stätten, wie das Kloster Brunnen, Schloss Laer oder die Lambertuskirche in Affeln. Und schließlich zeigt er sich als ein Areal für Aktive: Stauseen, die zum Wassersport einladen, jede Menge Wander- und Radwege bis hin zu Skipisten und Loipen für den Wintersport. Sogar Fallschirmspringen kann man hier.

Gut zu Fuß, das müssen die Besucher des Naturparks Homert allerdings schon sein. Das 550 qkm große Gebiet im nordwestlichen Teil des Sauerlandes zwischen dem Lennetal im Westen und dem Ruhrtal im Osten, zwischen Lennestadt im Süden und Hemer im Norden zeichnet sich durch Höhen und Tiefen im wahrsten Sinne des Wortes aus. Bergkuppen und -rücken erheben sich zum Teil 600 Meter und lassen oft dementsprechend tief in die Flusstäler der Hönne, Lenne und Wenne blicken. Über allem thront die „Homert", Namensgeber und mit 656 Metern die höchste Erhebung des Naturparks.

Von hier aus schaut man auf eine vielseitige Landschaft, die neben den bizarren Klippen und Felswänden des tiefen Hönnetals und des Felsenmeers auch Acker- und Grünland sowie ausgedehnte Waldungen mit stillen Wiesentälern aufweist. Immerhin nehmen die Waldgebiete insgesamt 56 Prozent der Gesamtfläche ein. Und das alles bei einem gesunden Mittelgebirgs-Reizklima.

< *Waldimpression mit verwunschener Eiche und Wacholdergebiet in Altenhellefeld*

Im Schluchttal der „Sieben Jungfrauen"

Eine der großen Naturattraktionen ist das Hönnetal. Neben dem größten Kalksteinvorkommen Europas gibt es hier auch eine der vielfältigsten Höhlenlandschaften Europas. Der ca. 30 Kilometer lange Nebenfluss der Ruhr, die Hönne, überwindet auf seinem Weg von der Quelle am großen Attig bei Neuenrade bis zur Mündung in die Ruhr bei Fröndenberg eine Höhendifferenz von 310 Metern. Zwischen Menden-Lendringsen im Norden und Balve im Süden schlängelt er sich durch ein malerisches, bis zu 60 Meter tiefes Schluchttal mit bizarren Klippen und Felswänden, deren Namen Geschichte(n) und Sagen aufgreifen. Hinter dem klangvollen Namen „Sieben Jungfrauen" steckt eine Sage, nach der sieben Töchter eines Ritters, die um die Hand eines Burgherrn warben, allzu gierig und ohne Dank den von einer Köhlerin gebrauten Schönheits-Zaubertrank zu sich nahmen und dabei zu Stein wurden. Der „Uhufelsen" kündet von den früher im Sauerland weit verbreiteten Brutplätzen des Uhus, die nach der zwischenzeitlichen Ausrottung heute in den Steinbrüchen wieder ihren Platz eingenommen haben. Der „Klusenstein" weist auf die gleichnamige, leider nicht mehr im Originalzustand erhaltene Burg hin, die 1353 vom Drosten Gerhard von Plettenberg für seinen Herrn, den Grafen Engelbert III. von der Mark, als wehrhafter Beobachtungsposten gegen das kurkölnische Territorium gebaut wurde.

Kloster Brunnen
Ein Haus mit wechselvoller Geschichte: Einst Heilquelle mit dem ältesten Badehaus des Sauerlands, Eremitenhöhle, 1721 zum Kapuzinerkloster ausgebaut, 1834 in eine Schulvikarie umgewandelt, seit 1975 Diözesanzentrum der Katholischen Jungen Gemeinde im Erzbistum Paderborn.
Übernachtungen bei Gruppenreisen möglich
Tel. 02724 / 374 und 02724 / 8776
www.kloster-brunnen.de

Schroffe Felsenwand im Hönnetal

Größte Gebirgshalle Europas: die Balver Höhle

Eine Reise in die Urzeit

Wildromantische Landschaften wie die des Hönnetals oder auch des Felsenmeers bei Hemer haben schon immer zu Geschichten inspiriert. „Ein Tal, wo Riesen mit wüsten Felsenwürfeln gespielt zu haben scheinen", so beschrieb die Dichterin Annette von Droste-Hülshoff im 19. Jahrhundert das 12,9 Hektar große Areal des Felsenmeers, eine abenteuerliche Mischung aus Naturhöhlen, Erzbergwerken, Spalten und Schächten. Beide Karstgebiete halten aber auch handfeste Qualitäten für Entdecker bereit. Das liegt hauptsächlich an ihrer geologischen Beschaffenheit. Der Kalkfels wurde in Jahrmillionen durch auch unterirdisch fließendes Wasser ausgewaschen, zerklüftet und unterhöhlt. Die so entstandenen Naturhöhlen, deren bekannteste neben der Balver Höhle die Reckenhöhle im Hönnetal und die Heinrichshöhle beim Felsenmeer sind, laden ein zu einer sagenhaften Zeitreise. So wurden auf der Kalkhochfläche zwischen Beckum und Volkringhausen Wirbelstücke eines Flugsauriers und Zähne des pflanzenfressenden Dino Iguanodon sowie zahlreiche Nachweise kleinerer und größerer Raub-Dinosaurier gefunden. Noch weiter zurück, in die eigentlich unvorstellbare Zeit vor 400 Millionen Jahren, reichen Korallen- und Fossilienfunde – Reste oder Abdrücke von Meereslebewesen aus der so genannten Riff-Epoche.

Die Balver Höhle ist das Aushängeschild der Höhlenkultur. Die größte Gebirgshalle Europas ist 18 Meter breit, 12 Meter hoch und etwa 90 Meter tief. 1843 unternahm hier das Königliche Bergamt Siegen erstmalig wissenschaftliche Ausgrabungen. Zu den sensationellsten Fundstücken gehören ein gewaltiger Stoßzahn und ein Backenzahn von Ur-Elefanten. Auch die Anwesenheit von Menschen ist durch gefundene Steinwerkzeuge und andere Kulturrelikte schon früh, in der Eiszeit, dokumentiert. Insgesamt wurden in der Höhle, die den Jägern und Sammlern der Altsteinzeit als natürliche Behausungen diente und später zur Kultstätte wurde, die Reste menschlicher Kultur aus sieben Siedlungsepochen gefunden. Weitere unterirdische Highlights bieten die wunderschönen Tropfsteinhöhlen Recken- und Heinrichshöhle, letztere mit einem eindrucksvollen, 2,35 Meter langen Höhlenbärenskelett.

Die Balver Höhle ist heute übrigens wieder zur Kult(ur)stätte avanciert. Die Balver Höhlenfestspiele sind durch ihre besondere Atmosphäre und außergewöhnliche Akustik weltweit bekannt.

Eingang Balver Höhler

Die älteste Hochofenanlage Deutschlands

Eslohe
Der staatlich anerkannte Luftkurort besitzt einen wunderschönen historischen Ortskern mit 200-jährigen Fachwerkhäusern rund um die Pfarrkirche St. Peter und Paul. 1204 erstmals erwähnt, damit eines der ältesten Kirchendörfer des Sauerlands.

Der Naturpark Homert gibt sich nicht nur prähistorisch, sondern auch frühindustriell. Bereits im Mittelalter wurden hier Eisenerze abgebaut und verarbeitet. Kein Wunder, dass es mit der Luisenhütte in Balve-Wocklum auch die älteste noch intakte Hochofenanlage Deutschlands gibt. Das technische Kulturdenkmal mit vollständig erhaltener Inneneinrichtung wurde 1834 durch die Unternehmerfamilie von Landsberg an die Stelle der bereits 1758 in Betrieb genommenen Wocklumer Eisenhütte gebaut. Anschaulich dargestellt wird die Geschichte der ehemaligen Eisenverarbeitung im Sauerland im Maschinen- und Heimatmuseum Eslohe (www.museum-eslohe.de).

Wasserspeicher, Wintersport und Winnetou

Eine andere, für Besucher besonders anziehende Seite des Naturparks ist sicherlich die Vielfalt der Gewässer. Stauseen, wie die Sorpetalsperre zwischen dem Hachener- und Sorpebergland, die Hennetalsperre im Mescheder Bergland sowie der Esmecke-Stausee bei Wenholthausen, sind Ausdruck für den Wasserreichtum der Homert und dienen als Wasserreservoir für das Ruhrgebiet.

Mitten im „Wasserwanderland"

Oft genug sind die Seen Ausgangs- oder Zielpunkt ausgedehnter Wandertouren oder ein höchst willkommener Anlass, die Gegend mal auf einem der Ausflugsschiffe an sich vorbeiziehen zu lassen. Vor allem aber sind sie das Zentrum des Wassersports in der Region. Baden, Segeln, Surfen, Rudern, Angeln oder Tauchen – hier ist alles möglich.

Für viel Bewegung sorgen die Höhenlagen des Naturparks auch im Winter. Skigebiete wie Grevenstein, Schliprüthen, Neuenrade und die Wildewiese versprechen beste Schneeverhältnisse für Langlauf und Ski-

Schifffahrt auf dem Hennesee

alpin. Und natürlich laden die verschneiten Wälder des „Winterwonderlands" zu herrlichen Schneewanderungen ein.

Ein fester Begriff für auswärtige Besucher sind auch die Karl-May-Festspiele in Elspe. Nicht zuletzt der 1976 erstmals eingesetzte One-and-only-Winnetou-Darsteller Pierre Brice verhalf dem Open Air-Spektakel zu überregionaler Bedeutung – 2001 überschritten die Besucherzahlen die für eine Freizeit-Einrichtung „magische Grenze" von zehn Millionen. Zu bewundern ist das Areal übrigens auch auf Zelluloid: Helge Schneider ließ hier die Filmkulisse für seinen Kinohit „Texas – Doc Snyder hält die Welt in Atem" bauen.

Wasserschloss Laer
1268 als Lehnsgut des Stifts Meschede erstmals urkundlich erwähnt. 1602 durch den Paderborner Hofmeister Heinrich von Westphalen erworben, der 1608 ein repräsentatives Herrenhaus errichten ließ. Der Ausbau der Schlossanlage erfolgte 1764. Die Anlage befindet sich in Privatbesitz und kann nicht besichtigt werden.

INFORMATIONEN

Zweckverband Naturpark Homert
Heinrich-Jansen-Weg 14
59929 Brilon
Tel. 02961 / 943223
Fax 02961 / 943255
naturparke@hochsauerlandkreis.de
www.naturpark-homert.de

Stertschultenhof

WANDERAUSSTELLUNG

Der Naturpark Homert hat im „Stertschultenhof" in Eslohe-Cobbenrode eine Wan-derausstellung eingerichtet.
Die elf Gemeinden im Naturparkgebiet und interessierte Organisationen haben die Möglichkeit, die Ausstellung auszuleihen. In der übrigen Zeit ist sie im „Stertschultenhof" kostenlos zu besichtigen. Auf insgesamt 16 Rahmen werden 76 markante Fotos aus dem Naturpark vorgestellt. Abbildungen, Kurztexte und Collagen klären Wissensdurstige prägnant über alle Aspekte des Naturparks auf, machen die Beziehungen zu anderen Naturparken deutlich und beschäftigen sich mit der kulturellen Bedeutung der Region des Kurkölnischen Sauerlandes. Nähere Auskünfte über die Ausstellung und ihren jeweils aktuellen Standort erteilen der Zweckverband Naturpark Homert oder der Verkehrsverein Cobbenrode.

Informationen
Olper Str. 3
59889 Eslohe-Cobbenrode
Tel. 02973 / 3849
Fax 02973 / 2510
www.cobbenrode.de

Der „Stertschultenhof" ist übrigens selbst ein Ausflugsziel. Das denkmalgeschützte, vollständig restaurierte Gebäude ist ein so genanntes niederdeutsches Hallenhaus aus dem Jahr 1769, dessen Giebel als einer der stattlichsten und in handwerklich-künstlerischen Feinheiten vollendetsten des 18. Jahrhunderts im Sauerland gilt. Sehenswert sind auch die einzigartigen Wandbemalungen.

Informationen
Stertschultenhof
Olper Straße 3
59889 Eslohe-Cobbenrode

Öffnungszeiten
Stertschultenhof und Ausstellung:
Mi/Sa/So 15–18 Uhr.

HÖHLENFÜHRUNGEN

Abenteuer im Erdinneren, spannende und aufschlussreiche Erkundungen der Höhlenwelt des Naturparks Homert, dazu jede Menge Informationen über Natur und Umwelt stehen beim Höhlen- und karstkundlichen Informationszentrum Hemer/ Westfalen auf dem Programm.

Angeboten werden

Schauhöhlenführungen, pädagogische Programme für Kinder und Jugendliche, Gestaltung von Kindergeburtstagen und Sonderveranstaltungen in den Schulferien, karstkundliche und naturkundliche Wanderungen und Diavorträge.

Informationen

Höhlen- und karstkundliches
Informationszentrum Hemer/Westfalen
Felsenmeerstraße 32
58675 Hemer
Tel. 02372 / 61549
buchungswunsch@hiz-hemer.de
www.hiz-hemer.de

WALDLEHRPFAD BEI ESLOHE-WENHOLTHAUSEN

Der Naturlehrpfad verläuft entlang des Flüsschens Wenne und hält viel Wissenswertes für die Besucher bereit.

Informationen

Verkehrsverein Wenholthausen
Südstr. 11
59889 Eslohe-Wenholthausen
Tel. 02973 / 81003
Fax 02973 / 81008
verkehrsverein@cityweb.de
www.wenholthausen.de

INFORMATIONEN ZU UNTERKÜNFTEN UND TOUREN

Sauerland-Tourismus e. V. Bad Fredeburg
Johannes-Hummel-Weg 1
57392 Schmallenberg
Tel. 0180 / 5096980
Fax 02974 / 969833
info@sauerland.com
www.sauerland-touristik.de

Freizeit- und Touristikverband
Märkisches Sauerland e. V.
Heedfelder Straße 45
58509 Lüdenscheid
Tel. 02351 / 9666439
Fax 02351 / 9666147
tourismus@maerkischer-kreis.de
www.maerkischer-kreis-tourismus.de

Reservierungsstelle Hotels – Gasthöfe – Pensionen – Bauernhöfe – Ferienwohnungen – Pauschalprogramme:
Sauerland-Tourismus e. V.
Tel. 0180 / 5096980

Naturparkkarte
Naturpark Arnsberger Wald/Homert, Freizeitkarte NRW, 1:50 000, mit Wander- und Rad-Wanderwegen
Vertrieb über den Buchhandel und das Landesvermessungsamt NRW
53177 Bonn, Kundenservice
Tel. 0228 / 846-4646
Fax 0228 / 846-4648
shop@lverma.nrw.de
www.lverma.nrw.de

Naturpark Homert

ERLEBNISTOUREN – WANDERN

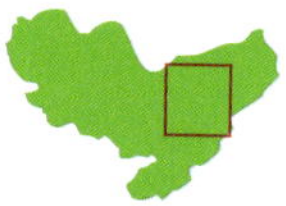

Lage der Tour

TOP-TOUR

Der Homertweg

Wenholthausen – Eslohe – Cobbenrode
Länge: ca. 15 km
Wanderzeit: ca. 4,5 Stunden
Schwierigkeitsgrad: mittel bis schwer

Der Homertweg verläuft in einer Nord-Süd-Achse. Mit seiner gewundenen Wegeführung beginnt er nördlich im Ruhrtal bei Arnsberg und führt auf seinen insgesamt 75 Kilometern zum Rhein-Weser-Turm (wo er auf den Rothaarsteig trifft) nicht nur über die waldigen Höhen und sanften Schwingungen der Sauerländer Landschaft, sondern auch durch ihre typischen Dörfer in den Tälern. Dabei bietet das neue Wanderleitsystem auf Schritt und Tritt eine perfekte Orientierung.

Da die gesamte Strecke nur über mehrere Tage verteilt bewältigt werden kann, beschränkt sich dieser Wandertipp auf ein ca. 15 Kilometer langes Teilstück zwischen den Ortschaften Wenholthausen und Cobbenrode.

Startpunkt ist Wenholthausen (1), das bereits seit 1908 von „Sommerfrischlern“ besucht wird und sich zu einem immer beliebter gewordenen, „staatlich“ anerkannten Erholungsort entwickelt hat. Danach geht es zur Höhe des Windknochens (2), wo vor allem die Aussicht ins Salweytal begeistert. Der Aufenthalt in der Homert, als bedeutender Mittelgebirgszug im Sauerland mit Höhenlagen von 200 bis 600 Metern der Namensgeber des Naturparks, bietet mit seinen herrlichen Rundum- und Weitblicken und dem alten Baumbestand ein unvergessliches Naturerlebnis.

Die nächste Station ist der Ort Eslohe (3). Sehenswert sind hier der alte Ortskern mit seinen Fachwerkhäusern, die Pfarrkirche St. Peter und Paul, das Maschinen- und Heimatmuseum und die Kapelle St. Rochus.

Wieder bergauf geht es auf „Die Höhe“ (4), die ihren Namen – auf 458 Meter Höhe – durch eine entsprechend schöne Aussicht zu Recht trägt, vorbei an Kückelheim und durch Niedermarpe zum Zielpunkt Cobbenrode (5). Hier sollte man den Besuch des Stertschultenhofs (s. S. 242) und der Alten Mühle mit Backhaus, wo in einem alten Steinbackofen aus dem Jahre 1903 das typische Steinofenbrot gebacken wird, nicht versäumen.

Tipp: Sollten Sie einen längeren Wanderurlaub planen und dabei neben dem Homertweg auch den Rothaarsteig erkunden wollen, können Sie über den Schmallenberger Ferienservice ganz bequem eine individuell abstimmbare Etappenwanderung buchen, wahlweise mit festen oder wechselnden Quartieren, und auf Wunsch sogar inklusive Gepäcktransport.

Informationen
Tel. 02972 / 9740-0
www.schmallenberger-sauerland.de

Fachwerkhaus in Eslohe

ERLEBNISTOUREN – WANDERN

Mescheder Höhenwanderweg

Der Mescheder Höhenwanderweg verläuft auf einer Gesamtlänge von ca. 86 Kilometern rund um Meschede und den Hennestausee. Nördlich führt er durch den Arnsberger Wald, im Südosten um den Hennesee herum und bei Wenholthausen und Grevenstein am Fuße der Homert entlang. Ein empfehlenswerter Abstecher ist vor allem der Hennestausee mit seinen Badebuchten und Schiffsverbindungen. Die Strecke ist durchgehend mit dem Zeichen „M" markiert. Der Weg zeichnet sich durch abwechslungsreiche Gegenden aus – mal läuft man an den Ufern der Ruhr entlang, dann geht es durch dichte Wälder in den Höhenlagen am Vogelsang oder am Fuße der Homert mit jeweils weiten Ausblicken, immer wieder abgelöst von Wegen durch Wiesen und Felder.

Infos zu Übernachtungsmöglichkeiten
Touristikinformation
„Rund um den Hennesee"
Von-Stephan-Straße 2
59872 Meschede
Tel. 0291 / 9022443
Fax 0291 / 9022453
tag-meschede@gv.bestwig.de
www.meschede.de

Es ist sinnvoll, den Weg in wanderbare Tagesabschnitte zu gliedern

Tour 1

Freienohl – „Stimm Stamm" – Eversberg
Länge: ca. 20 km
Wanderzeit: ca. 5 Stunden
Einkehr: möglich
Sehenswürdigkeiten:
Küppelturm in Freienohl (1)
1932 erbaut, 124 Stufen führen auf den 25 Meter hohen Turm auf dem Küppel, als höchste Erhebung (420 m) bietet er eine atemberaubende Aussicht.
Eversberg (2)
Mit seinem alten Rathaus und dem Heimatmuseum im Historischen Ortskern.

Tour 2

Eversberg – Vogelsang – Vellinghausen – Erflinghausen
Länge: ca. 20 km
Wanderzeit: ca. 5 Stunden
Einkehr: möglich
Sehenswürdigkeiten:
Waldkapelle „Am Grenserich" (3)
Von hier aus genießt man einen wunderschönen Blick ins Ruhrtal, auf die Stadt Meschede und auch auf den Hennesee.

Tour 3

Erflinghausen – Oesterberge – Wenholthausen – Grevenstein
Länge: ca. 18 km
Wanderzeit: ca. 4,5 Stunden
Einkehr: möglich
Sehenswürdigkeiten:
Wenholthausen (4)
Mit Kurpark und Wildgehege.
Grevenstein (5)
Sitz der Veltins-Brauerei, die eine aufschlussreiche Brauerei-Tour anbietet.

Tour 4

Grevenstein – Berge – „Am Halloh" – Freienohl
Länge: ca. 18 km
Wanderzeit: ca. 4,5 Stunden
Einkehr: möglich
Sehenswürdigkeiten:
Kapelle „Am Rechenberg" (6)
Auf 309 Meter Höhe fasziniert der Blick auf den Ortsteil Berge im Wennetal.
Kapelle an der Wanderwege-Kreuzung „Am Halloh" (7)
Flurkapelle des Kirchspiels Calle mit großer kulturgeschichtlicher und religiöser Bedeutung.

ERLEBNISTOUREN – WEITERE HIGHLIGHTS

Radwandern/Inline-Skating – Entspanntes Touren rund um den Sorpesee

Länge: ca. 20 Kilometer
Schwierigkeit: einfach
Dauer: 3 Stunden
Einkehr: möglich

Eine Rad- oder Inlinetour um den Sorpesee ist vor allem für Familien und diejenigen empfehlenswert, die einfach nur die Landschaft genießen wollen. Ohne Steigungen oder sonstige große Hindernisse lassen sich die rund 20 Kilometer rund um einen der schönsten Seen des Landes genussvoll bewältigen.

Ein möglicher Startpunkt ist der Ort Amecke an der Südspitze der Talsperre. Von hier aus fährt man gemächlich auf dem westlichen Uferweg ca. 10 Kilometer auf einem autofreien, asphaltierten Uferrandweg, entlang der schönen Buchten bis zur Staumauer. Möglichkeiten zur Rast – ob zum Eisessen oder zu einem stärkenden Mittagsmenü – bieten sich in Langscheid.

Während die Inlineskater den asphaltierten Weg nehmen, geht es für die Radfahrer zurück auf der Ostseite des Sees.

Informationen
www.radfahrn-mit-genuss.de

Radwandern – Vom schiefen Turm zum Sorpesee

Länge: ca. 20 Kilometer
Schwierigkeit: einfach bis mittelschwer
Dauer: 4 Stunden
Einkehr: möglich

Eine leichte bis mittelschwere Rundfahrt auf dem Rad bietet die Tour von Stockum an den Sorpesee und zurück. Ausgangspunkt ist der schiefe Kirchturm der kath. Pfarrkirche aus dem 11. Jahrhundert (sehenswert: das romanische Kreuz und der romanische Taufstein aus dem 12. Jahrhundert).
Über Dörnholthausen geht es Richtung Endorf und am Bönkhauser Bach vorbei zum Seidfelder Segelflugplatz, begleitet von Wiesen und Feldern. Der bald in Sicht kommende Sorpesee bei Amecke hält alle Möglichkeiten zur Einkehr, zum Baden oder zu sonstigem Wassersport bereit – hier können Sie den Tag genießen.

Die Rückfahrt führt am Golfplatz vorbei nach Allendorf und von dort durch die Felder wieder nach Stockum.

Informationen
www.radfahrn-mit-genuss.de

Mountainbiking – Auf ins Skigebiet Wildewiese

Startpunkt: Hagen
Länge: 16 Kilometer
Schwierigkeit: mittel
Dauer: 2 Stunden
Einkehr: möglich

Wenn man unterwegs ist zu einem Örtchen, wo sich im Winter Rodler, Skifahrer und Snowboader treffen, heißt das: Höhenmeter machen! Doch genau darum geht es ja für Mountainbiker. Also, auf geht's in Hagen an der Sorpe über asphaltierte Strecken durch das obere Sorpetal, vorbei an Wiesenlandschaften und dunklen Tannenwäldern.

Etappenziel ist das Örtchen mit dem schönen Namen Wildewiese, wo es genügend Möglichkeiten zur Stärkung gibt. Denn vor der abschließenden Talfahrt wartet noch die Steigung auf den 648 Meter hohen Schomberg, wo eine grandiose Aussicht – bei schönem Wetter kann man bis ins Ruhrgebiet schauen – für die Anstrengungen entschädigt.

Informationen
www.radfahrn-mit-genuss.de

Skifahren und Snowboarden – Den Schomberg hinab

Das einst selbständige Bergdorf Wildewiese an der Sorpequelle ist ein ideales Wander- und Skigebiet ohne Durchgangsverkehr. Es liegt auf der Höhe zum Kreis Olpe mit herrlichem Blick über Lenne- und Sorpetal.

Im Winter ist Wildewiese Treffpunkt für Wintersportler. Am 648 m hohen Schomberg stehen den Abfahrern fünf Skilifte, mehrere Abfahrten bis 1 200 m, ein Flutlichthang und eine Skischule zur Verfügung.

Der Langläufer kann sich auf ca. 50 km gespurte Loipen freuen, die über den Höhenzug der Homert bis in das Gebiet um Röhrenspring führen.

Informationen
DSV Skischule Sundern Wildewiese
59846 Sundern-Wildewiese (Sauerland)
Info Telefon (AB): 02933 / 830442
Hotline (Freitags – in der Wintersaison – 16–19 Uhr): 0175 / 7724072
info@skischule-wildewiese.de
www.skischule-wildewiese.de

Service für Wintersportler
Der Schneelagebericht ist rund um die Uhr unter www.wildewiese.de oder telefonisch unter den Rufnummern 02395 / 438 und 02395 / 1042 abfragbar.

Planwagen- und Kutschfahrten

Einen romantischen Trip durch die Bergwelt des Sauerlands macht der Landgasthof Steinberg in Wildewiese möglich. Die hier angebotenen Planwagen- oder Kutschfahrten lassen die Landschaft auf ganz besondere Art und Weise an Ihnen vorüberziehen. Die Planwagen gibt es in verschiedenen Größen für neun, zwölf oder bis zu 23 Personen, wobei die beiden kleineren von Pferden gezogen werden, der größte hinter einen Trecker gespannt ist. Für diese Fahrten braucht man übrigens kein Kaiserwetter – die Wagen sind allesamt wind- und wetterfest, und bei kühlerer Witterung wird ein wärmender Punsch angeboten. Kosten pro Wagen pro Stunde: 40 Euro.

Einen ganz besonderen Charme hat sicherlich die Fahrt in einer offenen Kutsche, in der bis zu sechs Personen Platz finden. Als besonderes Bonbon wird zusätzlich ein Picknick im Wald angeboten, wo ein guter Eintopf oder eine Waldkaffeetafel auf Sie wartet.

Auch andere Landgasthöfe bieten Planwagen- und Kutschfahrten an. Informieren Sie sich vor Ort.

Informationen

Landgasthof Steinberg
Pension – Cafe – Restaurant
Wildwiese 1
59846 Sundern/Sauerland
Tel. 02395 / 754
Fax 02395 / 160453
info@landgasthof-steinberg.de
www.landgasthof-steinberg.de

FREIZEIT & ERHOLUNG

Haus des Gastes

Ein Wohlfühlort mit Schwimmbad, Sauna, Solarium, Caféteria und Massagepraxis. Für Entspannung sorgt insbesondere die attraktive Saunalandschaft mit Finnischer Sauna, Kräuterdampfbad, Blockbohlensauna, Lichttherapie und Ruheraum.

Informationen
Hakenbrinkweg 19
59846 Sundern-Langscheid
Tel. 02935 / 9699015
Öffnungszeiten
Di 10–13 u. 15–22 Uhr
Bad & Damensauna,
Mi 10–17 Uhr Bad & Sauna,
17–22 nur Sauna,
Do 15–22 Uhr Bad und Herrensauna,
Fr 10–13 u. 15–22 Uhr Bad & Sauna, Sa
10–16 Uhr Bad & Sauna,
So 8–16 Uhr Bad & Sauna

Freizeitbad Amecke

Der Badespaß für Jung und Alt – mit Mehrzweckbecken inklusive Wasserrutsche, großem Schwimmerbecken und Babybecken, einer 16 000 qm großen Liegewiese und einem Beachvolleyballfeld.

Informationen
59846 Sundern Amecke
Tel. 02393 / 555
Öffnungszeiten
10–19 Uhr (außerhalb der Ferien),
9–19 Uhr (in den Sommerferien)

Strandbad Langscheid

Naturnah baden, das kann man besonders im Strandbad Langscheid am und im Sorpesee genießen. Die Gewässerqualität bekam 2002 die Note „Sehr gut" vom Umwelt- und Naturschutzministerium des Landes NRW. Von der großen Liegewiese oder der Terrasse des Strandcafés aus lockt ein toller Ausblick auf den See, den man auch per Tretboot erkunden kann.

Informationen
59846 Sundern-Langscheid
Tel. 02935 / 583
Öffnungszeiten
10–18 Uhr (außerhalb der Ferien),
9–19 Uhr (in den Sommerferien)

LEIB & SEELE

Kartoffelwelten

Dieser Hof ist wahrlich einen Besuch wert, und das nicht nur für den Einkauf von Naturprodukten. 350 m hoch auf einer weiten Ebene zwischen Neuenrade und Balve gelegen, war dieses Gut bereits im 13. Jahrhundert ein stattlicher Rittersitz. Anfang des 19. Jahrhunderts ging er vom preußischen Staat in den Besitz der Familie Gödde über.

Mit 130 ha Acker- und Forstfläche ist der Gutshof Benkamp heute ein bedeutender landwirtschaftlicher Betrieb in dieser Region. Selbstverständlich gibt es im Hofladen alle Produkte rund um einen Bauernhof zu kaufen. Im Mittelpunkt aber steht die Kartoffel – ob Leyla, Granola, Astoria, die große Cilena oder die Königin Linda – und das auch kulturgeschichtlich. Denn die Göddes halten auf ihrem Hof Knollenseminare für Kindergruppen ab, feiern alljährlich im Oktober ein viel beachtetes Knollenfest, bei dem so gut wie alle nur denkbaren Kartoffelvariationen auf den Tisch und die Mägen neugieriger und hungriger Besucher kommen. Wem das noch nicht genug ist, der kann beim „Ernteerlebnis mit Kartoffelfeuer" für seinen Bedarf die Kartoffeln selbst ernten.

Der Gutshof, zu dem auch zahlreiche Tiere wie Schweine, Pferde, Ponys, Schafe gehören, bietet darüber hinaus zahlreiche Erlebnisangebote rund um den Bauernhof und vermietet ein rustikales Ferienhaus mit Kaminofen.

Informationen

Gutshof Benkamp
Clemens und Maria Gödde
Benkamp 2, 58802 Balve
Tel. 02375 / 2234
Fax 02375 / 809768
gutshof-benkamp@web.de
www.agrotourismus.de

Erdbeeren über alles

Erdbeeren pflücken – für Städter ist das immer noch etwas Besonderes. Mitunter zwar mühsam, aber hinterher eine wahre Köstlichkeit. Vor allem beim Bauer Fabry, dessen Erdbeerfelder zur Erntezeit zum Eldorado der Früchtefans werden. Und in seinem Hofladen gibt es weitere Köstlichkeiten: Erdbeerlikör, Erdbeersaft und Erdbeerkonfitüre nach „Omas Rezepten". Das Erdbeerfeld ist während der Ernte von 8 Uhr bis 19 Uhr durchgehend, auch sonntags geöffnet.

Informationen

Bauer Fabry
Huxenweg 12, 59846 Sundern-Endorf
Tel. 02933 / 1581
Fax 02933 / 846649
BauerFabry@web.de
www.erdbeeren-fabry.de

Blumen und Kürbisse

Urlaub auf dem Hof machen und dabei die Natur genießen, einschließlich ihrer Produkte – das ist möglich auf dem Hof Eickhoff. Zum Selberpflücken werden Blumen und Kürbisse angeboten. Selbsterzeugtes Obst und Gemüse oder frische Milch findet man im Hofladen. Das Leben auf dem Bauernhof, der auch Forstwirtschaft und Viehhaltung (Milchkühe mit Nachzucht) betreibt, aus nächster Nähe und vor allem kinderfreundlich erleben kann man am Besten, wenn man sich gleich für die Ferien einmietet. Als Urlaubsdomizil dient ein finnisches Blockhaus.

Informationen

Hof Eickhoff
Im Dornbruch 4
59846 Sundern-Meinkenbracht
Tel. 02934 / 1095
Fax 02934 / 961554

Präsentkörbe

Der landwirtschaftliche Vollerwerbsbetrieb betreibt Milchviehhaltung, Forstwirtschaft und Direktvermarktung. Hier gibt es Gemüse aus biologischem Anbau – Demeter Qualität, daneben ganzjährig Kartoffeln, Eier, Konfitüren, Gemüse aus der Region. Eine Spezialität und gutes Mitbringsel für Zuhause sind die individuell zusammengestellten Präsentkörbe.

Informationen

Hofladen Greitemann
Seidfelder Str. 1
59846 Sundern-Seidfeld
Tel. 02933 / 2989
Handy 0170 / 4509600
Fax 02933 / 780947
hof-greitemann-seidfeld@t-online.de

Die genannten Anbieter stellen nur eine Auswahl dar aus einem großen Angebot weiterer Naturkostbetriebe. Informationen: www.naturpark-homert.de

Lage in Nordrhein-Westfalen

Erlebnistouren

Tour 1: Naturerlebnisgebiet Krickenbecker Seen
Tour 2: Paddeln auf der Niers
Tour 3: „Natur–Mensch–Technik"

Sehenswürdigkeiten

1. Naturparkzentrum Haus Püllen
2. Niederrheinisches Freilichtmuseum
3. Naturerlebnisgebiet Krickenbecker Seen
4. Infozentrum Krickenbecker Seen, Nettetal-Hombergen
5. Landschaftshof Baerlo, Netteltal
6. Naturschutzhof am De Wittsee
7. Naturerlebnisgebiet Holtmühle-Galgenvenn
8. Naturpark Informationstelle Burg Brüggen
9. Jagd- und Naturkundemuseum, Brüggen
10. Naturerlebnisgebiet Elmpter Schwalmbruch
11. Naturparkzentrum Wildenrath
12. Flachsmuseum, Wegberg-Beek
13. NABU-Naturschutzstation Euregio-Naturpunkt, Wildenrath
14. Wasserschloss und Wassermühle Tüschenbroich

Naturpark Maas-Schwalm-Nette

Dass der Naturpark nach den Namen von drei Flüssen benannt ist, hat seinen Grund. Denn die Lebenswelt Wasser spielt hier eine bedeutende Rolle. Eigentlich könnte das 870 Quadratkilometer große Gebiet entlang der deutsch-niederländischen Grenze auch Fünfstromland heißen, schließlich wird es westlich begrenzt von der Maas und durchzogen von der Flüssen Niers, Nette, Schwalm und Rur sowie deren Nebengewässer. Dazu kommen Sümpfe und Moore, Flussniederungen und Seen, letztere vor allem an der Nette.

Und noch eine Besonderheit sticht gleich hervor: Der Naturpark Maas-Schwalm-Nette ist ein internationaler, grenzüberschreitender, deutsch-niederländischer Zweckverband. Der deutsche Teil Schwalm-Nette wurde 1965 als Zweckverband gegründet und umfasst Teile der Kreise Kleve, Viersen und Heinsberg sowie der Stadt Mönchengladbach. Seit 1976 ist er Bestandteil des „bilateralen“ Naturparks Maas-Schwalm-Nette, der auch flächenmäßig zu exakt gleichen Teilen auf beide Länder aufgeteilt ist. Entsprechend groß ist der Einzugsbereich des Naturparks als regional bedeutsames Nah- und Wochenenderholungsgebiet, der sowohl das Ruhrgebiet und den Niederrhein als auch weite Teile der benachbarten Niederlande umfasst.

Heide >

Feuchte Auen und trockene Heiden

Die Natur indessen kennt keine Ländergrenzen. Unberührt von sprachlichen und kulturellen Verschiedenheiten der Menschen zeigt sie ihre eigenen Varianten. Geprägt wird sie durch Flusslandschaften mit ausgedehnten Bruchwäldern, Feuchtwiesen und Überschwemmungsflächen, wie sie in den Auenbereichen der Flüsse Maas, Schwalm, Nette und Niers noch gebietsweise existieren. Im Kontrast dazu stehen nährstoffarme Heidegebiete auf höher gelegenen, trockenen Sandböden, wie sie insbesondere im Grenzwald entlang der deutsch-niederländischen Grenze zu finden sind. Die Heiden sind in früheren Zeiten durch Rodungen und anschließende Nutzung als Vieh- und Schafweide entstanden. Heute müssen sie durch landschaftspflegerische Maßnahmen vor der Verbuschung geschützt werden. Weitere Akzente setzen auch die landwirtschaftlich genutzten Grünlandflächen, die Getreide-, Gemüse- und Spargelfelder sowie die Rüben- und Kartoffeläcker.

Sequoia Farm Nettetal
Zu bestaunen gibt es hier 600 verschiedene Gehölz- und Baumarten. Eine Besonderheit stellen die in den 1950er Jahren, angepflanzten Sequoien (Mammutbäume) dar. Die zu den ältesten und höchsten Bäumen der Erde gehörenden Sequoien haben heute bereits eine Höhe von fast 40 Metern erreicht.
Informationen
Buschstraße (gegenüber des Geohydrologischen Wassergartens)
41334 Nettetal-Kaldenkirchen
Tel. 02157 / 1205-0
(Stadtwerke Verbund)
Besichtigung und Führung nach Absprache

Typisch für den Niederrhein: Kopfweiden im Auengebiet >

Der Naturpark Maas-Schwalm-Nette präsentiert sich sowohl als attraktiver Natur-Erlebnisraum für Menschen wie auch als ökologisch bedeutender Landschaftsraum. An beiden Seiten der Grenze liegen fast 10.000 Hektar Naturschutzgebiete und Vogelschutzgebiete, die sich dem Besucher über ein dichtes Netz ausgewiesener Wanderwege und durch zahlreiche gut geführte Radwanderrouten erschließen. Eine dominierende Rolle spielt das „Wasserparadies", das einerseits zum Wassersport einlädt, dessen Uferlandschaften andererseits wichtige Refugien für viele seltene Tier- und Pflanzenarten bieten. So finden sich entlang der Flüsse und Bäche noch großflächige Feuchtgebiete mit sehr großer naturschutzfachlicher Bedeutung. Sie stellen einen wichtigen Rückzugsraum für seltene Amphibien- und Vogelarten dar.

Im Bereich der feuchten Flusstäler und Seen, die zumeist durch Torfstich oder Auskiesung entstanden sind und insbesondere im Fließgebiet der Nette und Schwalm vorkommen, erstrecken sich artenreiche Erlenbruchwälder, die Sumpfdotterblume, Schlangenwurz und Schaumkraut gedeihen lassen. Das Naturschutzgebiet „Krickenbecker Seen" beherbergt die bedeutendste Graureiherkolonie am Niederrhein.

Vegetation im Erlenbruchwald: Schwertlilie, Sumpfdotterblume, Seerose

Beliebt bei Wassersportlern: Die Seenlandschaft des Naturparks

Aktiv in der Natur

Geohydrologischer Garten
Die Entstehung des Landschaftsraumes am linken Niederrhein, der Weg des Wassers von der Quelle bis zur Mündung durch eine typisch niederrheinische Pflanzen- und Tiergesellschaft – hier werden Entstehung, Bedingungen und Probleme der natürlichen Lebensräume anschaulich präsentiert. Der Eintritt ist frei.
Informationen
Buschstraße 98
41334 Nettetal-Kaldenkirchen
Tel. 02153 / 9588-0

So kontrastreich wie die Landschaften des Naturparks Maas-Schwalm-Nette, so vielfältig sind auch die Erlebnismöglichkeiten für sportlich Aktive und Kulturinteressierte. Die topografischen Begebenheiten sind ideal für Radwandertouren, die mit Hilfe eines sehr gut ausgeschilderten Radwegesystems kreuz und quer durch den gesamten Naturpark, also auch grenzüberschreitend, unternommen werden können. Hinzu kommen die zum Teil durch den Park führenden großen touristische Routen wie z. B. die „Nieder-Rheinroute", die „2 Länder-Route", die „Herrensitzroute" oder die „Euroga-Route/Fietsallee". Abwechslung verspricht dabei nicht nur die vielseitige Naturlandschaft, sondern auch die Tatsache, dass bei den jeweiligen Streckenführungen auch die historischen Ortskerne und sonstigen Sehenswürdigkeiten mit einbezogen wurden.

Einer besonders großen Beliebtheit erfreut sich, wie sollte es auch anders sein, der Wassersport. Die vielseitige Fluss- und Seenlandschaft bietet alle Möglichkeiten zum Baden, Angeln oder für Boots-, Kanu- und

Kajaktouren. Baden lässt sich auf deutscher Seite im Hinsbecker Bruch, im Hariksee, im Effelder Waldsee und in der Freizeitanlage Wankumer Heidesee, während mit den „Maasplassen" (Maas-Seen) in der Region Limburg südwestlich von Roermond das größte zusammenhängende Wassersportgebiet der Niederlande wartet.

Eine besonders schöne Art, sich aktiv in der Natur zu bewegen, ist eine Paddeltour auf der Niers. Weitab vom Großstadtlärm und ganz ohne Hektik kann man hier den Niederrhein von seiner reizvollsten Seite an sich vorbeiziehen lassen (s. Erlebnistouren).

Komplettiert wird das große Sport- und Freizeitangebot durch Golfplätze in Hinsbeck, Wassenberg, Wegberg und Herkenbosch, die Segel- und Motorfluganlage „Niers-horst" in Grefrath, Reitanlagen und – nicht ganz so naturnah, aber auf jeden Fall ein Muss für Aktive – das Eissportzentrum Grefrath, das in der Halle, auf der überdachten Außenfläche und auf der Freiluftbahn insgesamt über 8 000 Quadratmeter Eisfläche bietet und darüber hinaus große Musikkonzerte veranstaltet.

Narrenmühle

Die 1809 erbaute Bockwindmühle hat mehrere Leben: Nach der Stilllegung 1906 wurde sie zunächst 1912 zum Heimatmuseum umgebaut, bevor nach dem Zweiten Weltkrieg das Narrenmuseum hier einzog.

Informationen

Waldnieler Straße
41751 Viersen-Dülken
Tel. 02162 / 24505
Besichtigung und Führungen nach Absprache

Segelrevier auf dem De Wittsee

Weinstraße in Wachtendonk

Kleinstaaterei und Napoleons Kanal

Dass es innerhalb des Naturparks Maas-Schwalm-Nette eine große Anzahl an Kulturgütern gibt, hat ebenfalls mit Wasserwegen zu tun. So war für die Entstehung der Stadt Brüggen entscheidend, dass hier die Kreuzung von zwei Handelswegen zwischen Rhein und Maas lag, und zusätzlich die einzige passierbare Furt durch die Schwalm. Wie wichtig die Maas als Transportroute genommen wurde, dokumentiert auch der Plan Napoleons, einen Kanal zwischen Maas und Rhein zu errichten, der über andere Kanäle die Schelde von Antwerpen erreichen und so die noch nicht unterworfenen Niederlande vom Rheinhandel abschneiden sollte. Mit dem Bau des künstlichen Wasserbetts wurde 1808 begonnen, fertig gestellt wurde er nie. Noch heute kann man das Kanalbett zwischen Louisenburg und dem Glabbacher Bruch deutlich erkennen. Eine Fahrradroute, die „Fietsallee" beschreibt heute den geplanten Gesamtverlauf (s. Erlebnistouren).

Das Gebiet von Schwalm und Nette war nach römischer Besetzung und fränkischer Landnahme (Mitte 5. Jahrhundert) seit dem Mittelalter von Kleinstaaterei beherrscht. Ein gutes Beispiel dafür ist die Stadt Wegberg, die bis 1816 zweigeteilt war: Die Burg gehörte zum Herzogtum Geldern, die Stadt zum Herzogtum Jülich – beide Herzogtümer dominierten die Gegend bis Ende des 18. Jahrhunderts. Wer durch die alten, zum Teil sehr gut erhaltenen Ortskerne streift oder die vielen Burgen, Schlösser und Mühlen der Region besucht, spürt den Hauch der Geschichte. Sehenswert sind die Ortskerne von Brüggen, Wegberg-Beeck und vor allem Wachtendonk, das ein fast museales Bild einer Kleinstadt vergangener Jahrhunderte zeichnet.

Schlösser, Ölmühlen und ein Freilichtmuseum

Beredte Zeugen der Vergangenheit sind auch die 1289 erstmals urkundlich erwähnte Burg Brüggen, der mittelalterliche Rittersitz Ingenhoven in Lobberich, die Dorenburg in Grefrath, deren Geschichte bis auf das Jahr 1326 zurückverfolgt werden kann, die auf einer Motte aufgebaute Burg Wassenberg, das Wasserschloss Wegberg und das imposante, dreiflügelige Wasserschloss Krickenbeck inmitten der Krickenbecker Seenplatte, das ursprünglich um die Mitte des 13. Jahrhunderts errichtet und nach einem Brand im Stil der Neorenaissance Anfang des 20. Jahrhunderts neugestaltet wurde.

Ebenfalls ein bedeutendes Baudenkmal ist das Kreuzherrenkloster in Brüggen aus dem 15. Jahrhundert, dessen heutiges spätbarockes Gesicht aus dem 18. Jahrhundert stammt.

Stammenmühle in Nettetal

Wasserschloss Krickenbeck

< *Burg Brüggen*

Einen anderen Einstieg in die Historie gibt die vielseitige Museumslandschaft des Naturparks. In Brüggen lockt das Jagd- und Naturkundemuseum, während das Flachsmuseum in Wegberg die Bedeutung der Kulturpflanze als Ölfrucht, Heilpflanze und als Rohmaterial für echtes Leinen aufzeigt. Thematisch fügt sich nahtlos das Textilmuseum „Die Scheune" an, das sich der Entwicklungsgeschichte der niederrheinischen Textilmanufaktur widmet und allerhand Zeugnisse vorführt: Rohstoffe, Arbeitsgeräte, Werkzeuge, Gewebe, Bilder und Bücher ebenso wie funktionierende Spinngeräte und Handwebstühle. Das Leben und Arbeiten am Niederrhein in vortechnisierter Zeit an sich dokumentiert das Niederrheinische Freilichtmuseum. Untergebracht in der Grefrather Dorenburg, erzählt es sinnenreich sowohl vom ländlichen Alltag als auch von der bürgerlichen und adligen Wohnkultur.

Unverzichtbarer Bestandteil des Kulturangebots im Naturpark Maas-Schwalm-Nette sind die zahlreichen Mühlen, in denen sowohl Getreide gemahlen als auch Öl aus dem Samen der Flachspflanze, dem Leinsamen, gepresst wurde. Die Region zeichnete sich, vom Mittelalter bis ins 19. Jahrhundert hinein, als großes Flachsanbaugebiet für die Textilindustrie aus. Viele dieser Mühlen sind heute noch als Baudenkmäler zu bewundern und dienen zum Teil gastronomischen Zwecken. Die älteste Wassermühle entlang der Schwalm ist die Mühlrather Mühle (1447 erstmals erwähnt) am Nordufer des Hariksees – der Legende nach soll hier einmal Napoleon Bonaparte übernachtet haben. Zu den sehenswerten Mühlen gehören die Tüschenbroicher Mühle in Wegberg, die Brüggener Mühle und Borner Mühle in Brüggen sowie die Leuther Mühle und die Stammenmühle in Nettetal. Herauszuheben sind auch die Gitstappermolen in Vlodrop und die Schrofmühle zwischen Wegberg und Rickelrath, in denen das alte Müllerhandwerk, nach Absprache, demonstriert wird.

INFORMATIONEN

Naturpark Schwalm-Nette
Willy-Brandt-Ring 15
41747 Viersen
Tel. 02162 / 81709-408
Fax 02162 / 81709-424
info@naturparkschwalm-nette.de
www.naturparkschwalm-nette.de

Zweckverband
Deutsch-Niederländischer
Naturpark Maas-Schwalm-Nette
Postbus 1006
NL-6040 KA Roermond
Tel. +31 / 475 / 386491
Fax +31 / 475 / 386499
info@naturpark-msn.de
www.naturpark-msn.de

NATURPARKINFORMATIONS-STELLE BURG BRÜGGEN

Den Mittelpunkt der Ausstellung bilden typische Ausschnitte der Naturparklandschaft. Sie sind als Dioramen, also als vereinfachte, nachgebaute Ausschnitte der Natur, realisiert, um die typische Natur und Landschaft des Naturparks Schwalm-Nette einem breiten Publikum zugänglich zu machen. Daneben informieren Schautafeln über Freizeit und Erholung, Naturschutz und den Naturpark selbst. Weiterführende Informationen können Interessierte über Touch-Screen-Technik im Computer abrufen. Angebote: Karten- und Informationsmaterial, Computerinformationsstand, Luftbildkarten, Dioramen, Ökosäule, Text-Fototafeln zu Geologie, Biologie und Ökologie.

Informationen
Naturparkinformationsstelle
Burg Brüggen
Burgwall 4, 41379 Brüggen
Tel. 02163 / 5270, Fax 02163 / 578404
info@naturparkschwalm-nette.de
www.naturparkschwalm-nette.de
Öffnungszeiten
Jan. bis Dez.: Di–So 10–17 Uhr,
Mo geschlossen.

NATURPARKZENTRUM WACHTENDONK HAUS PÜLLEN

Mitten im historischen Ortskern von Wachtendonk befindet sich im Haus Püllen, einem der ältesten Baudenkmäler des Ortes aus dem Jahre 1634, seit 1997 das zweite Naturparkzentrum des Naturparks Schwalm-Nette mit einem umfassenden Informations-, Bildungs- und Ausstellungsangebot für Besucher.
Informationen
Naturparkzentrum Wachtendonk
Haus Püllen
Feldstr. 35, 47669 Wachtendonk
Tel. 02836 / 919900
Fax 02836 / 919901
wachtendonk@naturparkschwalm-nette.de
www.naturparkschwalm-nette.de
Öffnungszeiten
Jan. bis Dez.:
Di–So 9–12.30
und 13–17 Uhr,
Mo geschlossen.

Haus Püllen

Bionik-Ausstellung im ListZentrum

NATURPARKZENTRUM WILDENRATH IM LISTZENTRUM

Umfangreiche Informationen über den Naturpark sowie ein breites Angebot an Kartenmaterial zum Verkauf steht hier bereit. In Anlehnung an den besonderen Standort – die Nähe zum Siemens-Bahnkompetenzzentrum – zeigt der Naturpark die vom Mannheimer Landesmuseum für Technik und Arbeit entwickelte Ausstellung „BIONIK – Zukunftstechnik lernt von der Natur". Anhand anschaulicher Exponate und Texttafeln sowie sehr informativer Kurzfilme zeigt die Ausstellung, wie sich Problemlösungen in der Technik an den „Erfindungen der Natur" orientieren können. Die Ausstellung bietet eine Fülle von Themen aus Natur und Technik und verdeutlicht das große Potenzial der Bionik für technische Innovationen. Was können wir von den Pinguinen und den Haien lernen? Wie funktioniert der Lotus-Effekt? Wie lassen sich Wachstumsstrategien der Bäume in die Technik übertragen? Diese und weitere spannende Fragen werden in der Ausstellung beantwortet.

Informationen
Naturparkzentrum Wildenrath
im ListZentrum
Friedrich-List-Allee 11
41844 Wegberg-Wildenrath
Tel. 02432 / 902620
Fax 02432 / 902617
wildenrath@naturparkschwalm-nette.de
www.naturparkschwalm-nette.de
Öffnungszeiten
Vom 01.04.–31.10. jeweils Di–So
9–17 Uhr, Mo geschlossen.
Vom 01.11.–31.03. jeweils Di–So
10–16 Uhr, Mo geschlossen.
Eintritt frei, Schulklassen- und andere Gruppenführungen nach Voranmeldung.

INFORMATIONEN ZU UNTERKÜNFTEN UND TOUREN

Niederrhein Tourismus GmbH
Willy-Brandt-Ring 13
41747 Viersen
Tel. 02162 / 817903
Fax 02162 / 8179180
info@niederrhein-tourismus.de
www.niederrhein-tourismus.de

Heinsberger Tourist-Service e. V.
Valkenburger Str. 45
52525 Heinsberg
Tel. 02452 / 13-1415
Fax 02452 / 13-1419
info@hts-info.de
www.hts-info.de

Naturpark
Schwalm-Nette

ERLEBNISTOUREN – WANDERN

Lage der Tour

TOP-TOUR

Naturerlebnisgebiet Krickenbecker Seen

Längen:

- **Brauner Weg:** 4,2 Kilometer
- **Grüner Weg:** 7,3 Kilometer
- **Gelbbrauner Weg:** 3,8 Kilometer
- **Gelber Weg:** 3,7 Kilometer
- **Weißer Weg:** 6,6 Kilometer
- **Blauer Weg:** 10,2 Kilometer

Dauer: variabel
Schwierigkeit: einfach
Einkehr: möglich

Den Naturraum an den Krickenbecker Seen zu durchstreifen, heißt vielseitige Landschaftsformen zu genießen. Seen, Bruchgebiete, Wälder, Felder und Wiesen wechseln einander ab, und mit der Hinsbecker Höhe gibt es sogar einen leichten Anstieg.

Die Tour besteht aus insgesamt sechs verschiedenen Rundwegen von unterschiedlicher Länge, die je nach Lust, Laune und Kondition miteinander verknüpft werden können.

Brauner Weg:
Vom Parkplatz an der Straße bei Müllem geht es direkt ins Durchbruchgebiet der Nette. Zu Anfang des 19. Jahrhunderts plante hier Napoleon den berühmten Nordkanal, der zwar nie fertig gestellt werden sollte, dessen geplanter Verlauf jedoch über mehrere Kilometer bis zur Schleuse Louisenburg in Straelen nachvollzogen werden kann.

Im weiteren Verlauf des Rundweges stößt man auf die Trasse einer alten römischen Heerstraße, die vermutlich als Hauptstraße nach Xanten verlief.

Grüner Weg:
Vom Informationszentrum der Biologischen Station aus wird es erst mal vornehm: Auf einem von Eichen und Schwarzerlen gesäumten Allee-Damm führt der Weg zwischen den Seen des Hinsbecker und des Glabbacher Bruchs zu Schloss Krickenbeck, das heute der Westdeutschen Landesbank als Ausbildungszentrum dient und deshalb leider nicht zugänglich ist.

Weiter geht es vorbei am Schrolik- und um den Poelvensee, ein Stück am Nordkanal entlang bis zur Flootsmühle, die erstmals 1498 in einer Stiftungsurkunde erwähnt wurde. Hier werden Nette und Renne überquert, bevor es über die alte Römerstraße zurück zum Ausgangspunkt geht.

Gelbbrauner Weg:
Vom Strandbad geht es rund um den De Wittsee. Sehenswert sind die Röhrrichtflächen am Nordufer sowie ein Rotbuchen-Waldgebiet, das NABU-Naturschutzhof-Nettetal „Stemmeshof" und Kopfweidenreihen am östlichen Ufer.

Gelber Weg:
Start und Ziel dieser Tour ist das Zentrum von Hinsbeck, von wo es auf die Hinsbecker Höhe geht. Hier hat man einen wunderschönen Ausblick nach Norden auf die Buschberge mit dem davor liegenden Taleinschnitt der Nette, ostwärts auf das Tal der Niers und die Kempener Platte.

Weißer Weg:
Auch dieser Rundweg startet und endet im Zentrum von Hinsbeck. Der Weg führt zunächst zum Skulpturenpark Ginkesweide, der anlässlich zweier Bildhauersymposien eingerichtet wurde. Durch einen Buchenwald geht es zum Kieferwaldbesetzten „Taubenberg" mit Blick ins Nettetal, über die alte Römertrasse vorbei am Galgenberg, einer ehemaligen Gerichtsstätte.

Blauer Weg:
Der Ausgangspunkt ist auch gleich das erste Highlight: die Leuther Mühle, deren komplett erhaltenes Mahlwerk eine Rarität am Niederrhein ist. Es folgen die ehemalige Tüschenmühle, das Gestüt Seehof und der Wall einer ehemaligen Landwehr aus dem Mittelalter. Vorbei an Schloss Krickenbeck und dem Informationszentrum der Biologischen Station geht es bis nahe an das Erlenbruchgebiet „Sekretis", wo die größte Graureiherkolonie des Niederrheins beheimatet ist.

ERLEBNISTOUREN – KANUWANDERN

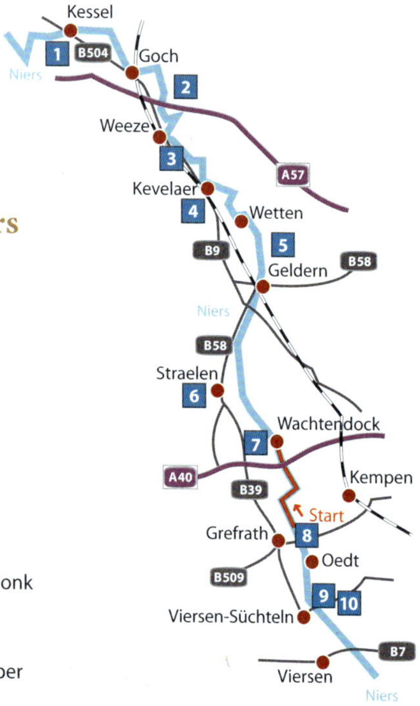

Paddeln auf der Niers

Lage der Tour

Teilstück:
Langendonker Mühle – Wachtendonk
Länge: ca. 8 Kilometer
Dauer: 2,5–3 Stunden
Paddelsaison: 1. Mai bis 31. Oktober

Die sehr gemäßigt fließende Niers führt zwar nur am nordöstlichen Rand des Naturparkgebiets vorbei, bietet jedoch als ideale Strecke für Kajaks, Kanus, Flöße und Schlauchboote eine ganz eigene und deshalb unbedingt zu empfehlende Begegnung mit der Natur.

Die Niers ist 114 Kilometer lang, entspringt in Erkelenz und verläuft bis zum niederländischen Ort Gennep, wo sie in die Maas mündet. Bei der Paddeltour zeigt sich der Niederrhein von seiner reizvollsten Seite. Die Niers mäandriert gemächlich durch Wiesen, Felder, Büsche und Wälder. Lautlos gleitend – immer mit der Strömung – geht es durch unberührte Landschaften, vorbei an historischen Ortskernen und alten Wassermühlen, Natur- und Vogelschutzgebieten, typisch niederrheinischen Auen mit ihren urwüchsigen Kopfweidenbeständen und langen Pappelreihen.

Auf dieser Fahrt gibt es auch „tierisch" viel zu entdecken: Graureiher, Stockenten, Kiebitze und Libellen – von der Wasserperspektive aus lassen sie sich ganz anders beobachten. Doch Vorsicht: Eine Verhaltensgrundregel besagt, dass man den Fahrweg unbedingt einzuhalten hat, um Rast-, Brut- und Laichplätze von Tieren nicht zu gefährden und Pflanzenbestände nicht zu zerstören.

Fahrtipp im Naturpark: Versuchen Sie die ca. acht Kilometer lange Etappe von der Langendonker Mühle (1) bis Wachtendonk (2). Die Strecke ist, je nach Kraftanstrengung, in zweieinhalb bis drei Stunden zu schaffen.

Informationen zu
Adressen von Bootsverleihen und
Anbietern geführter Touren
Niederrhein Tourismus GmbH
Heinsberger Tourist-Service e.V.

ERLEBNISTOUREN – RADWANDERN

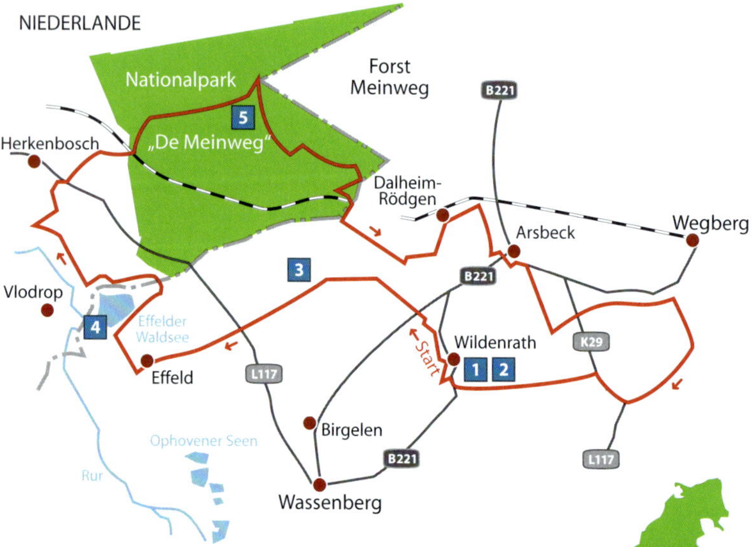

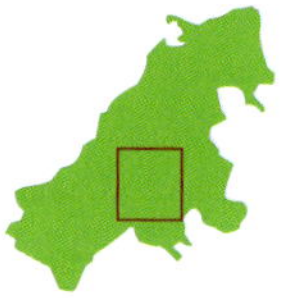

Lage der Tour

„Natur – Mensch – Technik"

Länge: 40 Kilometer
Schwierigkeit: einfach
Einkehr: möglich

Diese grenzüberschreitende Tour entwickelt eine ganz eigene Thematik, die bei der oft geübten, starren Trennung von Natur- und Kulturgebiet meist unbesehen „auf der Strecke" bleibt. Es geht um die Wechselwirkung zwischen Natur und Mensch, deren Ursachen und Folgen mal mehr und mal weniger offensichtlich sind. Meistens handelt es sich um profit- oder Standortorientierte Eingriffe des Menschen in die Natur und deren erstaunliche Art und Weise, sich ihr Terrain zurückzuerobern. Andererseits gibt es Fälle der nachhaltigen Bewirtschaftung durch den Menschen, aus der sich bestimmte Landschaftsformen erst ergeben.

Da die Tour sehr komplex ist und hier nur einige Beispiele genannt werden können, sei näher Interessierten der 2005 vom Naturpark Schwalm-Nette herausgegebene Flyer empfohlen.

Los geht es am ehemaligen Militärflugplatz Wildenrath (1), der 1992 geschlossen wurde und auf dessen Gelände sich Magerrasenflächen mit seltenen Pflanzen- und Tierarten entwickelt ha-

ben. Über das Naturparkzentrum Wildenrath im ListZentrum (2), das eine hervorragende Ausstellung zum Thema „Bionik – Zukunftstechnik lernt von der Natur“ bietet (s. Information), geht es zur Sandgrube Rosenthal (3), wo im 20. Jahrhundert zunächst feiner Sand gefördert wurde und später die Bundesbahn eine Deponie für Altschotter errichtete. Sowohl zwischen den Nutzungen als auch später in den nicht zugeschütteten Bereichen sicherte sich die Natur alleine oder mit Hilfe des Menschen durch angelegte Teiche mit wertvollen Biotopen gleich mehrfach ein Überleben. Dies gilt auch für den Effelder Waldsee (4), der durch eine Abgrabung entstand, und noch bis 1988 in Betrieb war. Heute gibt es hier nicht nur ein Freibad und Segelrevier, sondern auch ein Landschaftsschutzgebiet mit seltenen Tierarten. Auf niederländischem Gebiet führt der Weg in den seit 1995 bestehenden Nationalpark „De Meinweg“ (5). Auffällig sind hier die Heidelandschaften, die von Schafen und Pferden beweidet werden. Ohne die planmäßige Pflege durch den Menschen würden sie sich in Waldgebiete verwandeln.

LEIB & SEELE

Apfelsaft von Streuobstwiesen
Ein köstliches Erlebnis, dazu garantiert ohne Zucker und chemische Zusätze – das verspricht der naturtrübe Apfelsaft der NABU-Naturschutzstation im Haus Wildenrath und der NABU Ortsgruppe Krefeld/Viersen e.V. Die Äpfel stammen hauptsächlich von Streuobstwiesen aus dem Kreis Heinsberg und Viersen, für deren Erhalt sich der Umweltverband einsetzt. Schließlich bilden Streuobstwiesen einen wertvollen Teil der alten, niederrheinischen Kulturlandschaft. Sie sind, darüber hinaus, Lebensräume für bedrohte Tierarten wie Steinkauz, Fledermäuse, Grünspecht und Hirschkäfer und dienen als Bienenweiden.
Informationen
NABU-Naturschutzstation
Haus Wildenrath e.V.
Naturparkweg 2
41844 Wegberg
Tel. 02432 / 902740
Fax 02432 / 902739
info@nabu-naturpunkt.de
www.nabu-naturpunkt.de

Naturschutzhof Nettetal
Sassenfeld 200
41334 Nettetal-Sassenfeld
Tel. 02153 / 89374
Fax 02153 / 956386
www.nabu-krefeld-viersen.de

Spargel
Die durchlässigen Sandböden entlang der Grenze zu den Niederlanden eignen sich sehr gut zur Anzucht von Spargel. Im Naturparkgebiet sind als wichtige Anbauregionen des beliebten Wurzelgemüses zum einen Effeld, nahe der Stadt Wassenberg, im Kreis Heinsberg und zum anderen Brüggen, im Kreis Viersen und im Raum Straelen, Kreis Kleve zu nennen.

Insbesondere Feinschmecker kommen von weit her, um sich den frischen Spargel aus der Region auf der Zunge zergehen zu lassen. Viele Betriebe verkaufen den Spargel ab Hof und auf Wochenmärkten. Und natürlich kommt er auch in den Restaurants auf den Tisch. In manchen Betrieben haben Sie sogar die Möglichkeit, Spargelstechen und Aufbereitung oder das vollautomatische Spargelschälen mit zu erleben.
Informationen
Niederrhein Tourismus GmbH
(s. S. 279)

Heinsberger Tourist-Service e.V.
(s. S. 279)

Tourist Information Brüggen
Burgwall 4
41379 Brüggen
Tel. 02163 / 5270
Fax 02163 / 578404
touristinfo@brueggen.de
www.brueggen.de

Die genannten Anbieter stellen nur eine Auswahl dar aus einem großen Angebot weiterer Naturkostbetriebe. Informationen: www.naturparkschwalm-nette.de

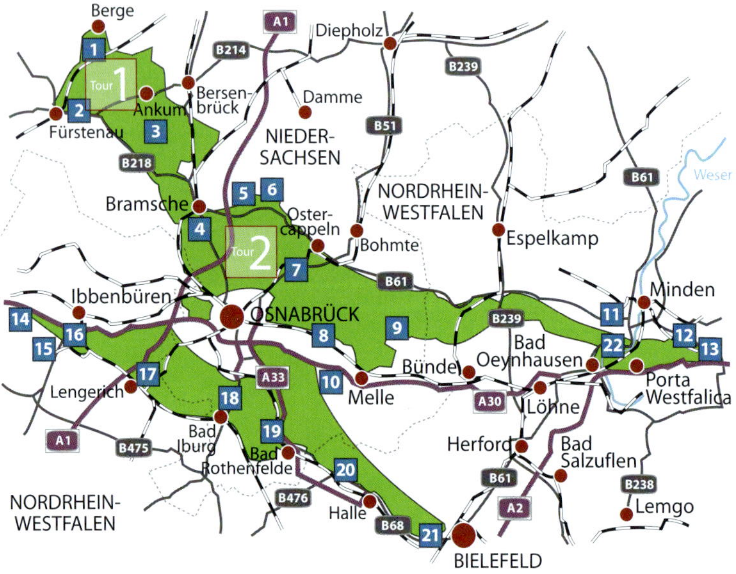

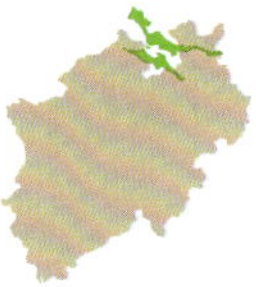

Lage in Nordrhein-Westfalen

Erlebnistouren

Tour 1: Eiszeit, Hünengräber und Steinwerke
Tour 2: DiVa-Tour (Dino-Varus)

Sehenswürdigkeiten

1. Stift Börstel
2. Schloss Fürstenau
3. Steingräber Giersfeld
4. Tuchmacher-Museum
5. Gut Barenaue
6. arch. Grabung zur Varusschlacht
7. Schwarzkreidegrube
8. Schelenburg
9. Saurierfährten
10. Bifurkation
11. Potts Freizeitpark
12. Familienrastplatz Lohfeld
13. Besucherbergwerk mit Museum
14. ehemaliges Kloster Gravenhorst
15. Dendrologischer Garten
16. Dörenther Klippen
17. Haus Marck
18. Schloss Iburg
19. Gradierwerke
20. Ravensburg
21. Tierpark Olderdissen
22. Kaiser-Wilhelm-Denkmal (Porta-Westfalica)

Naturpark TERRA.vita

Von oben betrachtet sieht der Naturpark TERRA.vita aus, als wenn dem lieben Gott das Tintenfässchen umgefallen wäre. Psychologisch betrachtet könnte man lange darüber grübeln, was uns diese Form sagen will – Mehrfachantworten möglich. Und tatsächlich eröffnet sich bei genauerer Betrachtung eine ungeheure Vielfalt an gegenwärtigen und historischen Sehenswürdigkeiten, die es einem schwer machen zu entscheiden, wo anfangen und wo aufhören.

TERRA.vita bedeutet frei übersetzt „Lebenslauf der Erde" und umfasst mit Osnabrück als geographischem Mittelpunkt zwei Bundesländer und drei Regionen. Nordrhein-Westfalen und Niedersachsen teilen sich den 1 140 Quadratkilometer großen Naturpark, der sich im Süden etwa 65 Kilometer in West-Ost-Richtung vom nordwestlichen Teil des Teutoburger Waldes bis nach Bielefeld erstreckt. Im Norden führt ein rund 155 langes Band vom Artland bei Stift Börstel über die „Ankumer Höhen", das „Wiehengebirge" bis ins Wesergebirge.

Obwohl von drei Bundesautobahnen durchzogen, steht etwa 80 Prozent der Naturparkfläche unter Landschaftsschutz. Die besonderen naturräumlichen und geologischen Verhältnisse des Naturparks, in dem 300 Millionen Jahre Erdgeschichte live erlebt werden können, sind bereits auf internationale Resonanz gestoßen.

So gehört TERRA.vita seit Oktober 2001 zusammen mit der Vulkaneifel und dem Naturpark Bergstraße-Odenwald zum Europäischen Geopark Netzwerk. Erst 2004 entstand auf Betreiben der UNESCO das Global Network of Geoparks, zu deren Gründungsmitgliedern die deutschen Geo-Naturparke gehören, zusammen mit acht chinesischen Geoparks. Die damit verbundene internationale Anerkennung ist allerdings auf fünf Jahre begrenzt und eine Fortführung erfordert vom Naturpark TERRA.vita eine permanente Verbesserung – zum Wohle der Region und ihren Besuchern und Bewohnern.

Blick ins Museum Kalkriese

Auf den Spuren von Sauriern und Römern

Zu den absolut faszinierenden Naturdenkmälern gehört alles, was mit Dinosauriern zusammenhängt, und so ist es nicht verwunderlich, dass die „Saurierfährten" bei Bad Essen-Barkhausen gerne besucht werden. Die Saurier-Nachbildungen in Originalgröße, deren Trittsiegel sich vor rund 150 Millionen Jahren in den Untergrund prägten, gehören zweifelsohne zu den „größeren" Attraktionen.

Groß war sicherlich auch die Schlacht im Teutoburger Wald 9 n. Chr., in der Arminius mit seinen Cheruskern die Römer besiegte. Bei archäologischen Ausgrabungen in der Kalkrieser Senke wurden u. a. Münzen und Überreste von Waffen und Rüstungen gefunden. Das Gelände, auf dem die Grabungen zur Varusschlacht stattgefunden haben, steht heute dem Besucher offen. Ein Museum lädt dazu ein, die Funde in Augenschein zu nehmen.

Historische Sehenswürdigkeiten

Die Besiedelung des Naturparks TERRA.vita kann wohl als dicht bezeichnet werden, was auch ein Zeichen dafür ist, dass diese Region schon immer beste landschaftliche und klimatische Voraussetzungen zur Existenzsicherung bot.

So sind über die Jahrhunderte einige kulturhistorische Kirchen, Burgen und Klöster entstanden, deren Geschichte beredtes Zeugnis vergangener Ereignisse abgeben, die bis in die heutige Zeit wirken, beispielsweise das historische Rathaus von Osnabrück, in dem 1648 der Westfälische Friede unterzeichnet wurde.

Wallburgen aus der Frankenzeit, frühmittelalterliche Burgen, adelige Familiensitze, Wind- und Wassermühlen zählen ebenso wie die oftmals aufwändig restaurierten Fachwerkhäuser aus dem 17. und 18. Jahrhundert in den historischen Ortskernen zu den besonderen Sehenswürdigkeiten, beispielsweise in Fürstenau, Bad Essen, Tecklenburg oder Bissendorf-Holte. Eine Vielzahl von Regional- und Heimatmuseen geben Auskunft über vergangene Wohn- und Lebensformen.

Den Naturpark erkunden

Im TERRA.vita findet der Erholungssuchende sanfte Hügel, romantische Landschaften, kühle Wälder und prächtige Blütenteppiche vor – ohne dabei in sportliche Extreme fallen zu müssen. Rund 2 300 Kilometer Fern- und Rundwanderwege bieten vor allem Erholung für Seele und Auge. Schutz vor den Unbillen des Wetters bieten rund 140 Rast- und Schutzhütten, und 24 „Fern-Seh-Stationen" laden zu weiten Blicken bis zum Horizont ein. Seit 2002 wurden auf den rund 200 Wanderparkplätzen neue Informationstafeln aufgestellt – verlaufen ist also so gut wie unmöglich.

Über die Gebirgskämme des Wiehen-/Wesergebirges und des Teutoburger Waldes führen Fernwanderwege, die sich in benachbarte Naturparke fortsetzen. Besonders beliebt sind der Wittekindsweg im Wiehengebirge und der Hermannsweg im Teutoburger Wald. Aber natürlich bieten auch Mühlensteig, Handels-, Ahorn-, Friesen- und Arminiusweg unterschiedlichste Möglichkeiten, die Natur zu erkunden.

Wem es auf Schusters Rappen zu langsam geht, begibt sich mit dem Drahtesel auf die im April 2004 eröffneten so genannten „TERRA.trails". Insgesamt 17 abgeschlossene Rundkurse zwischen 20 und 70 Kilometern Länge laden auf interessanten Routen zu Ausflügen ein. Die Wege verlaufen zum Teil auch jenseits asphaltierter Straßen über Wald- und Feldwege und führen den Radler zu interessanten Spuren und Stationen in den Bereichen Erdgeschichte, Bergbau und Archäologie.

Aussicht ins Münsterland

Wanderer bei der Rast auf den Dörenther Klippen bei Ibbenbüren

INFORMATIONEN

Geschäftsstelle
Naturpark TERRA.vita
Am Schölerberg 1
49082 Osnabrück
Tel. 0541 / 5014217
Fax 0541 / 5014424
info@naturpark-terravita.de
www.naturpark-terravita.de

INFORMATIONEN ZU UNTERKÜNFTEN UND TOUREN

Tourismusverband
Osnabrücker Land e. V.
Informations- und Reservierungsservice
Krahnstraße 52/53
49074 Osnabrück
Tel. 0541 / 9511195
Fax 0541 / 9511120
tv@osnabruecker-land.de
www.osnabruecker-land.de

Tecklenburger Land Tourismus e. V.
Zimmervermittlung
Markt 7
49545 Tecklenburg
Tel. 05482 / 9291-82
Fax 05482 / 9291-84
info@tecklenburger-land-tourismus.de
www.tecklenburger-land-tourismus.de

Mühlenkreis Minden-Lübbecke
Amt für Wirtschaftsförderung
und Tourismus
Portastraße 13
32423 Minden
Tel. 0571 / 807231-7
Fax 0571 / 807331-70
muehlenkreis@minden-luebbecke.de
www.muehlenkreis.de

Kreis Gütersloh
Wirtschaftsförderung
33324 Gütersloh
Tel. 05241 / 851088
Fax 05241 / 851084
wifoe@gt-net.de
www.kreis-gueterlsloh.de

Teutoburger Wald Tourismus e. V.
Jahnplatz 5
33602 Bielefeld
Tel. 0521 / 3297700
Fax 0521 / 329770-10
info@teutoburgerwald.de
www.teutoburgerwald.de

< *Fachwerkidylle*

Naturpark
TERRA.vita

ERLEBNISTOUREN – RADWANDERN

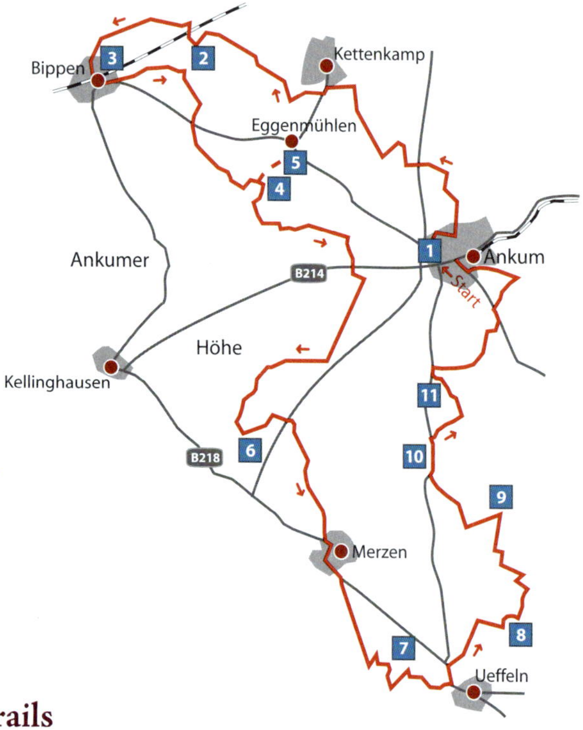

Lage der Tour

TERRA.trails

Tour 1:
Eiszeit, Hünengräber und Steinwerke
Ankum – Kettenkamp – Bippen – Eggermühlen – Merzen – Neuenkirchen – Bramsche-Ueffeln – Ankum
Länge: ca. 63,5 km
Fahrzeit: ca. 4–5 Stunden
Einkehr: möglich

Diese Tour führt zum großen Teil über asphaltierte Wege und ist wenig befahren. Allerdings gibt es auch einige Abschnitte über befestigte Wald- und Feldwege, die zum Teil sandig sind, außerdem einige Steigungen. Dieser Trip erfordert Kondition.

Startpunkt ist am Ankumer Dom. Der Weg folgt der Beschilderung TERRA.trail. Er führt zunächst gute sechs Kilometer in Richtung Kettenkamp, vorbei am Waldstück Kettenkamper Sand, bis nach 12,2 km das Großsteingrab Hekese (1) erreicht wird.

Danach verläuft der Weg an einer Sandgrube vorbei nach Bippen, wo das Umweltbildungszentrum Kuhlhoff (2) Zeit für eine Pause bietet. Als nächste markante Besichtigungspunkte erreicht

Radeln auf dem TERRA.trail

der Weg nach 23,6 km die Wassermühle Wöstenich (3), wo sich ein Abstecher zum Wasserschloss Eggermühlen lohnt (4), und nach 34,3 km das Hügelgräberfeld Westeroden (5). Hier verlässt der Weg den Abschnitt Hünengräber, um uns bei km 39,1 über Merzen nach Ägypten (6) zu führen. Nach weiteren 3,4 km, die uns über die Sandgrube Lewe und das Steingrab Wiemelsberg nach Bramsche-Ueffeln führen, erreicht der Weg nach 48,7 km das Steinwerk Balkum (7) und die Wassermühle Riesau.

Jetzt ist der Rundkurs fast geschafft, nur noch zur großen Alkenkuhle (8), weiter zu den Steinwerken Meyer zu Westerholte (9) und Meyer zu Starten (10) bei km 58,7, dann geht es bereits wieder rein nach Ankum, wo die Radler nach 65,3 km ihr wohlverdientes Ziel erreichen.

ERLEBNISTOUREN – RADWANDERN

Lage der Tour

TOP-TOUR

TERRA.trails

Tour 2:
DiVa-Tour (Dino-Varus)
Bramsche – Kalkriese-Bohmte – Bad Essen – Barkhausen – Ostercappeln – Venne – Bramsche
Länge: ca. 99 km
Fahrzeit: ca. 6–7 Stunden
Einkehr: möglich

Diese Tour weist nur wenige Steigungen bei Bad Essen und Ostercappeln auf, ansonsten handelt es sich um eine gut zu fahrende, flache Rundtour mit zahlreichen Sehenswürdigkeiten.

Nach dem Tourstart in Bramsche folgt man gemütlich dem Wegeverlauf am Mittellandkanal und sollte einen Abstecher zur Wasserburg Alt Barenaue (1) einplanen, der sich vor allem wegen der „schrägen" Lindenallee lohnt. Das nächste Highlight ist nicht weit – das Gelände der Varusschlacht lädt zum Verweilen und Entdecken ein. Das Museum und der Park Kalkriese (2) komplettieren die Eindrücke und wer genügend Kraft verspürt, erklimmt den Aussichtsturm auf dem Kalkrieser Berg (3). Allerdings kann man sich das Museum und

Mittellandkanal

den Park auch auf dem Rückweg anschauen und einfach dem Verlauf des Mittellandkanals bis nach Bohmte folgen. Danach geht es auf Bad Essen zu. Auf dem Weg sollte man sich die Schlösser Hünnefeld (4) und Schloss Ippenburg (5) nicht entgehen lassen. Schloss Hünnefeld bietet neben einem Café einen auffälligen barocken Taubenturm.

Danach geht es weiter in Richtung Barkhausen, sozusagen dem Wendepunkt der DiVa-Tour, wo die 300 Millionen Jahre alten Saurierfährten (6) zum Staunen einladen. Von hier geht es weiter in Richtung Bad Essen mit seiner lauschigen Altstadt und Hitzhausen (7), wo sich ein Museum den feldspurigen Industriebahnen widmet.

Es folgen die Orte Ostercappeln und Venne mit Museum und Mühleninsel (8), danach geht es zurück nach Bramsche. Wie gesagt, wenn man auf dem Hinweg nicht in Kalkriese war, kann man es jetzt auf dem Rückweg machen und sich auf den etwas anspruchsvolleren Kilometern eine Abwechslung gönnen.

ERLEBNISTOUREN – WEITERE HIGHLIGHTS

Alfhausen

In Alfhausen ist vor allem das Zentrum mit der über 800-jährigen Kirchburg und den historischen Speicherhäusern sehenswert. In der näheren Umgebung sollten ein Besuch des Beobachtungsturms im Naturschutzgebiet sowie die Biologische Station Haseniederung auf dem Programm stehen.

Informationen

Gemeinde Alfhausen
Alte Schulstr. 5
49594 Alfhausen
Tel. 05464 / 966660
Fax 05464 / 9666619
info@alfhausen.de

Fürstenau
Großsteingrab Hekese

Im Berger Ortsteil Hekese sind Großsteingräber aus der jüngeren Steinzeit, vor etwa 4 500 bis 5 000 Jahren errichtet, zu sehen, die einzigartig sind. Besonders interessant ist die „Allée couverte" (Steingang), die die Gräber verbindet, so etwas findet man sonst nur in der Bretagne. Die gesamte Anlage hat eine Länge von etwa 90 Metern.

Draisinenstrecke Bippen-Fürstenau

Die seit über 30 Jahren stillgelegte Bahnstrecke zwischen Fürstenau und Quakenbrück wurde im April 2004 für den touristischen Betrieb wieder eröffnet. Täglich kommen auf der ca. 17 Kilometer langen Strecke Fürstenau-Bippen Fahrrad-Draisinen zum Einsatz. Die Fahrrad-Draisine bietet Platz für vier Personen. Sie wird wie ein Fahrrad mit Pedalen angetrieben und muss nicht gelenkt werden, da sie auf dem Gleis läuft. Für größere Gruppen stehen „Club-Draisinen" zur Verfügung.

Informationen

Touristisches Informationsbüro (TIB)
Fürstenau im Alten Rathaus
Große Straße 27, 49584 Fürstenau
Tel. 05901 / 9610-25
Fax 05901 / 9610-10
TIB@fuerstenau.de
www.fuerstenau.de

Wallenhorst

Die Alte St. Alexanderkirche wurde der Sage nach von Karl dem Großen gegründet, der nach dem Sieg über Wittekind in Wallenhorst „den Heidentempel zerstörte und daraus die erste Kirche baute. Auf diese setzte er eine goldene Henne zum Zeichen, dass sie die übrigen Kirchen ausbrüten sollte." Eine spannende Geschichte, die sich lohnt, detaillierter zu erforschen. Führungen können gebucht werden.

Aussichtsplattform Steinbruch Piesberg

Im Süden der Gemeinde Wallenhorst erhebt sich der Piesberg. Entstanden ist der Piesberg in der Zeit des Karbons vor etwa 300 Millionen Jahren. In den folgenden Erdzeitaltern lagerten sich unterschiedliche Gesteinsschichten ab, bis ein unterirdischer Vulkan vor 70 Millionen Jahren tief versunkene Gesteinsschichten an die Erdoberfläche trieb und den Piesberg zu dem machte, was er heute ist. Steinkohle, Schiefertone und Sandsteine sind hier immer noch zu finden.

Informationen

Gemeinde Wallenhorst
Rathausallee 1
49134 Wallenhorst
Tel. 05407 / 888-0
Fax 05407 / 888-999
posteingang@wallenhorst.de
www.wallenhorst.de

Bad Essen
Naturdenkmal Saurierfährten

Die Saurierfährten im Naturpark TERRA.vita vermitteln eine einzigartige Begeg-nung mit der Urzeit vor über 150 Millionen Jahren. In Bad Essen-Barkhausen haben sich durch die Erdverschiebungen Saurierfährten wieder an die Oberfläche „gestellt". Ein faszinierender Ort für große und kleine Entdecker, denn neben realen Trittspuren auf der Steilwand wird eine Vorstellung der Urzeittiere vermittelt. Zwei Saurier-Nachbildungen in Originalgröße vervollständigen das urzeitliche Szenario.

Informationen

Tourist-Info Bad Essen
Lindenstraße 39
49152 Bad Essen
Tel. 05472 / 9492-0
Fax 05472 / 9492-85
touristik@badessen.de
www.badessen.de

Naturdenkmal Saurierfährten

**Varusschlacht –
Museum und Park Kalkriese**

Der europaweit einzigartige archäologische Park verbindet Wissenschaft, Architektur, Kultur und Tourismus auf sanfte Art, lässt Archäologie, Geschichte und Kunst lebendig werden. Seit der Entdeckung des Schlachtfeldes sind mehr als 6 000 Fundstücke ans Tageslicht gekommen, die die heftigen Kampfhandlungen zwischen Römern und Germanen vorstellbar machen. Kalkriese zählt seit mehr als zehn Jahren zu den bedeutendsten archäologischen Fundstätten Europas.

Informationen

Museum und Park Kalkriese
Tel. 05468 / 9204-0, Fax 05468 / 9204-45
Führungen: 05461 / 61826
info@mupk.de
www.kalkriese-varusschlacht.de

**Bramsche
Kloster Malgarten**

Das ehemalige Benediktinerinnenkloster Malgarten liegt am Ufer der Hase, wurde 1194 gegründet und bestand bis zur Säkularisation im Jahre 1803.

Die Anlage des Klosters ist weitgehend erhalten. Besonders sehenswert sind das Torhaus, der Westflügel mit dem spätromanischen Kreuzgang sowie Stuckdecken aus verschiedenen Epochen und spätmittelalterliche Fresken. Heute befindet sich die unter Denkmalschutz stehende restaurierte Klosteranlage in Privatbesitz.

Informationen

Internationaler Arbeitskreis
für Musik e. V.
Am Kloster 1a
49565 Bramsche-Malgarten
Tel. 05461 / 9963-0
Fax 05461 / 9963-10
iamev@t-online.de
www.forum-kloster-malgarten.de

Führungen

Thea Pavlowski: 05461 / 61826

Maske eines römischen Gesichtshelmes

Kloster Malgarten

Bad Rothenfelde
Gradierwerksanlage (Saline)

Bitte tief durchatmen! Im „Neuen Gradierwerk“ ist 2001 ein 80 Meter langer Demonstrationsgang mit Inhalationskammer eingerichtet worden. Faszinierend sind der Aufbau und die Stimmung innerhalb des Ganges. In der Inhalationskammer wird Sole pur vernebelt, die besonders gut für die Atemwege ist. Hinzu kommen ein würziger Holzgeruch sowie das Tröpfeln der Sole in das Bassin. Am Eingang werden Regenumhänge angeboten, um sich vor dem Soleniederschlag zu schützen.

Informationen
Kur und Touristik
Bad Rothenfelde GmbH
Touristinformation und Gästebetreuung
Am Kurpark 12
49214 Bad Rothenfelde
Tel. 05424 / 2218-0
Fax 05424 / 2218-129
touristinfo@bad-rothenfelde.de
www.bad-rothenfelde.de

Osnabrück
Museum Industriekultur

Das Museum Industriekultur bietet Faszination über und unter Tage zu den Themen Steinkohlebergbau, Dampf, Frühindustrialisierung und mehr, die im Haseschachtgebäude gezeigt werden. Der inhaltliche Schwerpunkt liegt dabei im 19. Jahrhundert.

Ein Höhepunkt sind zwei Dampfmaschinen von 1849 und 1916, die in Bewegung gesetzt werden. Mit einem gläsernen Fahrstuhl können die Besucher 30 Meter tief unter Tage einfahren und einen wieder frei gelegten historischen Stollen auf zirka 280 Metern durchwandern. Wechselnde Ausstellungen ergänzen und vertiefen Themen der regionalen Industriegeschichte.

Informationen
Museum Industriekultur
Fürstenauer Weg 171
49090 Osnabrück
Tel. 0541 / 9127845
Fax 0541 / 9127847

Gradierwerksanlage

TERRA.park und Museum am Schölerberg

Im Museum am Schölerberg werden Natur und Umwelt erleb- und anfassbar gemacht. In zahlreichen, größtenteils interaktiven Ausstellungen werden die komplexen Zusammenhänge verschiedener Ökosysteme in Natur und Umwelt präsentiert.

Einen besonderen Stellenwert nimmt die Ausstellung „Unter.Welten – das Universum unter unseren Füßen" ein. Sie ist die größte europäische Ausstellung zum Thema Boden und lädt den Besucher im wahrsten Sinne des Wortes unter die Erde ein. Weitere Ausstellungen erlauben einen Blick in Welten, die sonst verborgen bleiben.

Informationen

Museum am Schölerberg
Natur und Umwelt – Planetarium – Umweltbildungszentrum
Am Schölerberg 8, 49082 Osnabrück
Tel. 0541 / 56003-0 (Besucherservice)
Fax 0541 / 56003-37

Naturdenkmal Bifurkation

Melle: Naturdenkmal Bifurkation

Südlich von Melle gabelt sich die Hase in die Gewässer Hase und Else. Diese Flussgabelung wird als „Bifurkation" bezeichnet. International ist sie als hydrogeografische Besonderheit bekannt, zumal die Abflüsse nördlich der Bifurkation über zwei verschiedene Stromgebiete (Ems und Weser) der Nordsee zufließen.

Regenwurmgang im Museum am Schölerberg

Grönenbergpark mit Grönegaumuseum

Das Meller Heimatmuseum im Grönenbergpark bildet ein Ensemble von vier Fachwerkhäusern, die seit 1960 aus verschiedenen Orten des Grönegaus hierher umgesiedelt wurden. Der Heimatverein Melle präsentiert hier bäuerliches und bürgerliches Kulturgut.

Informationen

Frau Bermpohl
Tel. 05422 / 3687
Heimatverein Melle
Herr Wippermann
Elf Stücken 10
49324 Melle
Tel. 05422 / 5425
www.stadt-melle.de

Hasbergen
Geologischer Lehrpfad Hüggel

Der Lehrpfad bietet zwei Rundkurse von ca. drei und ca. acht Kilometern, wobei der längere auch deutlich anstrengender zu laufen ist. Allerdings bietet er die insgesamt 25 Exkursionspunkte, anhand derer der Besucher Hinweise auf den geologischen Aufbau, Gesteine, Böden und erdgeschichtliche Entwicklung findet.

Ausgangspunkt: Autowanderparkplatz „Roter Berg“ über die L 89 von Osnabrück nach Lengerich.

Ibbenbüren
Dörenther Klippen und Naturdenkmal „Hockendes Weib“

Im Süden des Ibbenbürener Stadtgebietes lädt der Hermannsweg zum Wandern ein. Er führt den Besucher u. a. zu einer Felsformation mit dem Felsen „Hockendes Weib“, um den sich eine alte Sage rankt. Von den Dörenther Klippen hat man einen weiten Blick in das Münsterland hinein.

Im Bergbaumuseum erlebt der Besucher viel Wissenswertes rund um die Welt unter Tage.

Informationen

Tourist Information Ibbenbüren
Bachstr. 14
49477 Ibbenbüren
Tel. 05451 / 5454540
Fax 05451 / 5454590
touristinformation@ibbenbueren.de
www.ibbenbueren.de

Naturdenkmal „Hockendes Weib“

Porta Westfalica
Kaiser Wilhelm Denkmal

Das Denkmal zu Ehren von Kaiser Wilhelm I ist aus Porta-Sandstein erbaut. Das tempelartige Bauwerk des Denkmals ist 3-geteilt in Ringterrasse, Baldachin und Standbild und insgesamt 88 Meter hoch.

Rinteln/Steinbergen
Erlebniswelt Steinzeichen

Die aktive Phase dieses Steinbruchs wird innerhalb der nächsten zehn Jahre zu Ende gehen. Aber bereits jetzt sind große Teile der Bruchflächen renaturiert worden und es ist inzwischen ein spektakulärer Erlebnis- und Familienpark entstanden, der ein vielseitiges Angebot für alle Altersgruppen anbietet und der sich kontinuierlich weiterentwickeln wird.

Informationen
Erlebniswelt Steinzeichen
Arensburger Straße 4
31737 Rinteln
Tel. 05751 / 917590
Fax 05751 / 74072
www.steinzeichen.de

Besucherbergwerk Kleinenbremen

Riesige Hohlräume in den bis zu 12 Meter dicken erzführenden Gesteinsschichten, mächtige Bohrwagen und andere Förder- und Ladegeräte in den Abbaufeldern vermitteln eine beeindruckende Vorstellung von Ausmaß und Härte der Arbeit im Inneren des Bergwerkes.

Informationen
Förderverein
Museum für Bergbau und Erdgeschichte
Rintelner Str. 396
32457 Porta Westfalica
Tel. 05722 / 90223

Tourist-Information Haus des Gastes
Kempstr. 6
32457 Porta Westfalica
Tel. 0571 / 791280
Fax 0571 / 791279
tourismus@portawestfalica.de
www.portawestfalica.de

Kaiser Wilhelm Denkmal

FREIZEIT & ERHOLUNG

Waldsauna Bad Essen

Eine wahre Saunawelt mit Blockhaus-Sauna, Finnischer Sauna, Bio-Sauna, Dampf-Sauna und anschließendem Entspannen im warmen Sand. Umfangreiches Wellnessangebot mit z. B. Skin-Tonic, Algenkörperbehandlung, Entgiftungsbehandlungen, Magnetfeld-Entspannungsmassage, Chiro-Therapie, Thermo-Modellage, Narben-, Ayurveda- und Kosmetikbehandlungen.

Informationen

Wald Sauna Bad Essen
Bergstr. 51
49152 Bad Essen
Tel. 05472 / 978870

Öffnungszeiten

Mo, Mi, Do und Fr 14–23 Uhr,
Di Damensauna 10–23 Uhr,
Sa und So 10–20 Uhr

Freizeitland Hasbergen

Im Freizeitland Hasbergen kann man die Seele baumeln lassen. Die einzigartige Sauna-Erlebniswelt lässt keine Wünsche offen. Eine schöne Parklandschaft, Tennis und Squash sowie eine nette Gastronomie garantieren einen erholsamen Tag für die ganze Familie.

Informationen

Freizeitland Hasbergen
Osnabrücker Str. 49
49205 Hasbergen
Tel. 05405 / 4255
Fax 05405 / 4828

Öffnungszeiten

Mo–Di, Do–Fr: 10–23 Uhr
Mi: 14–23 Uhr
Sa, So, Feiertage: 10–20 Uhr
Freizeitland-hasbergen@t-online.de
www.freizeitland-hasbergen.de

Lage in Nordrhein-Westfalen

Erlebnistouren

Tour 1: Tanz auf dem Vulkan
Tour 2: Der Kappesweg
Tour 3: Radwandern am Erftmühlenbach
Tour 4: Werwolfwanderweg

Sehenswürdigkeiten

1. Vulkan Rodder Berg
2. Benediktinerabtei Brauweiler
3. Wasserburgen und Schlösser
4. Brühler Barockschlösser und Gartenanlage
5. Braunkohleninfozentrum Schloss Pfaffendorf
6. Rheinisches Industriemuseum
7. Historische Stadtanlage Altkaster
8. Töpferdorf Adendorf
9. Römerstadt Zülpich
10. Waldinfozentrum Waldau, Bonn
11. „Rheinischer Obst- und Gemüsegarten"
12. Mittelalterliche Hardtburg
13. Burgruine Tomburg
14. Braunkohlentagebau Hambach
15. Vulkane im „Drachenfelser Ländchen"
16. Keramion

Naturpark Rheinland

Die einen wandern oder radeln am liebsten durch das erste frische Frühjahrsgrün der ausgedehnten Kottenforst-Laubwälder. Andere bevorzugen im Sommer die guten Wassersportmöglichkeiten der Ville-Seen. Herrliche Aussichten verspricht der Herbst mit den in voller Frucht stehenden Obstbäumen in der südlichen Rheinebene. Und auch die kalte Jahreszeit hat seinen Reiz, wenn der Winterspaziergang zu den vielen kulturhistorischen Zeugnissen einer bewegten Vergangenheit führt. Natur, Erholung und Kultur lassen sich im Naturpark Rheinland auf vielfache Weise verbinden.

Naturräumlich liegt der Naturpark Rheinland in der Südspitze der Niederrheinischen Bucht. Das über 1 000 qkm² große Areal mit seinen hügeligen Vulkanlandschaften, Flussauen, Seen, Wäldern und landwirtschaftlichen Nutzgebieten dient vor allem als Naherholungsgebiet für die Region Rheinland mit den in direkter Nachbarschaft gelegenen Städten Köln und Bonn.

Die Ausprägung der Landschaft im Naturpark ist überwiegend flach. Ausnahmen bilden die Ville, ein ca. 50 km langer Höhenzug, der den zentralen Teil des Naturparks in seiner Längsrichtung durchzieht, sowie im Süden das Drachenfelser Ländchen und der Übergang zur Eifel. Insgesamt zeigt sich das Areal äußerst vielseitig – immerhin sieben unterschiedliche Landschaftstypen laden zu Entdeckungen ein.

Blumen und Gemüsefelder im Vorgebirge

Obst und Gemüse für die Römer

Auenwälder
In den Naturschutzgebieten „Kerpener Parrig" und „Kerpener Bruch" stehen die letzten größeren Auewälder der Region. Ein markiertes Wanderwegenetz in den Erftauen lädt zu ausgedehnten Spaziergängen und Wanderungen ein.

Der Landschaftsraum des Naturparks Rheinland hielt schon immer viel für den Menschen bereit. Die zentrale Rolle nahm dabei das Zusammenspiel von geologischen Grundbedingungen und menschlicher Bewirtschaftung ein. In der fast ebenen Bördelandschaft zwischen der Eifel im Westen und der Ville im Osten lagerten Rhein- und Eifelflüsse in den kalteiszeitlichen Phasen des Quartärs (vor ca. 2 Mio. Jahren) Sedimente ab. Diese wurden von Löß bedeckt, aus dem sich die so genannten Braunerden, besonders fruchtbare Böden, entwickelten. Kein Wunder, dass sich hier schon früh Menschen ansiedelten und die guten Voraussetzungen landwirtschaftlich nutzten. Bereits zur Zeit der Römer (50 v.–400 n. Chr.) existierten hier bäuerliche Hofanlagen zur Versorgung der Garnisonen. Noch heute ist das Landschaftsbild durch großflächige Weizen- und Zuckerrübenfelder bestimmt, die die kleinen Dörfer umgeben. Dass auch Waldliebhaber auf ihre Kosten kommen, dafür sorgen die Bürge-, Ville- und Kottenforstwälder: Als ökologisch bedeutende Biotope bilden sie eine Heimat für Spechte, Greifvögel, Eisvögel und Schmetterlinge.

Außerordentlich gute Bedingungen für den Anbau landwirtschaftlicher Produkte boten seit je her auch die Rheinebene und das Vorgebirge, wie der östliche Villehang im Volksmund genannt wird. Gute klimatische Verhältnisse und die regelmäßigen Rhein-Überflutungen sorgten in der Ebene für eine optimale Bodenbeschaffenheit und das schon seit der Römerzeit bestehende Gütesiegel des „Rheinischen Obst- und Gemüsegartens". Kohlarten, Salate, Bohnen, Porree und Möhren, aber auch Getreide, Obst und Blumen können vielfach direkt ab Hof erworben werden.

Die winterwarme Gegend der Rheinebene zeitigt übrigens noch ein Kuriosum, denn sie beherbergt auch eine stattliche Population von Halsband- und Großen Alexandersittichen. Ursprünglich beheimatet in Afrika und Asien, sorgt das Auftauchen der beinahe Elsterngroßen und leuchtend smaragdgrünen Tiere im Naturpark-Gebiet immer wieder für Erstaunen. Nicht selten werden Schwärme von bis zu 60 Tieren gesehen – die wahrscheinlich vom Kölner Zoo ausgehende Population wird auf ca. 700 Sittiche geschätzt.

Wildgehege im Kottenforst

Im Sommer sind es die Frischlinge der Wildschweine, im Herbst die Hirschbrunft von Rot- und Damwild: Das Wildgehege an der Waldau gehört zu den beliebten Ausflugszielen für Familien. In unmittelbarer Nachbarschaft befindet sich ein großer Spielplatz und das „Haus der Natur – Waldinformationszentrum" lädt zu Waldführungen und zur Besichtigung ein.

Graureiher

Die Beobachtung von Graureihern ist ein faszinierendes Naturerlebnis. Dazu lohnt sich der Weg in den Kerpener Bruch – dort befindet sich seit 20 Jahren eine der ersten und damit ältesten Brutkolonien Nordrhein-Westfalens.

Landschaftliche Idylle am Obersee

Heider Bergsee

Von Kohlegruben zum Wassersport

Ein viel bedeutenderes, die Landschaft im gesamten Naturpark bis heute prägendes Kapitel der Erdgeschichte lief im Tertiär (vor ca. 65 – 2,6 Mio. Jahren) ab. Damals bildete sich aus tropischen Sumpfwäldern, die mehrmals vom Meer überflutet worden waren, Braunkohle. Der großflächige Abbau dieses begehrten Rohstoffes durch Braunkohlegruben im 19. Jahrhundert ließ die über 40 Seen der Ville-Seen-Platte entstehen. Dass bis Ende des 20. Jahrhunderts der Tagebergbau mittels tonnenschwerer Bagger noch intensiviert wurde, ist heute nur noch zu erahnen. In wenigen Jahren eroberte sich die Natur ihren Platz zurück, eine artenreiche Pflanzen- und Tierwelt mit rekultivierten Feldfluren und neuen Biotopen entstand. Die Ville-Seen dienen als Brut-, Rast- und Überwinterungsplätze für Wasservögel – Kormorane, Schwäne, Haubentaucher, Teich- und Blässhühner sowie eine Sturmmöwenkolonie sind hier beheimatet. Heute laden junge Laubwälder zu Wanderungen und Radfahrten ein. Am Rand des Villeplateaus, zwischen Bornheim und Alfter, findet sich übrigens der größte Lindenbestand Deutschlands. Und zahlreiche Seen sind mittlerweile begehrte Orte für Bade- und Wassersportfreunde.

< *Viele Wege führen durch den Kottenforst*

Parforcejagden durch den Königsforst

Ganz andere Vergnügungen standen einst im südlich der Ville gelegenen Kottenforst auf dem Programm. Der Kottenforst wird bereits in einer Urkunde des 7. Jahrhunderts erwähnt. Als Reichsgut unterstand das Gebiet später den deutschen Kaisern, bis Otto II. 973 das Jagdrecht auf Hochwild dem Erzbischof von Köln übertrug. Im 18. Jahrhundert veranstaltete hier der Kölner Kurfürst Clemens August I. von Bayern seine Parforcejagden. Das 4 000 ha große, weitgehend geschlossene Laubwaldgebiet ist noch heute von einem sternförmigen Wegenetz durchzogen, das Clemens August auf das ehemalige, leider nicht mehr bestehende Schloss Herzogsfreude in Röttgen ausrichten ließ. Einzig die Barockkreuze und das Jägerhäuschen, das als Station für den Pferdewechsel diente, sind aus dieser Zeit erhalten geblieben. In ganzer Pracht erscheinen dagegen die 1984 zum Weltkulturerbe ernannten Barockschlösser Augustusburg und Falkenlust bei Brühl, die Clemens August erbauen ließ. Die historischen Bezüge des Kottenforst sind damit allerdings noch nicht komplett, direkt an der Wegekreuzung beim Jägerhäuschen locken noch zwei Naturdenkmäler als attraktive Ausflugsziele: Die Kaisereiche, in Waidmannsgedenken am 19. Juni 1879 „allerhöchst eigenhändig" vom damaligen Prinzen Wilhelm von Preußen (dem späteren Kaiser Wilhelm II.) gepflanzt, und die am 19. Juli 1904 gesetzte Prinz Friedrich-Eiche.

Gespensterbuchen
Im Volksmund werden sie „Gespensterbuchen" genannt, und bei nebligem Wetter wird der unheimlich anmutende Name auch nachvollziehbar. Gemeint sind die Kopfbuchen-Bestände, die an der Waldau, aber auch im Kottenforst oder im Drachenfelser Ländchen zu finden sind. Die seltenen Exemplare sind zum Teil 350 Jahre alt und haben gegenüber den bekannteren Kopfweiden eine Besonderheit: Zum Zwecke der Holzgewinnung wurden sie in zwei Metern Höhe regelrecht geköpft, um an dieser Stelle neue Äste – eben den Kopf – zu bilden. Hätte man die Stämme am Erdboden abgeschnitten, wären die jungen Triebe ein gefundenes Fressen für das hier weidende Vieh gewesen.

Schloss Augustusburg

Spechte als Baumeister

Die Spuren der meist heimlich lebenden Spechte sieht man im Kottenforst an den alten und knorrigen Eichen und Buchen das ganze Jahr, häufig in Form von Höhlen in den Bäumen oder aufgeschlagenen Baumstämmen, die durch die Suche nach verborgenen Insekten entstehen. Die Spechte selbst jedoch sieht man selten. Dabei ist gerade der Kottenforst aufgrund drei seltener Spechtarten, Grauspecht, Mittelspecht und Schwarzspecht, geschützt worden. Häufiger sind dagegen der Buntspecht, der Kleinspecht und der Grünspecht.

Doch im Frühling hat auch bei den Spechten die Heimlichtuerei ein Ende. Laute Trommelschläge des Buntspechtes verraten dann den anderen Spechten und den Wanderern im Wald: Hier ist mein Revier! Oder auch die charakteristischen Rufe der einzelnen Spechtarten, z. B. die lachende Strophe des Grünspechtes, verraten dem kundigen Ohr die Wohnstuben der Spechte. Nur einer dieser bunten Gesellen fällt dabei aus der Reihe: Der Mittelspecht. Kleiner als der Buntspecht trommelt dieser Specht nicht und gibt im Frühjahr nur sein heiseres Krächzen von sich. Doch für den Vogelkundler ist er ein echtes Highlight. Zeigt doch sein Vorkommen, dass der Wald hier sehr alte Bäume aufweisen muss, die nicht nur den Spechten zu Gute kommen. Viele andere Tierarten sind auch auf sehr alte Bäume mit ihrem toten Holz angewiesen und auch auf die Zimmermannstätigkeit der Spechte. In den alten und verlassenen Spechthöhlen fühlen sich Siebenschläfer, Eulen und Hohltaube als Nachmieter wohl. Die Spechte und seine Nachmieter können vor allem im Frühling auf Exkursionen der Biologischen Station Bonn erlebt werden.

Lachende Spechte

Sechs Spechtarten kommen im Kottenforst vor, doch sehen kann man sie nur selten. Im Frühling jedoch erschallen die Trommelzeichen und charakteristischen Rufe. So erklingen die Rufe des Grünspechts wie ein schallendes Lachen, das der Besucher bei seinen Wanderungen oder geführten Spechtexkursionen erleben kann.

Aufbauhilfe für den Kölner Dom

Im Süden und Südwesten begrenzt wird der Naturpark Rheinland durch das vulkanisch geprägte Drachenfelser Ländchen und den Eifelanstieg mit seinen alten Eichen- und Buchenwäldern. Beide Gebiete bieten atemberaubende Fernsichten auf die nahegelegene Eifel, das benachbarte Siebengebirge und die Landschaften des Naturparks selbst. Besonders attraktiv ist der Blick vom Rodderberg, einem der jüngsten europäischen Vulkane, dessen letzter Ausbruch „nur" ca. 300 000 Jahre zurückliegt. Der für seine Vielzahl seltener Biotope überregional bekannte Rodderberg steht bereits seit 1927 unter Naturschutz und ist heute zudem als Schutzgebiet von europäischer Bedeutung (Flora-Fauna-Habitat-Gebiet) ausgewiesen. Von hier aus genießt man die Aussicht auf den Rhein, die Stadt Bonn und den rechtsrheinisch gelegenen Drachenfels. Dass die Panorama-Lage in früheren Zeiten vor allem strategische Bedeutung hatte, davon zeugen die noch erhaltenen Ruinen der Hartburg und der Tomburg sowie zahlreiche andere Schlösser und Befestigungen in beiden Naturparkteilen.

Seinen geologischen Voraussetzungen verdankt das Drachenfelser Ländchen auch eine bewegte Exportgeschichte. Das vulkanische Trachytgestein wurde bereits von den Römern abgebaut, später diente es sogar für den Bau des Kölner Doms. Mittlerweile hat die Natur die ehemaligen Steinbrüche teilweise zurückerobert und präsentiert wertvolle Biotope mit einer hohen Artenvielfalt.

Vulkan

Blick vom Rodderberg ins Rheintal

INFORMATIONEN

Naturpark Rheinland
Willy-Brandt-Platz 1
50126 Bergheim
Tel. 02271 / 8342-10, -11, -12
Fax 02271 / 832318
info@naturparkrheinland.de
www.naturpark-rheinland.de

DER BACHLAUF UNTER DER ZAUBERLUPE

Naturparkzentrum „Himmeroder Hof"
Das Naturparkzentrum „Himmeroder Hof" in Rheinbach ist die Bildungs- und Informationsstätte des Naturparks Rheinland. Hier gibt es Auskunft zu Sehenswürdigkeiten und Freizeitangeboten sowie zu allen anderen Fragen rund um den Naturpark Rheinland. Selbstverständlich wird auch ein umfangreiches Angebot an Wanderführern, Karten und Broschüren präsentiert. Herzstück des Naturparkzentrums ist die Dauerausstellung „Erlebnisraum Naturpark" mit den Stationen „Wald", „Bach und Tal", „Feld und Flur" und dem „Naturkino". Mit modernster Ausstellungstechnik und interaktiver Präsentation macht die Ausstellung ökologische Zusammenhänge leicht verständlich, lässt die Besucher sinnenreich die Wechselbeziehungen zwischen Natur, Landschaft und Mensch erleben und vermittelt außergewöhnliche Einblicke in die Geschichte und Kultur der Landschaft im Naturpark Rheinland. Darüber hinaus wird ein vielseitiges und abwechslungsreiches Umweltbildungs-Programm im „Haus der Natur" geboten, das sich an Erwachsene, Familien, Schulklassen, Kindergärten und sonstige Kindergruppen im Alter von 7–11 richtet. Die „Naturwerkstatt" ist für die Fragen und Bedürfnisse der Kleinsten da. Hier wird nicht nur kreativ mit unterschiedlichsten Materialien gestaltet. Die Kinder erfahren auch sehr viel Wissenswertes über die Natur. Sogar einwöchige Naturerlebnis Ferien (Ostern, Sommer) werden angeboten.

Umweltbildung im Naturparkzentrum

Informationen
Naturparkzentrum „Himmeroder Hof"
Im Himmeroder Hof
Himmeroder Wall 6
53359 Rheinbach
Tel. 02226 / 2343
info@naturpark-rheinland.de
www.naturparkrheinland.de
Öffnungszeiten
Di–Fr 10–12 und 14–17 Uhr,
Sa 14–17 Uhr, So/Fei 11–17 Uhr,
Mo geschlossen.
Eintritt frei.

INFORMATIONEN ZU UNTERKÜNFTEN UND TOUREN

KölnTourismus GmbH
Unter Fettenhennen 19
50667 Köln
Tel. 0221 / 22130400
Fax 0221 / 22130410
info@koelntourismus.de
www.koelntourismus.de

Rhein-Erft-Tourismus e. V.
Europaallee 33
50226 Frechen
Tel. 02234 / 9556830
Fax 02234 / 9556868
info@rhein-erft-tourismus.de
www.rhein-erft-tourismus.de

Rhein-Voreifel-Touristik e. V.
Rathausstr. 34,
53343 Wachtberg
Tel. 0228 / 9544-100
Fax 0228 / 9544-172
info@rhein-voreifel-touristik.de
www.rhein-voreifel-touristik.de

Tourismus & Congress GmbH Bonn
Adenauerallee 131
53113 Bonn
Tel. 0228 / 91041-0
Fax 0228 / 91041-11
info@bonn-region.de
www.bonn-region.de

Naturpark
Rheinland

HAUS DER NATUR – WALDINFORMATIONSZENTRUM WALDAU

Das 1989 errichtete, seit 1999 in Kooperation zwischen der Bundesstadt Bonn und dem Staatlichen Forstamt Bonn betriebene „Haus der Natur – Waldinformationszentrum" zeigt auf rund 200 Quadratmetern Ausstellungsfläche eine lebendige Dauerausstellung über die heimische Tier- und Pflanzenwelt, in der vor allem der Wald im Mittelpunkt steht. Darüber hinaus werden Waldführungen und Waldjugendspiele durchgeführt.

Informationen

Naturparkzentrum:
Waldinformationszentrum
An der Waldau 50
53127 Bonn
Tel. 0228 / 285107
(nur während der Öffnungszeiten)
www.bonn.de

Öffnungszeiten

im Sommer (1. April bis 31. Oktober), Di–Fr 13–18 Uhr, Sa/So 11–18 Uhr; im Winter (1. November bis 31. März), Di–Fr 13–17 Uhr, Sa/So 11–17 Uhr. Führungen im Haus nach Terminabsprache (Führungen im Wald nach Terminabsprache unter Tel. 0228 / 91921-51)

UMWELTZENTRUM FRIESHEIMER BUSCH

Untergebracht in einem ehemaligen Munitionsdepot in Erftstadt, beschäftigt sich das Umweltzentrum mit Projekten zur Landschaftspflege und Umweltbildung. Schau- und Lehrobjekte, Kräutergarten, Waldschule und Naturwerkstatt laden dazu ein, sich mit der heimischen Flora und Fauna zu beschäftigen.

Informationen

Naturparkzentrum:
Umweltzentrum Friesheimer Busch
Friesheimer Busch 1
50374 Erftstadt
Tel. 02235 / 959450
Fax 02235 / 9599119
www.umweltzentrum-erftstadt.de

Öffnungszeiten Büro

Sa 9.30–12.30 Uhr und
Mi 15–17 Uhr

BIOLOGISCHE STATION BONN

Auf dem Dransdorfer Berg 76
53121 Bonn
Tel. 0228 / 2495-794 oder -803
Fax 01212 / 526714382
info@BioStation-Bonn.de
www.BioStation-Bonn.de

Waldweg durch den Kottenforst >

Naturpark
Rheinland

ERLEBNISTOUREN – RADWANDERN

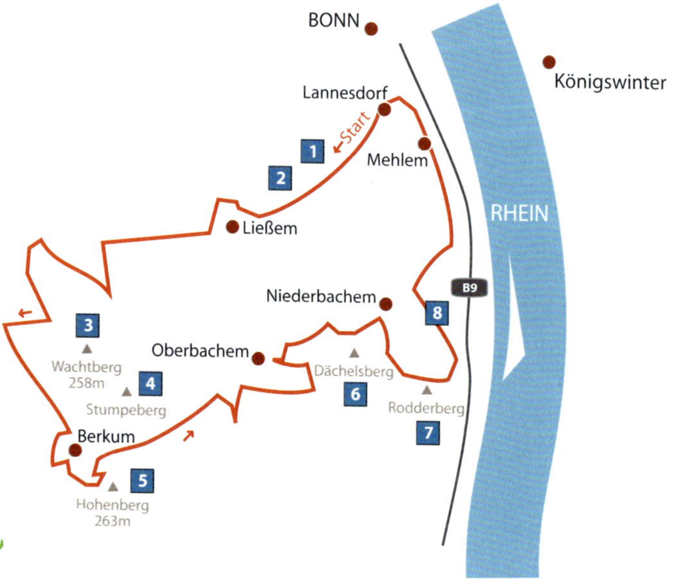

Lage der Tour

TOP-TOUR

Tanz auf dem Vulkan

Bonn-Lannesdorf – Liessem – Gimmersdorf – Berkum – Oberbachem – Niederbachem – Mehlem – Lannesdorf
Länge: 25 Kilometer
Schwierigkeit: mittelschwer
Einkehr: möglich

Kaum ein erdgeschichtlicher Prozess übt eine solche Faszination aus wie die Entstehung von Vulkanen. Diese Tour durch das vulkanisch geprägte, zum Rheinischen Schiefergebirge gehörende Drachenfelser Ländchen geht auf Spurensuche, denn jene Millionen Jahre alte Geschichte lässt sich noch heute im wahrsten Sinne des Wortes „begreifen".

Die interaktive Entdeckungstour verläuft landschaftlich über Flächen, Kuppen und durch Täler und führt zu einigen interessanten Stationen, die Reste von Wind- und Flussablagerungen oder alten Vulkanen zeigen. Löß (Windablagerungen) und Gerölle (rund gewaschene Flussablagerungen) markieren vor allem den Tourenbeginn (1+2). Vulkanisch wird es dann ab dem Wachtberg (3), der ebenso aus Basalt besteht wie der nachfolgende Stumpeberg (4), bei dem ein Blick in den Vulkanschlot lohnend ist. Der Hohenberg (5) dagegen ist eine Trachytkuppe, sehr gut zu erkennen an den 6–7 Meter hohen Wänden eines kleinen Steinbruchs auf der Nordseite. Über den Dächelsberg (6), früher Basaltabbau-Stätte, seit 1989 Naturschutzgebiet, geht es zum Highlight der Tour, dem Rodderberg (7). Der jüngste lokale Vulkan (letzter Ausbruch vor ca. 300 000 Jahren) zeigt sich mit Krater und Vulkanmantel und ist auch für Flora und Fauna etwas Besonderes. Das wärmespeichernde Gestein, Schlacken und Tuffe, fungiert als „Wärmeinsel" für viele Pflanzen- und Tierarten, die im Rheinland sonst kaum zu sehen sind. Bereits seit 1927 ist der Rodderberg deshalb Naturschutzgebiet. Dazu gehört auch der Heinrichsblick (8), der eine glänzende Aussicht in das Rheintal und das Siebengebirge bietet. Dass zum Abschluss die Mehlemer Kapelle lockt, liegt in der Natur der Tour: Sie wurde aus Feldsteinen (u.a. Basalt und Trachyt) des Drachenfelser Ländchens gebaut.

Trachyt
Helles Gestein mit einer gleichmäßigen, feinkörnigen, rauen Oberfläche und großen dunklen Einsprengseln.

Basalt
Dunkelgraues, sehr feinkörniges Gestein ohne erkennbare Einzelmineralien.

ERLEBNISTOUREN – RADWANDERN

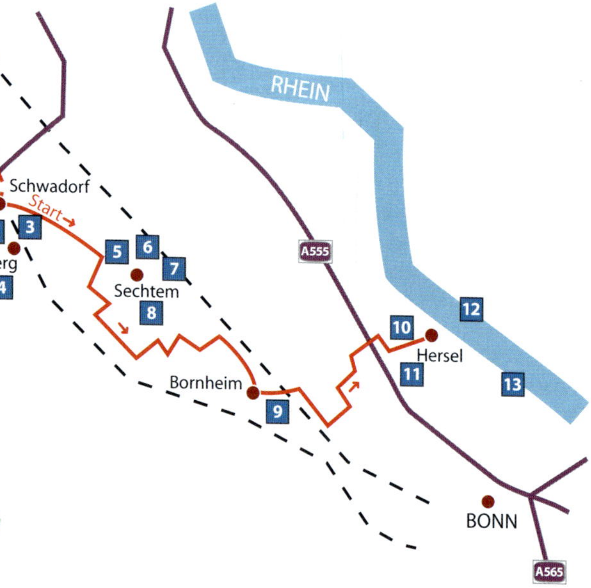

Lage der Tour

Der Kappesweg

Brühl – Schwadorf – Walberberg – Sechtem – Bornheim – Hersel
Länge: 21 Kilometer
Schwierigkeit: einfach
Einkehr: möglich
Kennzeichnung: gelbe Wegweiser und Markierungen

„Kölns Obst- und Gemüsegarten" wird dieser Teil der Rheinebene genannt, durch die diese leicht zu bewältigende Radtour führt. Felder und Obstbäume halten Salat, Kohl, Bohnen, Kirschen oder Erdbeeren bereit, teilweise direkt an den Höfen zu erwerben – gut möglich, dass mancher mit schwerem Gepäck am Zielpunkt ankommt.

Die Tour hat aber auch zahlreiche Sehenswürdigkeiten zu bieten. Bevor die Tour beginnt, sollte man unbedingt das kurfürstliche Schloss Augustusburg in Brühl (1) besuchen. Die Barockanlage wurde im 18. Jahrhundert errichtet und 1984 zum Weltkulturerbe der UNESCO ernannt. Auch in Walberberg mit Rheindorfer Burg/Kloster St. Albert (2), Klosterkirche St. Walburgis (3), Kitzburg (4), Sechtem mit Weiße Burg (5), Graue Burg (6), Kirche St, Gervasius und Protasius (7), Nikolauskapelle (8), Bornheim mit Wehrburg (9) und Hersel mit u. a. Rokokohaus (10), Kirche St. Aegidius (11) sind historisch bedeutsame Gemäuer die Anziehungspunkte.

Zurück zu Flora und Fauna geht es am Rheinufer, von wo man auf den Herseler Werth (12) blickt, eine Insel im Rhein, die als Naturschutzgebiet ein wichtiges Brut- und Winterrastareal für verschiedene Vogelarten darstellt. Unweit davon liegt übrigens die Anlegestelle der Mondorfer Fähre (13). Für diejenigen, die noch eine kleine Fahrt über den Rhein genießen wollen …

Reizvoller Zielpunkt der Tour: der Rhein

ERLEBNISTOUREN – RADWANDERN

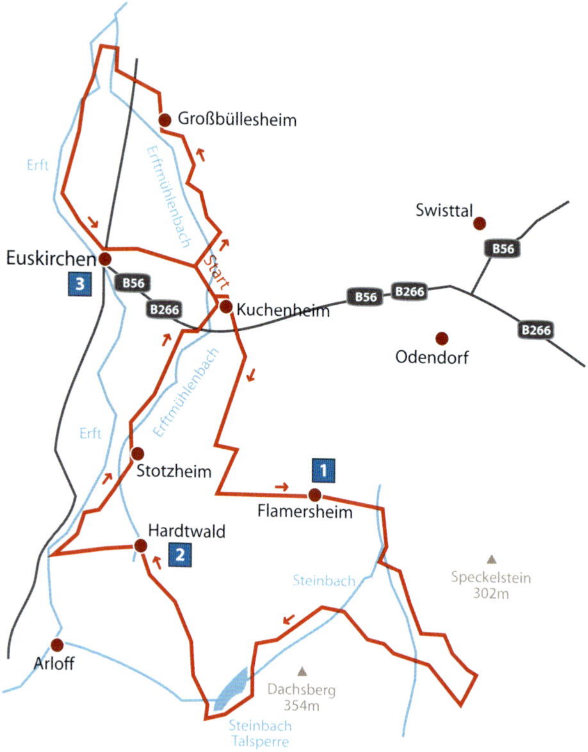

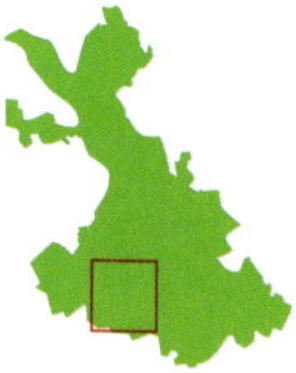

Lage der Tour

Am Erftmühlenbach

Kuchenheim – Großbüllesheim – Flamersheim – Steinbachtalsperre – Hardtwald – Stotzheim – Kuchenheim

Länge: 45 Kilometer

Schwierigkeit: einfach bis mittelschwer

Einkehr: möglich

Rheinisches Industriemuseum Euskirchen

Diese im Raum Euskirchen zwischen Börde und Eifel verlaufende Tour widmet sich vor allem der Kultur und Geschichte der frühindustriellen Zeit (19. Jahrhundert). Entlang des Erftmühlenbachs standen damals auf 12 Kilometer Länge 24 Mühlen, die die ganze Bandbreite des Mühlengewerbes spiegelten – Getreide-, Öl-, Loh-, Papier- und Walkmühlen. Viele von ihnen sind erhalten geblieben und prägen gemeinsam mit Wasserburgen (u. a. die Hardtburg (2) aus 14. Jahrhundert in Euskirchen-Stotzheim), und historischen Ortskernen (Flamersheim: Marktplatz (1) mit sehenswerten Sakralbauten aus dem 12. und 18. Jahrhundert sowie stattlichen Ackerbürgerhäusern) das Landschaftsbild. Insgesamt bezeugt die erhaltene Bausubstanz den Wohlstand des Euskirchener Raums im 19. Jahrhundert, als die Tuchindustrie florierte. Wer mehr über diese Zeit erfahren möchte, dem sei der Ausgangs- und Zielpunkt dieser Tour als Highlight empfohlen: das Rheinische Industriemuseum (3) mit Schauproduktion der Tuchherstellung. Untergebracht ist das Museum in der ehemaligen Tuchfabrik Müller, deren historische Gebäude genauso erhalten geblieben sind wie der komplette Maschinenpark und sogar das Kleininventar.

Informationen

www.rim.lvr.de/orte/euskirchen

ERLEBNISTOUREN – RADWANDERN

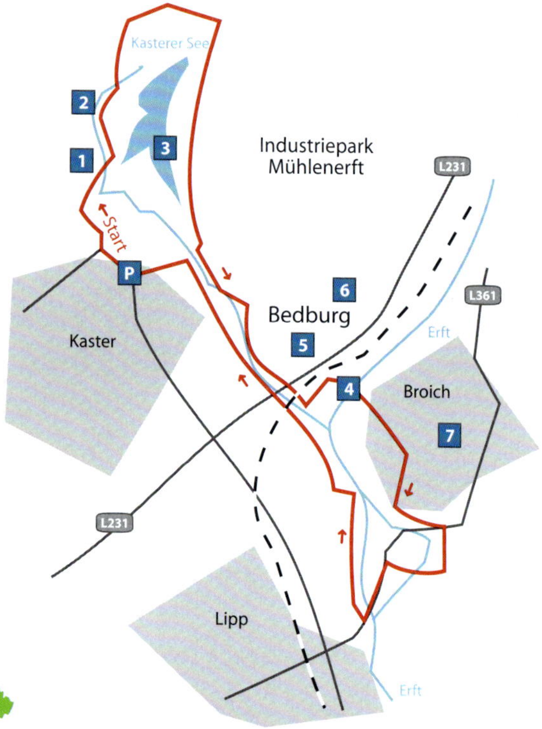

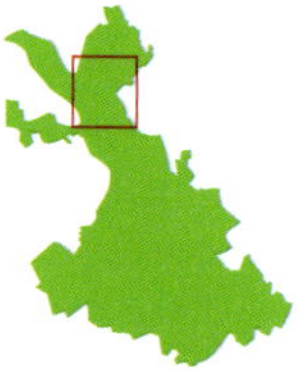

Lage der Tour

Der Werwolfwanderweg

Stationen 1 bis 4:
Das Unwesen des Werwolfs
(Rund um den Kasterer See)
Länge: ca. 5 km
Wanderzeit: 1 Stunde
Stationen 4 bis 7:
Die Gerichtsrunde (Bedburg),
Länge: ca. 5 km
Wanderzeit: ca. 1 Stunde

Seit Jahrtausenden lässt die Figur des Werwolfs die Menschen in aller Welt erschaudern. Ein zehn Kilometer lange Werwolfwanderweg geht dem Mythos, nach dem Männer in der Gestalt eines Mensch-Wolfes Gräueltaten verübten, anhand einer historisch verbürgten Geschichte nach. Denn der weltweit bekannteste Werwolf-Prozess fand im 16. Jahrhundert in Bedburg statt. Peter Stubbe, ein aus Epprath stammender Bauer, wurde gemeinsam mit seiner Tochter und „Gevatterin" gefangen genommen, vor das Blutgericht gebracht und schließlich wegen Hexerei und Werwolferei verurteilt. Am 31. Oktober 1589 fand die öffentliche Hinrichtung statt.

Der Rundweg um den Kasterer See (Bedburg-Altkaster) führt in sieben Stationen zu den Schauplätzen des damaligen Geschehens.

Die sieben Stationen des Werwolfwanderweges:

Infotafel: Agathator, Schloss Bedburg,
Wegstrecke und Überblick
Wolfgangstieg (1)
Die dämonischen Gräueltaten
Kasterer Höhe (2)
Geburts- und Wohnort von Peter Stubbe
Kasterer See (3)
Jagd auf den Werwolf von Epprath
Epprather Brücke über die Erft (4)
Die Verhaftung des Werwolfs
Rathaus Bedburg (5)
Peter Stubbe vor Gericht
Schloss Bedburg (6)
Gefoltert und zum Tode verurteilt
Erfthalbinsel Broich (7)
Das Ende des Werwolfs von Epprath

Informationen
www.alt-kaster.de

Schloss Bedburg
Eines der ältesten Adelssitze an der Erft. Sehenswert ist der Arkadenhof aus 16. Jahrhundert. In der ehemaligen „Rheinischen Ritterakademie" finden heute Kulturveranstaltungen statt.

FREIZEIT & ERHOLUNG

Erlebnisbad „MONTE MARE"
Freizeitbad mit Wellenbad, Saunaparadies, Indoor-Tauchzentrum, vielfältigen Fitness-, Gymnastik- und Wellnessangeboten.
Informationen
Münstereifeler Straße 69
53359 Rheinbach
Tel. 02226 / 9030-0
02226 / 9030-20 (Verwaltung)
02226 / 9030-28 (Sauna & Wellness)
Fax 02226 / 9030-99
rheinbach@monte-mare.de
www.monte-mare.de

Erftlagune
Vielfältige, attraktive, behindertengerechte Badelandschaft mit Wassersprudelbecken, Solebecken und kinderfreundlichen Bereichen. Beheizte Außenanlagen. Wellness: Massagen, Solarien Wassergymnastik.
Informationen
Bruchhöhe 20
50170 Kerpen
Tel. 02273 / 98720-0
erftlagune@gmx.de
www.erftlagune.de

KarlsBad
Brühl, familienfreundliches Erlebnisbad, temperierte Innen- und Außenanlagen, Schwimm- und Spaßbecken, Sprudelliegen, Sauna, römisches Dampfbad. Der Sauna-Park im KarlsBad bietet auch Kosmetikbehandlungen und Wellnessmassagen.
Informationen
Kurfürstenstr. 40
50321 Brühl
Tel. 02232 / 702270
Fax 02232 / 702999
info@stadtwerke-bruehl.de
www.karlsbad-bruehl.de

LEIB & SEELE

Mosterei und Destillation
Hier dreht sich alles um die Frucht. Aus eigener Produktion werden Frisch- und Dörrobst, Gelees, Essig und Säfte angeboten. Aus dem Obst werden in Nordrhein-Westfalens erster Obstverschlussbrennerei mit eigenem Anbau feinste Edelobstbrände gebrannt. Betriebsbesichtigungen sind möglich.
Informationen
Obsthof Brauweiler
Kötenpfuhl 8
53340 Meckenheim-Altendorf
Tel. 02225 / 7385
Fax 02225 / 17152
info@juicebag.de
www.obsthof-brauweiler.de

Erdbeeren, Spargel und Kürbisse
Großer Hofladen mit reichem Produktangebot aus anerkanntem biologischen Anbau, eigene Produkte wie Eier Geflügel, Kartoffeln, Gemüse, Blumen. Großes Sortiment zum jahreszeitlichen Selbstpflücken: Osterglocken, Tulpen, Spargel, Erdbeeren, Sommerblumen, Kürbisse.
Informationen
Gut Clarenhof, 50226 Frechen
Tel. 02234 / 73205
Fax 02234 / 48776
gut.clarenhof@netcologne.de

Einziges Obstbaumuseum Deutschlands
Hofladen mit großem Angebot von Obst und Gemüse aus der Region, darunter viele Apfel- und Birnensorten aus eigenem Anbau, die zu schmackhaften Säften und Gelees verarbeitet werden. Wer nicht nur kulinarisch, sondern auch kulturhistorisch versorgt sein möchte, der sollte das einzige Obstbaumuseum Deutschlands besuchen, das Informationen rund um das Thema „Obstbau und Umwelt" gibt.
Informationen
Obsthof Schmitz-Hübsch
Bonn-Brühler Str. 14
53332 Bornheim-Merten
Tel. 02227 / 82223
Fax 02227 / 82224
brief@schmitzhuebsch.de
www.schmitzhuebsch.de

Fleisch- und Wurstspezialitäten
Hofladen mit regionalem Obst und Gemüse, Säfte, Brotaufstriche. Fleisch- und Wurstwaren. Sonderaktionen: Mühlenfest, Reitturniere, Verkauf von Weihnachtbäumen und Weihnachtsgänsen.
Informationen
Gut Horremer Mühle
50129 Kerpen-Horrem
Tel. 02273 / 4496

Die genannten Anbieter stellen nur eine Auswahl dar aus einem großen Angebot weiterer Naturkostbetriebe. Informationen: www.naturpark-rheinland.de

Lage in Nordrhein-Westfalen

Erlebnistouren

Tour 1: Der Rothaarsteig
Tour 2: Fuchs-Tour

Sehenswürdigkeiten

1. Heimatmuseum Holthausen
2. Kloster Grafschaft
3. Sprungschanze Winterberg
4. Eisporthalle, Bobbahn Winterberg
5. Freilichtbühne Hallenberg
6. Panoramapark Oberhundem
7. Rinsleyfelsen bei Saalhausen
8. Schloss Bad Berleburg
9. Schloss Wittgenstein
10. Bergbaumuseum Hilchenbach-Müsen
11. Kohlemeiler bei Netphen-Walpersdorf
12. Pilzmuseum Bad Laasphe
13. Internationales Radiomuseum Bad Laasphe
14. Erlebnismuseum „Landschaft lebt" Bödefeld

Naturpark Rothaargebirge

Der 1 355 Quadratkilometer große Naturpark Rothaargebirge hat es über die Jahre zum Lieblingsausflugsziel vieler Erholungssuchender vor allem aus dem Rheinland und Ruhrgebiet gebracht. Diese Entwicklung kommt nicht von ungefähr, denn sommers wie winters bietet der Naturpark eine Fülle von attraktiven Sport- und Freizeitmöglichkeiten. Wer also salopp meint, er fährt am Wochenende ins Sauerland oder Siegerland-Wittgenstein,der sollte genauer hinschauen, denn die besonders oft angefahrenen Ziele wie Winterberg, Schmallenberg oder Bad Laasphe liegen mitsamt ihren Winter-, Wander- und Wellnessangeboten mitten im Naturpark Rothaargebirge.

Kernstück dieser Landschaft ist die rund 100 Kilometer lange Gebirgsschwelle am Ostrand des sauerländischen Berglandes, die gleichzeitig die Südostgrenze Westfalens bildet. Die Mittelgebirgslandschaft, deren höchste Erhebung der Kahle Asten mit 841 Metern ist, besticht durch Hochebenen mit ausgezeichnetem Höhenklima und verwunschenen Pfaden rund um die Quellen von Lahn, Eder und Sieg mit vielseitiger Flora und Fauna.

Verwunschen ist keineswegs der Name des Rothaargebirges. Er kündet nicht etwa von einer rothaarigen Bewohnerin des germanischen Götterhimmels, sondern leitet sich von dem Begriff „rauher Höhe" ab, Höhe wird auch als Hardt bezeichnet und so hält sich im Volksmund auch vereinzelt noch der Name „rauhe Hardt".

Lange Zeit unentdeckt

Das raue Gebirgsklima mag ein Grund dafür sein, dass das Rothaargebirge relativ spät vom Menschen entdeckt wurde. Zwar gibt es aus vorgeschichtlicher Zeit einige Spuren von Wallburgen, aber aufgrund der ungünstigen klimatischen Bedingungen und der kargen Böden ließen sich erst seit Anfang des 14. Jahrhunderts dauerhaft Menschen hier nieder. Durch lange Winter und zahlreiche Niederschläge waren der Vieh- und Landwirtschaft Grenzen gesetzt und die Bevölkerung gezwungen, sich nach weiteren Erwerbsquellen umzusehen. So zogen vor allem die Männer mit Kiepe auf dem Rücken als reisende Handelsleute durch große Teile Europas und verkauften Textilien sowie kleinteilige Stein-, Eisen- und Holzwaren, deren Herstellung somit auf eine lange Tradition zurückblicken kann.

Entwicklung des Landschaftsraumes

Wie immer, wenn Menschen in erster Linie mit ihrer Existenzsicherung beschäftigt sind, steht die Natur an zweiter Stelle. Die Kombination aus Wanderhandel und landwirtschaftlicher Nutzung hatte eine Aufteilung der Fläche in kleine und kleinste Parzellen zur Folge. Die Bewirtschaftung zeigte sich in starker Wald-

Kohlenmeiler Walpersdorf

übernutzung durch Vieheintrieb und streckenweise in Verwüstung der Waldflächen durch die Meilerei. Aus diesen Flächen bildeten sich Heide- und Brachflächen, die vor etwa 100 bis 150 Jahren mit Fichten aufgeforstet wurden – eine Entwicklung, die zur Verfichtung ganzer Waldabschnitte führte und im Zuge der Gestaltung des Naturparks langsam wieder rückgängig gemacht wird. Dazu gehört auch die Haubergswirtschaft, eine nachhaltige Form der Niederwaldwirtschaft, die im Zuge der Eisenerzverhüttung entwickelt wurde, nachdem sich herausgestellt hatte, dass zum Schmelzen von einem Kilo Eisenerz bis zu zehn Kilo Holzkohle notwendig waren. Das hatte zur Folge, dass das ehemals waldreiche Siegerland zu einem vom Kahlschlag betroffenen Landstrich wurde. Seit 1991 finden alljährlich Vorführungen statt, die zeigen, wie bis vor rund 150 Jahren Eisen erzeugt wurde. Informationen erteilt z. B. das Forstamt Hilchenbach.

Astenkiefer

Die Entdeckung nachhaltiger Bewirtschaftung

Mit der Gründung des Naturparks Rothaargebirge im Jahre 1963 wurde konsequent versucht, die Nutzung dieser Landschaft für Mensch und Natur verträglicher zu gestalten. Nach nunmehr 43 Jahren kann man sagen, dass das gelungen ist. Voraussetzung dafür waren zunächst einmal veränderte Ansprüche und Möglichkeiten des reinen Broterwerbs. Der Wanderhandel hatte ausgedient, Gewerbe und vor allem Dienstleistung sind an seine Stelle getreten.

Die ganzheitliche Betrachtung der vorhandenen Potentiale – idyllische Fachwerkdörfer, Luft- und Heilkurorte, Sehenswürdigkeiten sowie sportliche Möglichkeiten mit Wandern und Wintersport führten zu einer imposanten Bilanz dessen, was im Naturpark Rothaargebirge bis heute erreicht worden ist: über 2.000 Kilometer Wanderwege, davon viele Rundwanderwege, zahlreiche Wald- und Heidelehrpfade, rund

Weidelbacher Weiher

190 Park-, Rast- und Grillplätze, über 100 Blockhaus-Schutzhütten sowie ca. 3 300 Ruhebänke und 700 Tische. Der Jugendzeltplatz bei Medelon, der wegen seiner Beliebtheit vor allem in den Sommermonaten meist ausgebucht ist, zieht vor allem Gruppen an.

Die Landschaftsschutzmaßnahmen umfassten die Schaffung von dreizehn naturnahen Auenbiotopen. Als Besucherlenkungsmaßnahme wurden allein elf Quellen dem Besucher zugänglich gemacht, darunter auch die Quellen von Ruhr, Sieg, Eder und Lahn. Es wurden auch einige Grundstücke erworben, um sie einer naturschutzverträglichen Nutzung zuzuführen.

Jugendzeltpaltz Medelon

Obernautalsperre bei Netphen

Winterlandschaft am Kahlen Asten

Erfrischung an der Hermann-Kayser-Quelle

Wasser ist Leben

Das Rothaargebirge bildet ein natürliches Wasserreservoir für das Ruhrgebiet und ist zudem Wasserscheide zwischen Rhein und Weser. Die zahlreichen Quellen und die große Dichte des Gewässernetzes prägen die Gestalt des Naturparks. Tiefe Einschnitte mit engen Tälern und Taldistanzen von stellenweise nur einem Kilometer bei einer Höhendifferenz von teilweise mehr als 100 Metern stellten siedlungswillige Menschen vor Herausforderungen. Die Besiedlung entstand daher vielfach nicht, wie vielerorts üblich, in den Tälern, sondern auf den Hochflächen. Bestes Beispiel hierfür ist Winterberg mit seinen Höhendörfern, bekanntestes Wintersportgebiet der Region mit hoher Schneesicherheit, Liften, Rodel- und Bobbahn.

Kloster Grafschaft

Ginsburg bei Hilchenbach, Geflecktes Knabenkraut, prächtiges Fachwerk

Abwechslung durch Vielseitigkeit

Wer sich mal einen Tag entspannen oder eine sportliche Pause einlegen möchte, sollte sich die historischen Sehenswürdigkeiten im Naturpark Rothaargebirge nicht entgehen lassen. Erwähnenswert sind vor allem das Kloster Grafschaft oder die Wallfahrtskapelle aus dem 11. Jahrhundert in Hallenberg, wo im Sommer außerdem die Freilichtbühne mit Aufführungen lockt. Die Schlösser in Bad Berleburg und Bad Laasphe überstrahlen die malerischen Ortskerne, in Bad Berleburg kann man zudem bei Fürstens ins Wohnzimmer gucken – das Schloss der Sayn-Wittgensteins ist für Besucher teilweise nur zu besonderen Zeiten zugänglich. Ebenfalls sehenswert ist die Ginsburg in Hilchenbach, eine nassauische Grenzfeste aus dem 12. Jahrhundert.

Generell kann man sich auch ohne besonderes Ziel von Ort zu Ort treiben lassen und die wunderschönen Fachwerkhäuser betrachten, von denen viele besondere Inschriften haben und im Sommer teilweise üppigen Blumenschmuck tragen.

Wer die Stille sucht, ist in den fast unendlich scheinenden Fichten- und Buchenwäldern richtig. Hier trifft man wenige Menschen, dafür aber immer seltener werdende Tierarten – wenn man Glück hat, erwischt man sogar einen Blick auf Rothirsche oder den seltenen Schwarzstorch.

Das Rothaargebirge verfügt über zahlreiche Naturschutzgebiete, deren bekanntestes ist die Niedersfelder Hochheide, etwa acht Kilometer nördlich von Winterberg. Wer offenen Auges durch die abwechslungsreiche Landschaft wandert, erfreut sich an einer großen Vielfalt von Schmetterlingen. Auch das Vogelschutzgebiet Medebacher Bucht und die vielen Schutzgebiete prägen den Naturpark. Der Besucher ist hier willkommen und kann sich anhand von Informationstafeln und Erläuterungen vor Ort die Besonderheiten näher bringen lassen.

Wenn es dunkel wird, besteht zudem die Möglichkeit, an einer Fledermaus-Safari teilzunehmen.

INFORMATIONEN

Zweckverband
Naturpark Rothaargebirge
Heinrich-Jansen-Weg 14
59929 Brilon
Tel. 02961 / 943223
Fax 02961 / 943255
naturparke@hochsauerlandkreis.de
www.naturpark-rothaargebirge.de

Ausstellung im Infozentrum

Infozentrum im Astenturm

INFORMATIONSZENTRUM KAHLER ASTEN

Rund eine Million Besucher finden alljährlich ihren Weg hinauf zum Kahlen Asten, der damit das meistbesuchte Ausflugsziel im Hochsauerland ist.
Um diese Menge an Besuchern für die schützenswerte Natur zu sensibilisieren, wurde 1996 das Info-Zentrum erbaut. Die Architektur des Pavillons, kreisrund, eingeschossig und rund 85 Quadratmeter groß, passt sich in seiner äußeren Form sehr gut an das bestehende Astengebäude an.
Im Inneren erfährt der Besucher Wissenswertes über die Zusammenhänge zwischen „Naturschutz" und „Erholung". Neben der Darstellung der kulturgeschichtlichen Entwicklung der Region mit ihren Sehenswürdigkeiten informieren großformatige Bilder, Schautafeln, Karten und ein Landschaftsmodell anschaulich über z. B. die Bedeutung der Region für die Trinkwasserversorgung oder auch Gefahren durch den Massentourismus und die Verschmutzungen von Boden, Luft und Wasser.
Das bei einem Rundgang Erlernte kann anschließend direkt vor der Tür in der Natur umgesetzt werden, wobei mit dem obersten Gebot, das Wegenetz rund um den Kahlen Asten nicht zu verlassen, aktiver Naturschutz praktiziert wird.
Informationen
Zweckverband Naturpark Rothaargebirge
und
Informationszentrum Kahler Asten
Astenturm, Winterberg
Führungen und Vorträge
Anmeldung unter Tel. 02981 / 2534
Öffnungszeiten
Das Info-Zentrum ist während der Öffnungszeiten der Gastronomie im Astenturm, Tel. 02981 / 9287480, zugänglich.

ERLEBNISMUSEUM BÖDEFELD

Biologische Station
Hochsauerlandkreis e. V.
info@biostation-hsk.de
www.erlebnismuseum-boedefeld.de

WALDLAND HOHENROTH WALDINFORMATIONSZENTRUM

Forsthaus Hohenroth im Forstamt
Hilchenbach
Tel. 02733 / 3217, Fax 02733 / 891473
peter.lemke@fa-hilchenbach.lfv.nrw.de
www.waldland-hohenroth.de

KULTURHISTORISCHER LERNPFAD, HILCHENBACH

(Länge: 6,7 km)
Die Wegstrecke kann an mehreren Stellen abgekürzt werden. Weil keine großen Höhenunterschiede zu überwinden sind und die Streckenführung weitgehend über befestigte Wege verläuft, eignet sich dieser Wanderweg insbesondere auch für Familien mit Kindern, wobei die Kleineren die Strecke weitgehend auch mittels Dreirad oder Fahrrad zurücklegen können.
www.naturpark-rothaargebirge.de

NATURTREFF SAUERLAND

Mechthild Hochrath
Tel. 02975 / 9639280
info@naturtreff-sauerland.de
www.naturtreff-sauerland.de

INFOS ZU UNTERKÜNFTEN UND TOUREN

Sauerland-Tourismus e. V.,
Bad Fredeburg
Johannes-Hummel-Weg 1
57392 Schmallenberg
Tel. 02974 / 96980
Fax 02974 / 969833
info@sauerland.com
www.sauerland-touristik.de

Touristikverband
Siegerland-Wittgenstein e. V.
Koblenzer Str. 73
57073 Siegen
Tel. 0271 / 3331020
Fax 0271 / 3331029
tvsw@siegen-wittgenstein.de
www.siegerland-wittgenstein-tourismus.de

Informationen zum Rothaarsteig
Rothaarsteig
Poststr. 7
57392 Schmallenberg
Tel. 02972 / 97400
Fax 02972 / 974054
info@rothaarsteig.de
www.rothaarsteig.de

Naturparkkarte
Freizeitkarte NRW, 1 : 50 000,
Naturpark Rothaargebirge mit Wander- und Radwanderwegen.
Erhältlich im Buchhandel oder beim Landesvermessungsamt NRW.

Naturpark Rothaargebirge

ERLEBNISTOUREN – WANDERN

TOP-TOUR

Der Rothaarsteig

Das absolute Wanderhighlight ist natürlich der Rothaarsteig, auch als Weg der Sinne bekannt, mit seinen 154 Kilometern. Der Höhenwanderweg von Brilon nach Dillenburg ist Start- und Zielpunkt interessanter Rundwanderwege durch den Naturpark, die von den 180 angelegten Wanderparkplätzen, als A-Wege gekennzeichnet, ausgehen. An diesen Parkplätzen befinden sich weitere Freizeiteinrichtungen wie Grillplätze, Liegewiesen, Spielplätze, Schutzhütten oder Teichanlagen.

Wegen ihrer landschaftlichen Schönheit sind das Ilsetal (1) bei Bad Laasphe, das Grubental (2) bei Schmallenberg und das Renautal (3) bei Winterberg besonders erwähnenswert. Pausen bieten sich auf den zahlreichen Aussichtstürmen an, allen voran natürlich auf dem Kahlen Asten (4), aber auch der Rhein-Weser-Turm (5) auf dem Rothaarkamm bei

Oberhundem sowie der Gillerturm (6) und die Ginsburg (7) bei Hilchenbach lassen das Auge weit blicken.

Einen Abstecher ist auch das Wildgehege am Panoramapark (8) bei Oberhundem wert.

Der Rothaarsteig bietet Etappen für jeden Fitnessgrad, allerdings sollte man beim Wandern immer mit gutem Schuhwerk und wetterfester Kleidung im Rucksack ausgestattet sein, dann sind guter Laune und Freude an der Natur Tür und Tor geöffnet. Die hier vorgestellten Etappen sind auch mit öffentlichen Verkehrsmitteln gut zu erreichen.

Etappe 1

Winterberg – Kahler Asten – Langewiese

Länge: 11 km

Schwierigkeitsgrad: leicht

Diese Wanderung ist optimal für die ganze Familie. Aus dem oberen Ruhrtal ist sie bequem mit dem Dortmund-Sauerland-Express, dem RE 57, zu erreichen. Bereits im Zentrum von Winterberg beginnt nämlich unsere Etappe.

Über die Winterberger Hochfläche führt der Weg über artenreiche und gerade im Frühling und Sommer blühende Bergwiesen bis zur St.-Georg-Schanze. Ab hier verläuft der Weg in Richtung Westen zum Kahlen Asten mit wunderbarer Fernsicht. Wem das noch nicht hoch genug ist, erklimmt die Aussichtsplattform des Astenturms – von da aus kann man bei schönem Wetter mehr als 100 Kilometer weit gucken!

Weiter geht es auf dem Rothaarsteig in Richtung Lennequelle, einer ausgesprochen hoch liegenden Schichtquelle. Von dort führt der Weg in die Ortschaft Lenneplätze bis nach Langewiese. Die Ausschilderung führt in Langewiese zum Dorfgarten, einem Wanderportal des Rothaarsteigs. Von hier sind es nur rund 50 Meter bis zur Haltestelle, von wo sie die Linie R 28 zurück nach Winterberg bringt.

Etappe 2

Bad Berleburg – Großer Kopf – Bad Berleburg

Länge: 22,8 km

Schwierigkeitsgrad: leicht bis mittelschwer

Diese Etappe ist ein Rundkurs mit einer wahrhaftigen Attraktion für groß und klein – aber von Anfang an. Aus Richtung Siegen mit der Rothaar-Bahn, der RB 93, kommend, beginnt die Markierung des Wegs gleich am Bahnhof.

Der gelben Markierung des Zugangswegs folgend, befinden Sie sich zunächst auf einem kleinen Abschnitt des „Wald-Skulpturen Weg Wittgenstein-Sauerland". An der Skulptur „Stein-Zeit-Mensch" treffen Sie auf den Hauptweg des Rothaarsteigs. Für diese Skulptur ließ der Künstler Nils-Udo einen riesigen Felsquader versetzen, um den er eine templeartige Struktur aus ebenso riesigen Baumstämmen errichtete.

Auf dem Hauptweg geht es nun in süd-westlicher Richtung weiter zum Erlebnispunkt „Ökosystem Wald" mit der imposanten, mehr als 40 Meter langen Hängebrücke. Klingt harmlos? Dann gehen Sie erst mal über die schwankende Konstruktion!

Als weiteren Höhepunkt im wahrsten Sinne gelangen Sie zum Großen Kopf mit 740 Metern. Ab da folgen Sie dem Weg bis zum südlichen Zugangsweg und gelangen nach weiteren acht Kilometern zurück nach Bad Berleburg.

ERLEBNISTOUREN – RADWANDERN

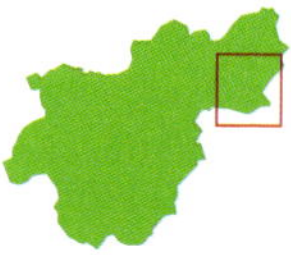

Lage der Tour

Fuchs-Tour

Hallenberg – Braunshausen – Dreislar – Galgenberg – Hallenberg
Länge: 19 km
Höhenmeter: 300 m
Schwierigkeitsgrad: leicht

Beginn der Tour ist der Marktplatz in Hallenberg. Die Sehenswürdigkeiten sparen wir uns für das Ende der Tour auf. Von der Kirche aus geht es über die Nuhne und dann einen ersten steilen Anstieg in das Dreisbachtal hinauf. Hier befinden Sie sich bereits im Naturschutzgebiet Dreisbachtal (4). Ab jetzt führt der Weg in einem steten Auf und Ab nach Braunshausen am Wehlenbach. Hier beginnt das Naturschutzgebiet Wacholderheide (5), wo sie auf einem

traumhaften Weg bis kurz vor Dreislar radeln. Vor dem nächsten kleinen Anstieg gönnen Sie sich eine Verschnaufpause und besichtigen die Schwerspatgrube in Dreislar. Unser Radweg biegt jedoch bereits kurz vor dem Ort links ab, hinauf zum Galgenberg, der mit schönen Ausblicken auf das Hochsauerland lockt. Dann haben Sie es auch schon geschafft und können nun gemütlich zurück nach Hallenberg rollen. Sie sollten Hallenberg jedoch nicht verlassen, ohne den historischen Ortskern (2) mit seiner Pfarrkirche (1) und der Merklinghauser Kapelle (3) am Ortsausgang zu würdigen.

ERLEBNISTOUREN – WEITERE HIGHLIGHTS

Wandern
Wandern ist trendy – das belegen auch die Eröffnungen stets neuer Wanderwege. Hier eine Auswahl:

Wittgensteiner Schieferpfad
2005 als Prädikatswanderweg ausgezeichnet. Er ist 14 Kilometer lang und birgt unterschiedliche Schwierigkeitsgrade.
Informationen
www.siegen-wittgenstein.de

Winterberger Hochtour
mit 82 Kilometern Westfalens längster Rundwanderweg.
Informationen
www.winterberg.de

Waldskulpturenweg Wittgenstein-Sauerland
17 Kilometer zwischen Bad Berleburg und Schmallenberg mit 11 Skulpturen namhafter Künstler.
Informationen
www.waldskulpturenweg.de

Kulturhistorischer Lernpfad
Mit über 6,7 Kilometer von Hilchenbach nach Ruckersfeld.
Informationen
www.naturpark-rothaargebirge.de
www.hilchenbach.de

Hilchenbacher Höhenring
Mit seinen 23 Kilometern eine Tageswanderung rund um Hilchenbach.
Informationen
www.hilchenbach.de

Wintersport in Winterberg
Wenn man sein Auto auf einem der sechs Großraumparkplätze abgestellt hat, geht es mit fünf Sesselliften und 13 Schleppliften hinauf zu 23 Pisten verteilt auf sechs Bergrücken. Sieben der Pisten sind zudem mit Beschneiungsanlagen ausgestattet und laden im Verbund mittwochs, freitags und samstags von 18.30 Uhr bis 22 Uhr zu beleuchteten Abfahrten ein. Wer es nicht so mit dem Skifahren hat, tobt sich an zwei ausgewiesenen Rodelliften aus.

Im größten zusammenhängenden Skigebiet nördlich der Mainlinie kommt jeder in Fahrt: auf den Ski- und Rodelpisten und beim Einkehrschwung in eine der urigen Hütten, die zum ausgiebigen Après Ski einladen.
Informationen
Skiliftkarussell Winterberg
Am Waltenberg 46 (Büro)
59955 Winterberg
Fax 02981 / 3114
www.skiliftkarussell.de
Einen guten Überblick über weitere Skigebiete bekommt man im Internet unter
www.wintersport-arena.de

Ederauen-Radweg
Der 180 Kilometer lange Ederauen-Radweg ist nun wieder etwas für Flachlandfreunde. Beschaulich schlängelt sich die Route durch die sanftgeschwungene Landschaft. Der Ederauen-Radweg verläuft ohne nennenswerte Steigungen fast immer am Fluss entlang und zum größten Teil auf ruhigen Rad- oder Wirtschaftswegen und ist somit verkehrssicher, familien- und seniorenfreundlich. Die Beschilderung ist lückenlos. Auf der westfälischen Seite ist die Route mit „Eder" beschildert, ab Hatzfeld bis hin zur Mündung als "Ederauen-Radweg" gekennzeichnet.
Informationen
www.rothaargebirge.com

Radfahren – Lenne-Route
Start ist die Lenne-Quelle am Kahlen Asten. Die Lenneroute – der Radwanderweg, der das Sauerland mit dem Ruhrgebiet verbindet, ist am 11. Juni 2005 in Lennestadt – Saalhausen eröffnet worden. Sie bietet atemberaubende Fernsichten, klare Wald - und Höhenluft und bezaubernde Orte. Sie radeln auf den Spuren von Karl May oder erkunden eine der vielen Höhlen. Die Wegweisung ist lückenlos. Zwischen Altena und Werdohl müssen Sie z. Zt. noch in Teilbereichen die Straße nutzen. Wer das nicht möchte, dem hilft die Bahn weiter.
Informationen
www.lenneroute.de

Nordic Walking
Diese Sportart erfreut sich seit einigen Jahren steigender Beliebtheit und wird selbstverständlich auch im Rothaargebirge angeboten. Das DSV nordic aktiv Walking Zentrum in Hallenberg-Medebach kennt die schönsten Routen. Für unterschiedliche Kondition und Schwierigkeitsgrade wurden drei Walking-Parks eingerichtet.
Informationen
www.medebach-touristik.de

LEIB & SEELE

Bauernladen „Schmelzhütte"
In herrlicher, ruhiger Einzellage finden Sie hier neben Produkten aus eigener Herstellung auch gemütliche Gästezimmer, je nach Ausstattung zum Preis von 23 Euro pro Person mit Frühstück bis 25 Euro. 25 % Kinderermäßigung bis 10 Jahre.

Genießen Sie Wittgensteiner Honig, Wurst- und Fleischwaren aus eigener Hausschlachtung, Wildschweinschinken, Wildgerichte und Wurst- Spezialitäten, beste Obst- und Beerenweine, sowie Waffeln nach altem Hausrezept.

Informationen
Schmelzhütte
57319 Bad Berleburg-Girkhausen
Tel. 02758 / 277
Fax 02758 / 1296
ittze@t-online.de
www.schmelzhuette.de

Bioland Ziegenhof
In der hofeigenen Käserei wird die gesunde Ziegenmilch in schonender Handarbeit zu Ziegenkäse verarbeitet. Es werden nur natürliches Lab, Salz und Kräuter aus kontrolliert biologischem Anbau verwendet. Es entstehen so Schnittkäse oder kleine, etwa 200 g Stückchen Weichkäse mit Weißschimmel.

Im Käsekeller reifen die Käselaibe innerhalb von 4–6 Wochen, unterstützt durch die tägliche Pflege und Bildung einer natürlichen Rotschmiere-Rinde langsam heran. Diese Naturreifung der Käse sowie unabhängige und regelmäßige Qualitätskontrollen garantieren einen Genuss der besonderen Art. Alle Käse haben einen natürlichen Fettgehalt von mind. 45 % Fett in der Trockenmasse und sind mit Bockshornklee, grünem Pfeffer, Thymian oder Kräutern der Provence erhältlich.

Informationen
BIOLAND Ziegenkäserei
Stefan Knecht
Kreuzberg 19
59969 Hallenberg
Tel. 02984 / 1041
Fax 02984 / 908985
info@stefan.knecht.de
www.stefan-knecht.de

Die genannten Anbieter stellen nur eine Auswahl dar aus einem großen Angebot weiterer Naturkostbetriebe. Informationen: www.naturpark-rothaargebirge.de

Buchenhof

Den Buchenhof finden Sie in Christianseck, einem kleinen Dorf mitten in Wittgensteins Wäldern. Im Jahr 1992 wurde der Hof auf extensive Landwirtschaft umgestellt. Um lange Transportwege zu vermeiden, werden die Tiere direkt auf dem Hof im eigenen Schlacht- und Zerlegeraum geschlachtet und verarbeitet. Dadurch entsteht kaum Stress, was nicht nur den Tieren zu Gute kommt, sondern sich auch positiv auf die Fleischqualität auswirkt. Das schmackhafte Fleisch wird in verkaufsfertige Teilstücke zerlegt. Bei der Wurstherstellung wird nur frisches Fleisch in magerer Zusammensetzung verwendet. Gewürzt wird ausschließlich mit Naturgewürzen. Da das Fleisch bereits einen hohen Eigengeschmack hat, wird auf Geschmacksverstärker verzichtet.

Informationen

Buchenhof – Fam. Becker
Christianseck 6
57319 Bad Berleburg
Tel./Fax 02750 / 413
www.bio-buchenhof.de
Der Verkaufswagen steht am
Hagebaumarkt in Bad Berleburg
Fr von 9–18 Uhr
Sa von 9–13 Uhr

Bio-Gärtnerei am Leisebach

Sie sollten große Körbe mitbringen und sich mit köstlichem Obst und Gemüse von der Bio-Gärtnerei eindecken. Als besondere „Spezialität“ der Gärtnerei ist zu erwähnen, dass neben dem Anbau auch die Vermehrung, bzw. Züchtung einiger Gemüse im Vordergrund steht. So kann ein Teil der ersten Salatsätze nun schon im 4. Jahr aus eigenem Saatgut gezogen werden, Hokkaido-Kürbisse wuchsen vergangenes Jahr aus den Samen der vorjährigen gut ausgereiften und selektierten Kürbisse heran. Weiter wurden die Samen einer sehr wohlschmeckenden Tomate, die in Zukunft nicht mehr gehandelt werden soll, selektiert und schon in der dritten Generation angebaut. Gleiches begann letztes Jahr mit einer samenfesten Wirsingsorte, die auch zukünftig aus den Katalogen verschwinden soll.

Die Anlage und Pflege von Hecken und Nistkästen, sowie insektenfreundlich angelegte Streifen zwischen den Ackerflächen runden die ökologische Bewirtschaftung des Betriebes ab.

Informationen

57319 Bad Berleburg
Ortsteil Beddelhausen
Tel. 02755 / 8460
Fax 02755 / 648
leisebach@leisebach.de
www.leisebach.de

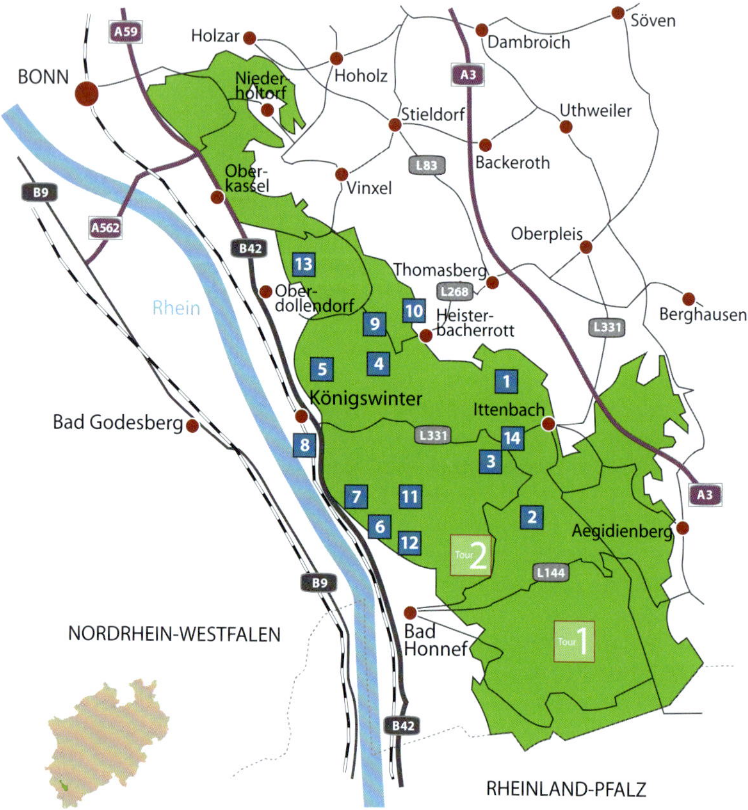

Lage in Nordrhein-Westfalen

Erlebnistouren

Tour 1: Der Rheinhöhenweg durchs Siebengebirge
Tour 2: Der Rheinsteig

Sehenswürdigkeiten

1. Ölberg mit Aussichtsterrasse
2. Löwenburg mit Burgruine
3. Lohrberg
4. Nonnenstromberg
5. Petersberg
6. Drachenfels mit Burgruine
7. Drachenburg (Naturschutzmuseum)
8. Altstadt mit Siebengebirgsmuseum, Rheinpromenade, Zahnradbahn und Schiffsanleger
9. Klosterruine Kleisterbach
10. Steinbruch Weilberg
11. Wolkenburg
12. Rhöndorf mit Konrad-Adenauer-Haus
13. Weinlehrpfad
14. Naturparkhaus

Naturpark Siebengebirge

Märchenhaft und sagenumwoben bot das Siebengebirge zu allen Zeiten eine Menge Stoff für Phantasien. Das liegt zum einen wohl auch an Namen wie z. B. Drachenfels, zum anderen aber auch an der Lage direkt am Rhein, der schon für sich genommen genug Stoff für Mythen liefert. Allein das Nibelungenlied regte die Phantasien von Generationen von Menschen und den Forscherdrang der Altgermanisten aufs Trefflichste an. Es gibt zwei Meinungen über die Namensherkunft: von der Zahl Sieben oder von Siefen – so werden die v-förmig eingeschnittenen Bachtälchen der Mittelgebirge genannt.

Überzeugende Argumente für die „Sieben"-Theorie liefert ein lateinisches Rheingedicht von 1570. Es spricht von „septem montes", also sieben Bergen, die von Köln und auch sonst aus weiter Ferne sichtbar seien. Hieraus lässt sich erkennen, dass der Name über 400 Jahre alt ist. Er entstand demnach nicht durch die Anwohner, sondern in den alten Zentren Köln und Bonn, von wo aus etwa sieben Berge hervortreten.

So ragen aus den 42 großen und kleinen Gipfeln die „klassischen Sieben" heraus: Drachenfels (321 m), Wolkenburg (324 m), Petersberg (331 m), Nonnenstromberg (335 m), Lohrberg (432 m), Löwenburg (455 m) und Oelberg (461 m).

Aber auch für Freunde reiner Fakten nimmt das Siebengebirge als Naturpark mit vielen besonderen Merkmalen einen Sonderplatz ein: Seine Ausmaße erstrecken sich rechtsrheinisch vom Bonner Stadtgebiet über Königswinter bis nach Bad Honnef und mit 48 Quadratkilometern ist es der kleinste Naturpark in Nordrhein-Westfalen, außerdem als ältestes 100-prozentiges Naturschutzgebiet in NRW seit 1923 ausgezeichnet, es zählt 42 – Sechs Mal Sieben, nomen est omen – Kuppen und Berge, hat das größte zusammenhängende Buchenwaldgebiet im Rheinland, das einzige Weinanbaugebiet in Nordrhein-Westfalen, die älteste Zahnradbahn Deutschlands und natürlich einzigartige Sehenswürdigkeiten und Ausblicke.

Grund genug, dieses wunderbare Fleckchen Natur intensiver zu erkunden.

Geformt von Vulkanen und Menschen

Die Landschaft des Siebengebirges wurde als Teil des Rheinischen Schiefergebirges vor etwa 25 Millionen Jahren durch die tertiären vulkanischen Aktivitäten geformt. Das Ergebnis kann man auch heute noch in den ehemaligen Steinbrüchen betrachten, die eine Vielzahl von Gesteinen offenbaren und damit einen faszinierenden Einblick in die Erdgeschichte geben, wie beispielsweise am Steinbruch Weilberg. Die Besiedelung des Siebengebirges seit dem Ende der Eiszeiten ist belegt und so erlebte das Siebengebirge eine wechselvolle Geschichte.

Das älteste Haustier der Menschheit

Allerdings entdeckten die Menschen die Möglichkeiten des Siebengebirges nicht erst zur Römerzeit, sondern bereits in der Altsteinzeit ca. 14 000 Jahre vor Christus. So wurde im Jahr 1919 bei Steinbrucharbeiten von Arbeitern eine Grabstätte am Stingenberg bei Oberkassel gefunden. Diese barg die Skelette eines älteren Mannes, einer kleinen jungen Frau und das Skelett eines Haushundes. Es gilt heute als das bisher älteste gefundene Haustier der Menschheit, der das jagende Menschenpaar begleitet hat. Der Grabfund, der als der bedeutendste der Altsteinzeit gilt, ist heute im Rheinischen Landesmuseum in Bonn (Tel. 0228 / 2070-0, www.rlmb.lvr.de) zu bewundern.

Trachyt, Latit und Basalt

Aus dem 4. Jahrhundert vor Christus sind Spuren der Kelten belegt. Sie wanderten über die Jahrhunderte aus südöstlicher Richtung nach Westeuropa und gründeten im 1. Jahrhundert vor Christus auf dem Petersberg eine Fliehburg.

Etwa zu dieser Zeit erkannten auch die Römer die Möglichkeiten, die in den Gesteinsschichten des Sie- bengebirges steckten und so können etwa am Drachen- fels allein 40 Bearbeitungsspuren besichtigt werden, die den Römern zugeschrieben werden.

Der Drachenfels lieferte vor allem das Gestein mit dem Namen Trachyt, das in großen Blöcken ab- und in den Domen von Köln, Limburg und Xanten im Mittel- alter verbaut wurde. Die unmittelbare Nähe des Rheins als Wasserstraße erwies sich als ideal für den Transport der schweren Brocken. Der guten Vollständigkeit hal- ber müssen aber auch die Gesteine Latit und Basalt er- wähnt werden: Latit wurde an der Wolkenburg abge- baut und diente zum Bau des Brühler Schlosses in der Barockzeit. Basalt wurde vor allem am Ölberg gewon- nen und zur Befestigung des Rheinufers im 19. Jahr- hundert genutzt.

Von mittelalterlicher Besiedelung zum Naturpark

Im 4. und 5. Jahrhundert gehörte das Siebengebirge dann zum Gebiet der ripuarischen Franken, ein paar Jahrhunderte später dann zum Löwenburger Land und an-schließend als Amt Löwenburg zum Herzogtum Berg. Im Jahr 1815 wurde dann auf dem Wiener Kongress entschieden, das Siebengebirge zusammen mit der neu geschaffenen Rheinprovinz dem Königreich Preußen zuzuteilen.

Diese Zuteilung sollte sich als Segen für das Siebengebirge erweisen. Mit dem Beginn der Rheinromantik zu Beginn des 19. Jahrhunderts und den ersten Reisenden, die rein touristisch motiviert an den Rhein kamen, fiel unter ebendiesem Blickwinkel die Zerstörung der Landschaft des Siebengebirges besonders unangenehm auf. 1836 sprach der damalige preußische König ein Machtwort, kaufte den Steinbruch am Drachenfels auf und stellte den weiteren Abbau von Gestein ein. Dadurch wurde sowohl die Burgruine auf dem Drachenfels als auch das einmalige Panorama des Siebengebirges gerettet. Etwa 30 Jahre später gründeten einflussreiche Bonner Bürger den „Verschönerungsverein für das Siebengebirge", abgekürzt VVS, der auch heute Träger des Naturparks Siebengebirge ist. Seit dieser Zeit setzt sich der VVS für den Erhalt dieser einmaligen Landschaft ein und erreichte unter anderem die komplette Stilllegung der übrigen Steinbrüche.

1923 erfolgte die Ernennung zum Naturschutzgebiet, dem zweitältesten in Deutschland nach der Lüneburger Heide, die Ausweisung zum Naturpark erfolgte 1957 und im Jahr 1971 wurde die Bedeutung des Siebengebirges als Erholungsgebiet und Teil des europäischen Biotopverbundnetzes (FFH-Gebiet) mit der Verleihung des Europa-Diploms erneut bestätigt.

Löwenburg – Bad-Honnef

Wolkenburg Drachenfels

Einzigartiges Klima für seltene Arten

Das milde Klima der Rheinebene ist auch für das Siebengebirge bestimmend und so entstand in Kombination mit der großflächigen Bewaldung und dem starken Wechsel der Böden viel Raum für eine artenreiche Flora und Fauna.

Es spielen in diesem Zusammenhang auch die ehemaligen Steinbrüche erneut eine wichtige Rolle, denn sie wurden von der Natur eindrucksvoll zurück erobert. So entstanden hier einzigartige Biotope, ebenso wie auf Obstwiesen, in Gärten, an Felswänden und Weinbergen sowie an und in den zahlreichen Bächen. Diese Biotope werden mit hohem Aufwand, oftmals von freiwilligen Helferinnen und Helfern, sorgfältig gepflegt und bieten u. a. auch rund 80 Tier- und Pflanzenarten, die auf der Roten Liste der gefährdeten Arten stehen, Platz zum Überleben. Dazu gehören beispielsweise Feuersalamander, Wanderfalke und Zauneidechse aber auch Gelbbauchunke und Geburtshelferkröte. Selbst der Uhu ist im Siebengebirge wieder heimisch geworden, wenn vorerst auch nur mit zwei Exemplaren.

Neben den Steinbrüchen existieren auch große Höhlen, die in früherer Zeit durch den Abbau von Tuffstein, welchen man für Backöfen nutzte, entstanden sind. Diese Höhlen wurden „Ofenkaulen" genannt und stellen heute wichtige Winterquartiere für mehrere Fledermausarten dar. Da diese Tiere sehr empfindlich auf Störungen aller Art reagieren, sind die Ofenkaulen für Besucher gesperrt.

Mauereidechse

Weinberg Unkel

Natur und Wirtschaft – kein Widerspruch

Das Siebengebirge wird seit etwa 2 000 Jahren intensiv von den Menschen genutzt und ist deshalb auch kein Urwald. Die Ausweisung dieser Region als Naturschutzgebiet bedeutet nicht, dass die Natur im Siebengebirge völlig sich selbst überlassen wird. Es bedeutet vielmehr, dass im Einklang mit den Geboten des Naturschutzes und den Leitlinien für Waldwirtschaft und Jagd der Erhalt dieser einzigartigen Landschaft mit Wäldern, Obstwiesen und Weinbergen im Mittelpunkt steht.

Vor allem die Holzwirtschaft hat einen erheblichen Anteil daran, dass die Wälder im Siebengebirge stabil und artenreich gehalten werden. So bedeutet Forstwirtschaft nicht Kahlschlag, sondern, ganz im Gegenteil, die Förderung eines stufigen Waldes mit Bäumen jeden Alters. Durch standortgemäße Aufforstung werden bestimmte Baumarten geschützt und die Wunden, die der maßlose Holzeinschlag durch den Menschen zu Beginn des 20. Jahrhunderts, aber auch der Zweite Weltkrieg hinterlassen haben, werden so mit der Zeit geheilt.

INFORMATIONEN

Träger des Naturparks Siebengebirge ist der VVS. Die Geschäftsstelle des Naturparks/VVS befindet sich im Margarethenhof auf der Margarethenhöhe
Infozentrum Naturparkhaus
Margarethenhöhe
Königswinterer Straße 409
53639 Königswinter
Tel. 02223 / 909494
Fax 02223 / 909700
info@naturpark-siebengebirge.de
www.naturpark-siebengebirge.de
Öffnungszeiten
Di bis Fr 9–16 Uhr, Sa 15–17 Uhr,
So 12–16 Uhr
Führungen
Gruppen bitte nur mit vorheriger schriftlicher oder telefonischer Anmeldung.
Preise
Erwachsene 1,50 Euro,
Familien 3 Euro,
Jugendliche und Behinderte 0,50 Euro,
Kinder bis 6 Jahren haben freien Eintritt
Schulklassen und
Kindergartengruppen 10 Euro,
Gruppen pro Teilnehmer 1 Euro,
mind. 25 Euro

INFOZENTRUM NATURPARKHAUS

Das Naturparkhaus bietet für große und kleine Wissensdurstige ein vielfältiges Angebot an theoretischen und praktischen Erkundungen rund um das Siebengebirge. Die interessante Ausstellung wurde rund um ein Landschaftsmodell des Siebengebirges konzipiert, das auch angefasst werden darf. Einen solch guten Überblick von oben erhält der Besucher in der Regel nur, wenn er sich selbst auf einen Rundflug begibt, der von Anbietern beispielsweise von Bonn-Hangelar oder dem Flughafen Köln-Bonn aus angeboten wird.
Ein in das Landschaftsmodell eingefügter Computer bietet dem Besucher über einen Touchscreen die Möglichkeit, genauere Informationen zu besonderen Themenschwerpunkten zu erhalten.
Außerdem erfährt man zum Beispiel etwas über die vulkanische Entstehung des Siebengebirges oder kann durch ein Mikroskop Dünnschliffe verschiedener Gesteinsproben betrachten. Ebenso beeindruckend geht es im Außenbereich weiter, wo die wichtigsten Gesteine dann in ihrer ganzen imposanten Größe präsentiert werden. Die Beschäftigung mit Gesteinen und dem Bodenprofil des Siebengebirges sollte aber nicht darüber hinweg täuschen, dass der Wald als Kulturlandschaft das Siebengebirge dominiert. Gerade die Eingriffe des Menschen

haben diese Naturlandschaft geprägt und erhaltenswerte Räume geschaffen. Hier übernimmt auch das sogenannte Totholz eine wichtige Funktion, bietet es doch Insekten, Pilzen, Moosen und Flechten einen einzigartigen Lebensraum. Die unterschiedlichen Bedingungen des Siebengebirges mit sonnigen Rheinhängen und schattigen, tiefen Tälern haben Landschaften unterschiedlichster Natur entstehen lassen, von Weinhängen über Streuobstwiesen bis zu feuchten Wiesen und Weiden. Jeder Lebensraum bietet verschiedenen Lebensgesellschaften Entfaltung, über die sich der Besucher auf Schautafeln, in einer Ton-Dia-Schau informieren kann. Mittels einer Berleseapparatur können sogar lebende Bodenorganismen durch ein Stereomikroskop betrachtet werden. Der VVS bietet das ganze Jahr hindurch geführte Wanderungen und Exkursionen zu ausgewählten Themen, beispielsweise zu heimischen Kräutern, Amphibien und Käfern, Vulkanismus, verlassenen Stollen, oder ganz traditionell eine Wanderung mit fröhlichen Wanderliedern.
Jahresplan mit Terminen, Startzeiten und -orten
www.naturpark-siebengebirge.de

INFORMATIONEN ZU UNTERKÜNFTEN UND TOUREN

Tourismus Siebengebirge GmbH
Drachenfels-Tourismus-Bahnhof
Drachenfelsstraße 51
53639 Königswinter
Tel. 02223 / 917711
Fax 02223 / 917720
info@siebengebirge.com
www.siebengebirge.com

Naturpark
Siebengebirge

ERLEBNISTOUREN – WANDERN

Der Rheinhöhenweg

Teilstück:
Für einen ersten Eindruck und jede Altersstufe empfehlen wir eine Wanderung von Niederholtorf auf den Rheinhöhenweg bis nach Oberkassel.
Länge: ca. 5 km
Dauer: ca. 1,5 Stunden
Schwierigkeitsgrad: einfach bis mittelschwer

Obwohl das Siebengebirge als Naturpark eher zu den flächenmäßig etwas kleineren Gebieten gehört, gibt es unzählige Möglichkeiten, diese Region auf Schusters Rappen zu erkunden. So gibt es rund 200 Kilometer Wanderwege- und pfade, die weitgehend für den Autoverkehr gesperrt sind. Allein der VVS schlägt bereits fünf kurze Wandertouren, die alle in ein bis zwei Stunden be-

Oelberge

wältigt werden können, vor, z. B. rund um den Ennert, rund um die beiden Oelberge oder die Route Oberholtdorf-Weinwanderweg-Oberdollendorf.

Am bekanntesten dürften jedoch der klassische Rheinhöhenweg sowie der relativ neue Rheinsteig sein, die beide zu atemberaubenden Aussichtspunkten führen.

Der Rheinhöhenweg verläuft links- und rechtsrheinisch und ist insgesamt mehr als 500 Kilometer lang.

Der rechtsrheinische Teil, der u. a. das Siebengebirge durchquert, verläuft über rund 270 Kilometer zwischen Bonn-Beuel bis Wiesbaden.

Wegbeschreibung

Ausgangspunkt ist die Haltestelle „Am Waldrand“ (1) am Ortseingang von Niederholtorf. Der Straße folgen bis es nach einer Linkskurve rechts in den Wald hineingeht. Nach ca. 50 Metern kommt eine Kreuzung mit einer Eiche, hier links. Nach etwa 250 weiteren Metern zeigt ein Wegestein nach rechts zum Rheinhöhenweg. Ab hier folgen Sie der Beschilderung mit dem schwarzen R auf weißem Grund. An der ersten Schutzhütte am Rheinhöhenweg nicht rechts nach Oberkassel, sonder weiter geradeaus, denn hier kommen die schönsten Aussichtspunkte (2), z. B. der weite Blick auf das Rheintal über dem Oberkasseler Steinbruch, dessen markante Felswand weithin zu sehen ist. Oder der Blick über das linke Rheinufer vom Rolandsbogen über Bad Godesberg und Bonn. Wenn die Sicht besonders klar ist, kann man sogar den Kölner Dom sehen und nach Westen hin bis in die Eifel.

Nach der Hinweistafel „Ramholzwirtschaft“ bitte rechts dem Hinweis Römlinghausen folgen. An der nächsten Kreuzung wieder rechts auf die Straße Kucksteinweg, bis auf die Berghovener Straße, der Sie rechts und etwas später nach links folgen, bis diese in die Langemarckstraße mündet. Rechter Hand geht es über die B 42, bis Sie nach etwa 250 Metern die Straßenbahnhaltestelle Oberkassel-Süd/Römlinghofen (3) erreichen. Von hier aus geht es mit der Linie 66 wieder zurück zum Hauptbahnhof.

ERLEBNISTOUREN – WANDERN

Lage der Tour

TOP-TOUR

Der Rheinsteig

Teilstück:
Rhöndorf – Ziepchensplatz – Waldgaststätte Löwenburger Hof – Wanderparkplatz Schmelztal
Länge: ca. 7 km
Dauer: ca. 2 Stunden
Schwierigkeitsgrad: einfach bis mittelschwer
Einkehr: möglich

Wer auf dem Rheinsteig wandern möchte, sollte bereits etwas erfahrener sein, denn manche Wege sind sehr schmal, unbefestigt und auch für Leute mit Höhenangst, nicht unbedingt geeignet.

Der Rheinsteig wurde im September 2005 eröffnet und ist mit einem weißen R auf blauem Grund gekennzeichnet. Auf insgesamt 320 Kilometern führt der neue rechtsrheinische Wanderweg zwischen Wiesbaden und Bonn vom Siebengebirge über das Mittelrheintal bis hin zum Rheingau. Eine abwechslungsreiche und naturnahe Wegführung ist charakteristisch für den Rheinsteig: Auf schmalen, größtenteils erdbelassenen oder felsigen Pfaden durchkreuzt der Wanderer Wälder und Weinberge und gelangt zu einmaligen Aussichtspunkten.

Wegbeschreibung

Ab dem Ziepchensplatz (1) in der Rhöndorfer Ortsmitte startet diese Etappe in Richtung Breiberg. Dieser Abschnitt

Waldgaststätte Löwenburger Hof

Schutzhütte auf dem Breiberg

folgt einem sehr schönen Wanderweg mit panoramaartigen Ausblicken. Der Weg führt weiter auf den Breiberg (2) – Achtung, es gibt Bänke und Schutzhütten zum Verschnaufen – und weiter hinauf bis zur Ruine Löwenburg (4). Hier in der Waldgaststätte (3) sollte man sich erst mal ausruhen. Entweder man tritt wieder den Rückweg zum Ausgangspunkt an oder marschiert nun weiter in Richtung Süden durch das Poßtal bis ins Schmelztal. Dort bitte die Straße überqueren und über den Damm des Rückhaltebeckens Richtung Waldrand gehen. Der Weg oberhalb der Waldrandgrenze wird schmal und es folgt ein steiler Anstieg. Endpunkt der Etappe ist nach der Umrundung der Wiese am Hang der Wanderparkplatz Schmelztal (5).

Informationen
www.rheinsteig.de

ERLEBNISTOUREN – WEITERE HIGHLIGHTS

Zu den wohl bekanntesten der namentlich erwähnten Berge des Siebengebirges gehören der Drachenfels und der Petersberg, wenn auch aus unterschiedlichen Gründen.

Der Drachenfels

Weithin sichtbar erscheint die Ruine der Burg hoch auf dem Gipfel des Drachenfels. Mit dem Bau wurde im Jahr 1138 vom Kölner Erzbischof Arnold begonnen, mit dem Ziel, das kurkölner Gebiet nach Süden abzusichern. Im Dreißigjährigen Krieg wurde ein Großteil der Anlage zerstört und der intensive Abbau in den Steinbrüchen schien das Ende der Ruine zu besiegeln. Als „erste Großtat eines deutschen Staates auf dem Gebiet des Natur- und Denkmalschutzes" wurden die Überreste jedoch bereits 1836 unter Schutz gestellt.

Besonders beliebt bei Ausflüglern aller Art, besonders bei ortsunkundigen Schulklassen, ist die sportliche Besteigung des Drachenfels mit ansteigendem Puls. Erst oben angekommen, erfahren die nach Luft schnappenden Gipfelstürmer, dass es sowohl eine Zahnradbahn, eine Kutsche als auch einen Eselsweg gibt, der allerdings nur mutigen kleinen Zeitgenossen mit einer gewissen Zuneigung zu den mitunter eigensinnigen Tieren zu empfehlen ist. Auf halbem Weg passiert der Wanderer noch die Nibelungenhalle mit ihrem Reptilienzoo (www.reptilien-zoo-koenigswinter.de, Tel. 02223 / 24150), ebenfalls eine Besichtigung wert.

Oben angekommen, entschädigt ein weiter Blick über das Rheintal und das übrige Siebengebirge für die Anstrengung. Ist man schon mal da, sollte man unbedingt eine Besichtigung von Schloss Drachenburg ins Auge fassen. Erbaut von 1881 bis 1884, gilt das Schloss als ein Meisterwerk der Neugotik. Die Innenräume stehen dem prächtigen Äußeren in nichts nach – historische Ma-

Drachenburg, Zahnradbahn, Petersberg und Chorruine Heisterbach

lereien aus der rheinischen Märchen- und Sagenwelt schmücken die Wände. In der Vorburg lädt ein Museum zur Geschichte des Naturschutzes in Deutschland zum Verweilen ein, außerdem werden kulturelle Veranstaltungen angeboten.

Der Petersberg und Kloster Heisterbach

Bereits um 1189 ließen sich Zisterziensermönche auf dem Petersberg nieder. Allerdings schien es sich dabei nur um eine Übergangsphase zu handeln, denn Anfang des 13. Jahrhunderts hatten die Mönche das raue Bergklima satt und begaben sich ins Tal, um sich an einem Bach mit umliegenden Buchen, auch Heistern genannt, nieder zu lassen.

Hier erbauten sie die Klosteranlage Heisterbach mit Abteikirche. Von dieser Anlage kann heute leider nur noch die Chorruine besichtigt werden, die mittlerweile von stolzen Buchenwäldern umgeben ist. In früheren Zeiten gehörte die Anlage zu den bedeutendsten Bauten während des Übergangs vom romanischen zum gotischen Baustil.

Auf dem Petersberg tat sich lange Zeit nichts, bis der Kölner Industrielle Ferdinand Mülhens 1914 hier ein Hotel errichtete, welches nach dem Zweiten Weltkrieg Sitz der hohen Kommissare der westlichen Alliierten war.

Die exklusive Lage, die luxuriöse Ausstattung und letztlich die Nähe zur ehemaligen Hauptstadt Bonn ließ den Petersberg zwischen 1954 und 1969 zu einer illustren Adresse für Staatsgäste aus aller Welt werden. 1990 erfolgte ein umfangreicher Umbau und der Petersberg präsentiert sich heute als Gästehaus der Bundesrepublik Deutschland und exklusives Hotel.

So kann auch der private Gast, also Leute wie Du und ich, ein gut gefülltes Portmonnaie vorausgesetzt, im Steigenberger Grandhotel Petersberg absteigen.

LEIB & SEELE

Wein

Probieren Sie ruhig mal den Wein aus dem Siebengebirge, z. B. in Königswinter von den Weingütern Blöser, Pieper oder Karl Heinz Broel, dem kleinsten Winzer im nördlichsten deutschen Weinanbaugebiet, dem Siebengebirge. Er darf übrigens als einziger Winzer ein Portraitfoto von Konrad Adenauer auf seinen Etiketten bzw. Weinflaschen führen.

Informationen

Weingut Blöser
Bachstraße 112
53639 Königswinter-Oberdollendorf
Tel. 0 22 23 / 33 22
Fax 0 22 23 / 90 83 01
info@weingutbloeser.de
www.weingutbloeser.de

Weingut Pieper
Hauptstraße 458
53639 Königswinter
Tel. 02223 / 22650
Fax 02223 / 904152
info@weingut-pieper.de
www.weingut-pieper.de

Weingut Broel
Karl-Broel-Straße 3
53604 Rhöndorf
Tel. 02224 / 2655
www.weingut-broel.de

Schokolade

Schokolade liegt ja schwer im Trend, je dunkler, je lieber. Eine der bekanntesten Schokoladenfabriken mit erlesenen Kreationen liegt glücklicherweise auch im Siebengebirge, nämlich die Confiserie Coppeneur in Bad Honnef. Zögern Sie nicht, hier Ihre Geschmacksknopsen zu verwöhnen, denn die Produkte von Coppeneur haben nichts mit der im Supermarkt erhältlichen industriellen Zucker-und-Fett-Massenware zu tun.

Informationen

CCC Confiserie Coppeneur et Compagnon GmbH
Wittichenauer Straße 15–17
53604 Bad Honnef
Tel. 02224 / 901040
Fax 02224 / 9010480
infos@coppeneur.de
www.coppeneur.de

Honig

Leckermäulchen werden glücklich, wenn Sie vom Honig naschen, den verschiedene Imker anbieten. Honig und natürlich alle Produkte rund um die fleißigen Bienchen gibt es z. B. im Honig Häuschen in Königswinter, direkt gegenüber der Nibelungenhalle.

Informationen
Imkerei Honighäuschen
Drachenfelsstraße 92
53639 Königswinter
Tel. 02223 / 905770
Fax 0228 / 4228060
www.honighaeuschen.de

Die genannten Anbieter stellen nur eine Auswahl dar aus einem großen Angebot weiterer Naturkostbetriebe. Informationen: www.naturpark-siebengebirge.de

ÜBERNACHTUNGSVERZEICHNIS

NATURPARK ARNSBERGER WALD

VIABONO-PARTNER

Hotel Menge
Familiär geführtes Hotel Nähe Altstadt. 18 Zimmer, Gartenterrasse, hauseigener Park. Ausgezeichnete leichte saisonale Küche, „Bib Gourmand" (Michelin).
Ruhrstr. 60
Informationen
59821 Arnsberg
Tel. 02931 / 52520
Fax 02931 / 525250
menge@viabono.de
www.viabono.de/menge

JUGENDHERBERGEN

Jugendherberge Meschede
In dem unmittelbar an das Haus grenzenden Wald (45 000 qm) finden Wanderer gut ausgeschilderte und abwechslungsreiche Wanderwege. Bei den Ausflügen können immer wieder Aussichtspunkte entdeckt werden, die einen weiten Blick über die Landschaft erlauben.
Informationen
Zur Jugendherberge 1
59872 Meschede
Tel. 0291 / 6666
Fax 0291 / 1589
jh-meschede@djh-wl.de
www.djh-wl.de/meschede
Ausstattung
100 Betten, 19 Zimmer, 5 Tagesräume versch. Größen, Clubraum mit Fußballkicker.
Preise
ÜF ab 16,20 € bei 1 Ü,
ÜF ab 13,70 € ab 2 Ü.
VP ab 25,40 € bei 1 Ü.
Andere Verpflegungswünsche möglich.
Öffnungszeiten
Ganzjährig, außer vom 23. Dezember bis 27. Dezember

Jugendherberge Möhnesee
Die JH liegt direkt am Möhnesee und am Arnsberger Wald. Alles was das Herz begehrt finden Sie in der weitläufigen Umgebung z. B. die Bilsteinhöhle und den Stadtwald von Warstein mit den Heimischen Tierarten oder das Landschaftsinformationszentrum unterhalb der beeindruckenden Staumauer indem Sie alles über Wasser und Wald erfahren können. Hier finden Sie Erholung; ein reichhaltiges Freizeit- und Kulturprogramm, sowie schöne Wandermöglichkeiten.
Informationen
Südufer 20
59519 Möhnesee
Tel. 02924 / 305
Fax 02924 / 2788

Jh-moehnesee@djh-wl.de
www.jugendherberge.de
www.lvb.westfalen.jugendherberge.de
Ausstattung
203 Betten, 36 Zimmer, 6 Tagesräume.
Preise
ÜF ab 13,40 € inkl. Bettwäsche.
Öffnungszeiten
Anmeldung Mo–Sa 8–14 und 17–22 Uhr, So/Fei 8–13 Uhr und nach Vereinbarung.

NATURFREUNDEHÄUSER

Naturfreundehaus Stimm Stamm
Das Selbstversorgerhaus liegt ruhig auf dem höchsten Punkt des Stimm-Stamm. Durch hügelige Landschaft aus Nadel- und Laubwäldern und Tälern mit plätschernden Bächen kann man wandern. Wildgehege, Tropfsteinhöhle und Hennesee sind nicht weit.
Informationen
Warsteiner Landstr. 187
59581 Warstein
Tel. 0291 / 1887
www.naturfreunde-bochum.de
Ausstattung
26 Betten, Aufenthaltsräume: 1 Raum für 25 Pers., 1 Raum für 10 Pers.
Seminarräume: 1 Raum für 25 Pers., 1 Raum für 10 Pers.
Preise
Übernachtung ab 9,30 €
Öffnungszeiten
Fr–So und auf Anfrage (für Gruppen ab 15 Pers.). Geschlossen: 22.12.–02.01.

NATURPARK BERGISCHES LAND

VIABONO-PARTNER

artgenossen landarthotel
Denkmalgeschütztes Jugendstilhaus. 13 individuell von Künstlern gestaltete Zimmer. Restaurant-Café. Kulturwerkstatt mit abwechslungsreichem Programm.
Informationen
Pollerhofstraße 35–37
51789 Lindlar
Tel. 02266 / 901280
Fax 02266 / 9012899
artgenossen@viabono.de
www.viabono.de/artgenossen

Hotel Landhaus Wirth
Traditionsreiches ruhig gelegenes Hotel mit 50 individuellen Zimmern und drei Wohnungen. Große Gartenanlage mit Liegewiese, Restaurant, Schwimmbad und Sauna.
Informationen
Friesenstraße 8
51709 Marienheide-Rodt
Tel. 02264 / 270
Fax 02264 / 27 88
wirth@viabono.de
www.viabono.de/wirth

WANDERVERBAND-PARTNER

Czolbe Alfred und Magdalene

Das Haus liegt im Luftkurort Nürnbrecht, direkt am Wald mit herrlichen Wanderwegen. Geführte Wanderungen werden in Nürnbrecht angeboten. Informationen bekommen Sie im Haus.

Informationen

Heideweg 17
51588 Nürnbrecht
Tel. 02293 / 1614
Fax 02293 / 903104
mczolbe@freenet.de
www.ferienwohnung-czolbe.de

Ausstattung

Ferienwohnung für zwei Personen mit Wohnschlafraum, Küche, Essecke, Diele, Dusche. Parkplatz am Haus, separater Eingang, freie und überdachte Terrasse, Grillplatz, herrliche ruhige Südhanglage.

Preise

1 Nacht 36 €, 2 Nächte 32 €, 3 Nächte 27 €, ab 8 Nächte 26 € pro Person. Keine Kurtaxe, keine Endreinigung. Auf Wunsch mit Frühstück.

Öffnungszeiten

Ganzjährig.

JUGENDHERBERGEN

Jugendherberge Lindlar

Für alle, die in ländlicher Atmosphäre in die Schönheit der Natur eintauchen wollen, ist die Jugendherberge Lindlar ein lohnenswertes Ziel. Im Rahmen des Schwerpunktes „Umweltstudienplatz" bietet die JH Programme zum Thema „Natur und Multimedia" und Naturerlebnisse für jedes Alter.

Informationen

Jugendherberge 30
51789 Lindlar
Tel. 02266 / 5264
Fax 02266 / 45517
lindlar@jugendherberge.de
www.lindlar.jugendherberge.de

Ausstattung

40 Zimmer mit 160 Betten, davon 8 Leiterzimmer (teilweise mit eigener Dusche/WC) und zwölf 8-Bett-Zimmer. 7 Tagesräume (10–150 Personen), Medienlabor, Entspannungsraum, Fußball, Volleyball, Streetball, Disko, Tischtennis-platten, verschiedene Sportgeräte, eigenes Waldgelände, Sportplatz.

Preise

Nebensaison ÜF: 14,35 €, HP 17,85 €, VP 20,05 €, Hauptsaison ÜF: 16,90 €, HP 21,00 €, VP 23,60 €, Kinder bis 2 Jahre frei, von 3–5 Jahren 30 % Ermäßigung, Aufpreis für Personen ab 27 Jahre 3,00 €

Angebote

Pauschalprogramme für Schulklassen: „Natur kompakt", „Natur pur", „Erlebnis Wald und Wasser"; aktive Umwelterziehung, ökologisch verträgliche Bewirtschaftung, „Gut-Drauf"-Projekte zum Thema gesunde Ernährung.

Öffnungszeiten

ganzjährig außer Weihnachten.

Jugendherberge Morsbach Familienjugendherberge

In Morsbach wird in der reizvollen Landschaft des Oberbergischen die Vergangenheit wieder lebendig. Besonders Familien können hier die Ruhe der Natur genießen. Unser Haus liegt auf einer

Anhöhe mitten im Grünen mit Blick auf die Landschaft des Bergischen Landes.

Informationen

Obere Kirchstr. 21
51597 Morsbach
Tel. 02294 / 8662
Fax 02294 / 7807
morsbach@jugendherberge.de
www.morsbach.jugendherberge.de

Ausstattung

34 Zimmer mit 161 Betten (2-, 4-, 6-Bett-Zimmer), davon 26 Zimmer mit eigener Dusche/WC, alle Zimmer für Familien geeignet. 6 Tagesräume (20–100 Personen), Familientagesraum, Hausbücherei, offener Kamin, Disko, Kino, Spiel-/Liegewiesen, Tischtennisplatten, Grillplätze, Lagerfeuerplatz, Spielgeräte im Außengelände.

Preise

Nebensaison ÜF 14,35 €, HP 18,00 €, VP 19,90 €, Hauptsaison ÜF 16,90 €, HP 21,20 €, VP 23,60 €, Aufpreis für Personen ab 27 Jahre 3,00 €, Sonderpreise für Familien mit Familienmitgliedschaft: Kinder bis 2 Jahre frei, 3–5 Jahre 50 % Ermäßigung, 6–12 Jahre 30 % Ermäßigung, Aktionspreise für Familien in den NRW-Ferien.

Öffnungszeiten

ganzjährig außer Weihnachten

Angebote

Pauschalprogramme für Schulklassen: „Entdeckungsreise durch das Oberbergische Land“. Für Gruppen ab 20 Personen: geführte „Erlebnis-Nachtwanderung“.

Jugendherberge Radevormwald

Unser Haus ist ein idealer Ausgangspunkt für Wanderungen und Tagestouren in die nähere und weitere Umgebung. Intensive Naturerlebnisse warten praktisch vor der Haustür. Unsere Spezialität sind spannende Programme, bei denen die Natur im Mittelpunkt steht.

Informationen

Telegrafenstr. 50
42477 Radevormwald
Tel. 02195 / 688811
Fax 02195 / 688810
radevormwald@jugendherberge.de
www.radevromwald.jugendherberge.de

Ausstattung

28 Zimmer mit 126 Betten (2- bis 12-Bett-Zimmer), davon 8 Leiterzimmer, alle Zimmer mit Dusche/WC.
6 Tagesräume (20–54 Personen), Tischtennisplatte, Spielwiese, Grillplatz, Disko, Torwand, Basketball, Hochseilgarten.

Preise

Nebensaison ÜF: 15,00 €, HP 19,10 €, VP 20,85 €, Hauptsaison ÜF: 17,70 €, HP 22,50 €, VP 25,00 €,
Aufpreis für Personen ab 27 Jahre 3,00 €, Kinder bis 2 Jahre frei, von 3–5 Jahren 30 % Ermäßigung.

Öffnungszeiten

ganzjährig außer Weihnachten

Angebote

Pauschalprogramme für Schulklassen: „Feuer, Wasser, Erde, Luft“.
Wochenendprogramme für Gruppen: „Wandern und Wasser“, „Wandern und Kultur“, „Wandern und Genuss“.

Jugendherberge Solingen-Burg
Multikulturelle Jugendherberge
Burg an der Wupper gehört zu den reizvollsten und eindrucksvollsten Landstrichen im Bergischen Land. Deshalb ist unsere Jugendherberge ein idealer Ausgangspunkt für ausgedehnte Wanderungen und Besichtigungstouren zu historischen und landschaftlichen Attraktionen.
Informationen
An der Jugendherberge 11
42659 Solingen
Tel. 0212 / 41025
Fax 0212 / 49449
solingen-burg@jugendherberge.de
www.solingen-burg.jugendherberge.de
Ausstattung
25 Zimmer mit 118 Betten (2-, 4-, 6- und 8-Bett-Zimmer), davon 13 Zimmer mit Waschgelegenheit, 6 Leiterzimmer.
5 Tagesräume (24–72 Personen), Gruppenzeltplatz, Bolzplatz, Tischtennisplatte, Lagerfeuerplatz, Disko, Klettergerüste.
Preise
Nebensaison ÜF: 13,75 €, HP 17,50 €, VP 19,55 €. Hauptsaison ÜF: 16,20 €, HP 20,60 €, VP 23,00 €.
Aufpreis für Personen ab 27 Jahre 3,00 €. Kinder bis 2 Jahre frei, von 3–5 Jahren 30 % Ermäßigung. Camping für Gruppen ab 4,50 € p. P.
Öffnungszeiten
ganzjährig außer Weihnachten.
Angebote
Pauschalprogramme für Schulklassen: „Spiel und Spaß im Zeichen der Burg", „Das Bergische Land im Überblick"; Programmschwerpunkt: Begegnung mit anderen Kulturen.

Jugendherberge Wiehl
In Wiehl erwartet Sie eine Jugendherberge der besonderen Art: idyllische Lage im Naturpark Bergisches Land, hervorragende Ausstattung und hoher Komfort lassen Familien und Gruppen ihren Urlaub in vollen Zügen genießen. Ideal für Wanderer und Mountainbiker.
Informationen
An der Krähenhardt 6
51674 Wiehl
Tel. 02262 / 93410
Fax 02262 / 91598
wiehl@jugendherberge.de
www.wiehl.jugendherberge.de
Ausstattung
44 Zimmer mit 176 Betten (1- bis 8-Bett-Zimmer), alle Zimmer mit eigener Dusche/WC, davon 11 Leiterzimmer, 5 behindertenfreundliche 2-Bett-Zimmer, 5 Tagungsräume (21–46 Perso-nen), Bistro, Disko, Sauna mit Ruheraum, Kellerbar mit Theke und Musikanlage, Basketball, Tischtennis, Grillplatz, mobile Spielecken, Kleinspielfeld mit Street-Soccer-Toren.
Preise
Nebensaison ÜF 15,00 €, HP 19,10 €, VP 21,25 €, Hauptsaison ÜF: 17,70 €, HP 22,50 €, VP 25,00 €.
Kinder bis 2 Jahre frei, von 3–5 Jahren 30 % Ermäßigung, Aufpreis für Personen ab 27 Jahre 3,00 €.
Öffnungszeiten
ganzjährig außer Weihnachten.
Angebote
Pauschalprogramm für Schulklassen: „Auf der Suche nach dem Herrn der Ringe" mit Nachtwanderung, Waldlernrallye und Kletteraktion, Wellness-Angebote für Kinder und Erwachsene.

Jugendherberge Windeck-Rosbach
Wald-Jugendherberge

Die Wald-Jugendherberge Windeck-Rosbach gewährt allen, die mehr über die Natur erfahren möchten, intensive Einblicke speziell in das Ökosystem Wald. Aber auch alle, die einfach nur Urlaub vom Alltag machen wollen, werden sich in unserem Haus wohlfühlen.

Informationen

Herbergsstr. 19
51570 Windeck-Rosbach
Tel. 02292 / 5042
Fax 02292 / 6569
windeck@jugendherberge.de
www.windeck.jugendherberge.de

Ausstattung

42 Zimmer mit 142 Betten (4-Bett-Zimmer), alle Zimmer mit Waschgelegenheit, davon 13 Leiterzimmer mit eigener Dusche/WC, 6 behindertenfreundliche Zimmer. 5 Tages- und 2 Schulungsräume (10–138 Personen), Wickelraum, Werk-raum, Bolzplatz, Tischtennis, Volleyball, Basketball, Lagerfeuerstellen, Disko, Bauerngarten, Pfad der Sinne, Außenschach, Bocciabahn, Jugendökologie-Zeltplatz.

Preise

Nebensaison ÜF: 14,40 €, HP 17,90 €, VP 20,00 €; Hauptsaison ÜF: 17,00 €, HP 21,10 €, VP 23,60 €.
Kinder bis 2 Jahre frei, von 3–5 Jahren 30 % Ermäßigung, Aufpreis für Personen ab 27 Jahre 3,00 €.

Öffnungszeiten

ganzjährig außer Weihnachten.

Angebote

Programmschwerpunkt Wald- und Erlebnispädagogik. Pauschalprogramme für Schulklassen: „GPS-Outdoor-Projekt“, „Abenteuer Wald“, „Wunderwelt Winterwald“, Wochenendprogramme für Familien- und Freizeitgruppen: „Mit dem Förster auf Entdeckungsreise“.

Jugendherberge Wipperfürth
Sport-Jugendherberge

Für alle, die Spaß an Sport und Bewegung haben, ist Wipperfürth die ideale Jugendherberge! Viele Sportmöglichkeiten befinden sich in unmittelbarer Nähe. In der Umgebung finden sich viele landschaftliche und historische Sehenswürdigkeiten.

Informationen

Ostlandstr. 34
51688 Wipperfürth
Tel. 02267 / 1228
Fax 02267 / 80977
wipperfuerth@jugendherberge.de
www.wipperfuerth.jugendherberge.de

Ausstattung

24 Zimmer mit 144 Betten (überwiegend 6-Bett-Zimmer), davon 8 Zimmer mit eigener Dusche/WC, 5 Leiterzimmer, 4 behindertenfreundliche Zimmer, 2 behindertenfreundliche Duschen. 5 Tagesräume (10–60 Personen), 1 Spiel- und Bewegungsraum, Spielgeräte, Disko.

Preise

Nebensaison ÜF: 14,35 €, HP 17,85 €, VP 20,05 €; Hauptsaison ÜF 16,90 €, HP 21,00 €, VP 23,60 €,
Aufpreis für Personen ab 27 Jahre 3,00 €, Kinder bis 2 Jahre frei, von 3–5 Jahren 30 % Ermäßigung.

Öffnungszeiten
ganzjährig außer Weihnachten.
Angebote
Programmschwerpunkte: Indoor- und Outdoor-Aktivitäten.
Pauschalprogramme für Schulklassen: „Wassersport und Freiluftabenteuer", „Outdoor und Spiel", Waldführungen für Gruppen.

NATURFREUNDEHÄUSER

Naturfreundehaus Solingen-Pfaffenberg
Das Haus liegt in ruhiger Waldrandlage. Besonders geeignet für Wandergäste, Kindergärten, Schulen, Familien. Wandertipps und Ausflugsziele bieten sich an: Balkhauser und Wipper Kotten, Tierpark Fauna, Wanderungen entlang des Klingerpfads.
Informationen
Pfaffenberg 65
42659 Solingen
Tel. 0212 / 44870
0163 / 993343160
info@naturfreundehaus-pfaffenberg.de
www.naturfreundehaus-pfaffenberg.de
Ausstattung
31 Betten, Aufenthaltsräume: 1 Raum für 40 Pers., 1 Raum für 20 Pers.
Seminarräume: 1 Raum für 40 Pers.
Preise
ÜN ab 16,70 €, ÜF ab 19,00 €
Öffnungszeiten
Sa/So/Mi nachmittags und nach Vereinbarung

Naturfreundehaus Haus Hardt
Das Haus liegt nördlich von Bensberg im Ortsteil Hardt, in der Nähe von Her-kenrath, mitten im Staatsforst, 180 m über NN. Ruhige Lage im Hochwald, großer Kinderspielplatz, viel Freifläche, Kultur ringsum: Bensberg, Köln, Alten-berg.
Informationen
Hardt 44
51429 Bergisch Gladbach-Herkenrath
Tel. 02204 / 867558
Fax 02204 / 867563
info@haus-hardt.de
www.haus-hardt.de
Ausstattung
31 Betten, Aufenthaltsräume: 1 Raum für 80 Pers., 1 Raum für 50 Pers.
Seminarräume: 1 Raum für 50 Pers.
Preise
ÜN ab 10,00 €, ÜF ab 15,00 €, HP ab 19,50 €

Öffnungszeiten
Mo-So 10–18 Uhr
Anfahrt ÖPNV
Hbf. Köln – Bergisch Gladbach, ab Busbahnhof L 453 bis Station Straßen in Herkenrath.

Ferien-Zentrum Lieberhausen Käte-Strobel-Haus
Das Haus liegt inmitten des Oberbergischen Landes in einer schönen, ruhigen und waldreichen Mittelgebirgslandschaft, 440 m über NN. Optimale Bedingungen für einen erlebnisreichen Urlaub. Zahlreiche Wanderwege und Wintersportmöglichkeiten rund um das Haus.
Informationen
Käte-Strobel-Weg 30
51647 Gummersbach-Oberrengse
Tel. 02763 / 9100
Fax 02763 / 910166
info@ferienzentrum-lieberhausen.de
www.ferienzentrum-lieberhausen.de
Ausstattung
154 Betten, Aufenthaltsräume: 1 Raum für 150 Pers., 1 Raum für 60 Pers., 1 Raum für 46 Pers., 1 Raum für 36 Pers. Seminarräume: 3 Räume für je 30 Pers., 3 Räume für je 26 Pers., 1 Raum für 12 Pers., Spezielle Räume: 2 Freizeiträume
Preise
ÜF ab 32,00 €, HP 33,00 €

NATURPARK DIEMELSEE

VIABONO-PARTNER

Upländer Hof Schwalefeld
Sauerländer Wandergasthof mit 30 liebevoll eingerichteten Zimmern im verträumten Aartal. Restaurant-Café mit ausgezeichneter Küche. Whirpool, Saunawelt.
Informationen
Uplandstr. 2
34508 Willingen-Schwalefeld
Tel. 05632 / 6300
Fax 05632 / 69052
uplaender-hof@viabono.de
www.viabono.de/uplaender-hof

NATURPARK EBBEGEBIRGE

VIABONO-PARTNER

Landhotel Struck
Elegantes familiäres Landhotel, vereint Tradition und Fortschritt. 49 Zimmer. Medical Wellness, Kosmetik. Biergarten, Grillhütte. Moderne Seminarräume.
Informationen
Repetalstraße 245
57439 Attendorn-Niederhelden
Tel. 02721 / 13940
Fax 02721 / 20161
struck@viabono.de
www.viabono.de/struck

Kochs Hotel Restaurant „Altes Olpe“
Zentral im Sauerland gelegenes Haus zum Wohlfühlen mit 40 hellen, wohnlichen Zimmern. Tagungs- und Veranstaltungsbereich. Gehobene, leichte Küche.
Informationen
Bruchstraße 16
57462 Olpe
Tel. 02761 / 82520
Fax 02761 / 825299
altes-olpe@viabono.de
www.viabono.de/altes-olpe

NATURPARK EGGEGEBIRGE UND SÜDLICHER TEUTOBURGER WALD

JUGENDHERBERGEN

Kulturjugendherberge Bad Driburg
Die Jugendherberge liegt unterhalb der Iburg Ruinen, mitten im südlichen Teutoburger Wald. Auf den zahlreichen Wanderwegen bieten sich viele Möglichkeiten zu abwechslungsreichen Wandertouren, zum Beispiel zu den Externsteinen oder zum Hermannsdenkmal.
Informationen
Schirrmanweg 1
33014 Bad Driburg
Tel. 05253 / 2570
Fax 05253 / 3882
jh-bad.driburg@djh-wl.de
www.djh-wl.de/bad.driburg
Ausstattung
Die Jugendherberge verfügt über 124 Betten, die sich auf 25 Zimmer verteilen. Weiterhin stehen drei Tages- und drei Werkräume, sowie ein Kino und eine Sauna zur Verfügung.
Preise
Hauptsaison (März–Oktober):
ÜF 15,60 € / 18,60 €,
VP 24,40 € / 27,40€,
Nebensaison (November–Februar):
ÜF 14,00 € / 22,80 €,
VP 22,80 € / 25,80 €
Öffnungszeiten
Ganzjährig geöffnet, außer von Mitte Dezember bis Mitte Januar.

NATURFREUNDEHÄUSER

Naturfreundehaus Bielefeld
Selbstversorger-Ferienheim: kinderfreundlich, umweltbewusst, mitten im Wald am Südhang des Tönsberges. Waldpädagogische Tage in Kooperation mit dem Forst-amt, Wanderungen und andere natursportliche Angebote der Naturfreunde.
Informationen
Welschenweg 111
33813 Oerlinghausen
Tel. 0160 / 7754921
Fax 0521 / 320686
nfh-bielefeld@naturfreunde.de
www.naturfreunde-bielefeld.de
Ausstattung
29 Betten
Aufenthaltsräume: 1 Raum für 40 Pers., 1 Raum für 30 Pers.
Seminarräume: 1 Raum für 40 Pers.
Spezielle Räume: 1 Freizeitraum
Preise
ÜN ab 10,00 €

Naturfreundehaus Brackwede
Das kinderfreundliche Selbstversorger-Haus liegt 1,3 km vom Zentrum entfernt, an der Südseite des Teutoburger Waldes, 222 m über NN und hat einen schönen Spielplatz. Wander- und Ausflugstipps gibt es im Haus. Bei der Ortsgruppe kann mitgewandert werden.
Informationen
Am Rosenberg 101
33647 Bielefeld
Tel. 0521 / 411334
www.naturfreundehaus.net
Ausstattung
18 Betten und 3 Plätze im Lager
Aufenthaltsräume: 1 Raum für 60 Pers., 1 Raum für 12 Pers.
Preise
ÜN ab 12,00 Euro

Naturfreundehaus In der Schnat
Das Haus liegt in waldreicher, ruhiger Umgebung im südlichen Teutoburger Wald, 340 m über NN. Ausflugsziele z. B. Externsteine, Hermannsdenkmal, Lippische Heilbäder.
Informationen
Schnatweg 51
32805 Horn-Bad Meinberg
Tel. 05234 / 2189
www.naturfreundehaus.net
Ausstattung
31 Betten, Aufenthaltsräume: 1 Raum für 60 Pers., 1 Raum für 40 Pers. und 1 Raum für 30 Pers. Seminarräume: 1 Raum für 30 Pers.
Preise
ÜN ab 8,00 Euro

NATURPARK HOHE MARK

JUGENDHERBERGEN

Jugendherberge Groß Reken
Informationen
Coesfelderstr. 18
48734 Reken
Tel. 02864 / 1023
Fax 02864 / 2044
jh-gross.reken@djh-wl.de
www.djh.de/jh/gross.reken
Ausstattung
126 Betten, 20 Zimmer (4 x 2 Bett-, 3 x 4 Bett-, 2 x 6- Bett, 8x Bett- und 3 x 10 Bettzimmer), 5 Tagesräume.
Preise
Hauptsaison (April–Oktober) ÜF/Bettwäsche 14,90 €, Nebensaison (Nov.–März) ÜF/Bettwäsche 13,40 €
Öffnungszeiten
06.01.2006–17.12.2006: 7–20 Uhr,
05.01.2007–16.12.2007: 7–20 Uhr.
Angebote
Pauschalprogramm für Schulklassen „Wildpark und Wildpferde"

Jugendherberge Haltern am See
Ideale Ausgangsposition für ausgedehnte Wanderungen und Radtouren in das schöne Münsterland. Wanderungen um den Hullernersee und Halternersee. Wanderung in der Westruper Heide.
Informationen
Stockwieser Damm 255
45721 Haltern am See
Tel. 02364 / 2258
Fax 02364 / 169604
Jh-haltern@djh-wl.de
Ausstattung
139 Betten aufgeteilt in 14 Schlafräume, fünf Tagesräume mit je 80, zweimal 60 und zweimal 40 Sitzplätze.
Preise
ab 14,90 €, VP 23,70 €.
Öffnungszeiten
ganzjährig geöffnet, außer vom 24.12.–01.01.2006.

NATURPARK HOHES VENN/EIFEL

VIABONO-PARTNER

Hotel Friedrichs
Landhotel****, 23 Zimmer, individuell eingerichtet. Restaurant mit frischer, saisonaler Küche. Tagungsbereich, Außenterrasse, Saunalandschaft, Garten.
Informationen
Alte Bahnhofstr. 16
53937 Schleiden-Gemünd
Tel. 02444 / 950 950
Fax 02444 / 950 940
friedrichs@viabono.de
www.viabono.de/friedrichs

Haus Feldmaus
Hotelchen mit neun verträumten Zimmern. Vollwertrestaurant. Wintergarten, Kaminraum. Sammlung zeitgenössischer (noch unbekannter) Kunst. Sauna & Liegewiese.
Informationen
Knaufspescher Str. 14
54597 Olzheim
Tel. 06552 / 99220
Fax 06552 / 992222
feldmaus@viabono.de
www.viabono.de/feldmaus

Camp Hammer
Ganzjahresplatz im Nationalpark Nordeifel mit 86 Dauer- und 40 Touristenstellplätzen. Camp-Shop, Bistro. Kindgerechter Sanitärbereich, Spielplatz.
Informationen
An der Streng
52152 Simmerath
Tel. 02473 / 929041
Fax 02473 / 937482
camp-hammer@viabono.de
www.viabono.de/camp-hammer

JUGENDHERBERGEN

Jugendherberge Bad Münstereifel
In der Jugendherberge Bad Münstereifel haben Gäste die freie Wahl: von Themen wie Natur und Sport bis hin zu Geschichte und Sternenkunde ist alles möglich. In der herzlichen Atmosphäre unseres Hauses fühlen sich Gruppen und Familien gut aufgehoben.
Informationen
Herbergsweg 1–5
53902 Bad Münstereifel
Tel. 02253 / 7438, Fax 02253 / 7483
Bad-muenstereifel@jugendherberge.de
www.bad-muenstereifel.jugendherberge.de
Ausstattung
37 Zimmer mit 164 Betten (alle mit Waschgelegenheit), davon 11 Leiterzimmer mit eigener Dusche/WC, 5 behindertenfreundliche Zimmer (1 rollstuhlgerechte Sanitäranlage auf der Etage).
9 Tagesräume (10–50 Personen),
25 Mountainbikes in verschiedenen Größen, Tischtennis, Volleyball, Basketball, Außenschach, Grillhütte, Disko, Werkraum.
Preise
Nebensaison ÜF: 14,00 €, HP 17,85 €, VP 19,95 €; Hauptsaison ÜF: 16,50 €, HP 21 €, VP 23,50 €, Aufpreis für Personen ab 27 Jahre 3 €,
Kinder bis 2 Jahre frei, von 3–5 Jahren 30 % Ermäßigung.
Öffnungszeiten
ganzjährig außer Weihnachten.
Angebote
Programmschwerpunkt: Naturabenteuer in der Eifel. Pauschalprogramme für Schulklassen: „Wilde Eifel – Natur erleben", ausgearbeitete Fahrradtouren mit hauseigenen Mountainbikes.

Jugendherberge Burg Blankenheim
Grafensaal, Bauernstube, Rittersaal: In der Grafenburg aus dem 12. Jahrhundert finden Gäste Burgromantik und Abenteuer, ohne auf den Komfort einer zeitgemäßen Unterkunft verzichten zu müssen. Hier wird die Zeit der Ritter wie-derentdeckt – Burggespenst inklusive!
Informationen
Burg 1
53945 Blankenheim
Tel. 02449 / 95090
Fax 02449 / 950910
Burg-blankenheim@jugendherberge.de
www.burg-blankenheim.jugendherberge.de

Ausstattung
43 Zimmer mit 164 Betten, davon 20 Zimmer mit eigener Waschgelegenheit und 17 Zimmer mit eigener Dusche/WC. 6 Tagungsräume, Tischtennis, Volleyballnetz, Fußballfeld, Grillplatz, Rittersaal, Bistro & offener Kamin.
Preise
ÜF: 18 €, HP 22,80 €, VP 25,30 €, Aufpreis für Personen ab 27 Jahre 3 €, Kinder bis 2 Jahre frei, von 3–5 Jahren 30 % Ermäßigung.
Öffnungszeiten
ganzjährig außer Weihnachten.
Angebote
Dank der vielen ausgeschilderten Wanderwege lassen sich von Blankenheim aus interessante Touren durch die Landschaft der Nordeifel unternehmen. Direkt im Naturpark Nordeifel gelegen, ist die Jugendherberge das ideale Haus für Wanderer und Erholungssuchende.

Jugendherberge Monschau-Hargard
In Zusammenarbeit mit Fachkräften (Förstern, Biologen) bietet die JH Monschau-Hargard Gästen interessante Einblicke in die faszinierende Landschaft der Nordeifel. Die herzliche und gemütliche Atmosphäre der Jugendherberge sorgt für einen angenehmen Aufenthalt.
Informationen
Hargardsgasse 5
52156 Monschau
Tel. 02472 / 2180
Fax 02472 / 4527
monschau-hargard@jugendherberge.de
www.monschau.hargard.jugendherberge.de
Ausstattung
25 Zimmer mit 131 Betten (6- bis 8-Bett-Zimmer), davon 8 Leiterzimmer.
7 Tagesräume (12–55 Personen), Disko, Tischtennisraum, Billardkeller, Grillhütte, Basketball, Bolzplatz, Zeltplatz für Gruppen.
Preise
Nebensaison ÜF: 14 €, HP 17,85 €, VP 19,95 €; Hauptsaison ÜF: 16,50 €, HP 21,00 €, VP 23,50 €, Aufpreis für Personen ab 27 Jahre 3 €, Kinder bis 2 Jahre frei, von 3–5 Jahren 30 % Ermäßigung. Camping ab 8 € p. P. (inkl. Mittag- oder Abendessen).
Öffnungszeiten
ganzjährig außer Weihnachten.
Angebote
Programmschwerpunkt: Wanderungen und Team-Trekking im Naturpark Hohes Venn. Pauschalprogramme für Schulklassen, Familien- und Freizeitgruppen: „Auf Schmugglerpfaden im Hohen Venn", „Team-Trekking in unbekannten Terrain".

Jugendherberge Burg Monschau
Das Ambiente der Jugendherberge Burg Monschau versetzt ihre Gäste zurück in die Zeit der Ritter und Burgherren. Ausflüge ins Hohe Venn, zum Rursee, nach Aachen oder Belgien ermöglichen vor allem Familien und Freizeitgruppen individuelle Freizeitmöglichkeiten.

Informationen
Auf dem Schloß 4
52156 Monschau
Tel. 02472 / 2314
Fax 02472 / 4391
Burg-monschau@jugendherberge.de
www.burg-monschau.jugendherberge.de

Ausstattung
18 Zimmer mit 96 Betten (1- bis 10-Bett-Zimmer), davon 6 Leiterzimmer.
4 Tagesräume (22-54 Personen),
3 Familien-Appartements für 2–6 Personen im „Hirschhaus".

Preise
ÜF: 16,20 €, HP 20,50 €, VP 23 €, Aufpreis für Personen ab 27 Jahren 3 €, Kinder bis 2 Jahre frei, von 3–5 Jahren
30 % Ermäßigung. Appartements 55 bis 75 € pro Tag, Mindestmietdauer 2 Tage.

Öffnungszeiten
ganzjährig außer Weihnachten.

Angebote
Die Jugendherberge ist ein idealer Standort für Wanderungen im Hohen Venn und im Nationalpark Eifel.

NATURFREUNDEHÄUSER

Naturfreundehaus Ferien- und Wanderheim Obermaubach
Am Rande des Nationalparks Eifel und mitten in der Rureifel mit den Buntsandsteinfelsen, ca. 15 min. vom Ortskern Obermaubach in 195 m über NN. Schwimmbäder, Kultur und Burgen, Wasserinformationszentrum Eifel, Jugendstilkraftwerk, Rursee Schwammenavel uvm.

Informationen
Bergsteiner Str. 58
52372 Kreuzau-Obermaubach
Tel. 02422 / 635, Fax 02422 / 502573
info@naturfreundehaus-obermaubach.de
www.naturfreundehaus-obermaubach.de

Ausstattung
34 Betten, Aufenthaltsräume: 1 Raum für 58 Pers., 1 Raum für 38 Pers. Seminarräume: 1 Raum für 38 Pers.

Preise
ÜN ab 12,30 €, ÜF ab 15,30 €, HP ab 22,30 €

Öffnungszeiten
Geschlossen: Mo außer bei Belegung

NATIONALPARK EIFEL

JUGENDHERBERGEN

Kulturjugendherberge Bad Driburg
Jugendherberge Schleiden-Gemünd
Wo Urft und Olef zusammenfliesen, bietet die Jugendherberge Gemünd vor allem eins: Natur pur. Die unkomplizierte Atmosphäre des Hauses sorgt dafür, dass sich hier alle Gästegruppen wohl fühlen. Das riesige Außengelände bietet Platz für Aktivitäten aller Art.
Informationen
Im Wingertchen 9
53937 Schleiden-Gemünd
Tel. 02444 / 2241
Fax 02444 / 3386
gemuend@jugendherberge.de
www.gemuend.jugendherberge.de
Ausstattung
27 Zimmer mit 161 Betten (2- bis 10-Bett-Zimmer), davon 10 Leiterzimmer, alle Zimmer mit Waschgelegenheit. 6 Tagesräume (20-84 Personen), Disko, Basketball, Fußball, Tischtennis, Grillplatz, Lagerfeuerstelle, Wandererküche, Volleyballplatz.
Preise
Nebensaison ÜF: 14,00 €, HP 17,85 €, VP 19,95 €; Hauptsaison ÜF: 16,50 €, HP 21,00 €, VP 23,50 €, Aufpreis für Personen ab 27 Jahre 3,00 €,
Kinder bis 2 Jahre frei, von 3-5 Jahren 30 % Ermäßigung.
Öffnungszeiten
ganzjährig außer Weihnachten.
Angebote
Programmschwerpunkt: Naturerlebnis im Nationalpark Eifel.
Pauschalprogramme für Schulklassen: „Abenteuer Nationalpark", „Umweltdetektive im Nationalpark Eifel", „Winterschatz Nationalpark, „Wasser-Wildnis-Eifel".

Jugendherberge Hellenthal Erlebnispädagogik und Outdoor-Zentrum
Hellenthal ist die ideale Jugendherberge nicht nur für Erlebnisprogramm-Interessierte, sondern auch für Sport- und Naturbegeisterte, die die Verbindung zwischen Erfahrung und Entspannung suchen. Das Haus ist ein guter Ausgangspunkt für Ausflüge in die Eifeler Natur.
Informationen
Platiß 3, 53940 Hellenthal
Tel. 02482 / 2238
Fax 02482 / 2557
hellenthal@jugendherberge.de
www.hellenthal.jugendherberge.de
Ausstattung
49 Zimmer mit 170 Betten (überwiegend 4-Bett-Zimmer), davon 15 Leiterzimmer und 9 behindertenfreundliche Zimmer. Überdachter Hochseilgarten, 5 Tagesräume, Sauna, Basketball, Volleyball, Tischtennis, Grillplatz, Disko, Lagerfeuerplatz.

Preise
Nebensaison ÜF 14,00 €, HP 17,85 €, VP 19,95 €; Hauptsaison ÜF: 16,50 €, HP 21,00 €, VP 23,50 €, Aufpreis für Personen ab 27 Jahre 3,00 €, Kinder bis 2 Jahre frei, von 3-5 Jahren 30 % Ermäßigung.
Öffnungszeiten
ganzjährig außer Weihnachten.
Angebote
Pauschalprogramme für Schulklassen: „Entdecke Deine Natur", „Erlebnispädagogik im Hochseilgarten". Outdoor-Wochenende für Familien- und Freizeitgruppen: „Zwischen Himmel und Erde im Hochseilgarten".

Jugendherberge Nideggen
Die Jugendherberge ist dem Stil der „Eifelarchitektur" angepasst und fügt sich harmonisch in die Umgebung ein. Die entspannte und umkomplizierte Atmosphäre des Hauses macht Familien und Freizeitgruppen einen Besuch der Eifel zu einem unvergesslichen Erlebnis.
Informationen
Rather Str. 27
52385 Nideggen
Tel. 02427 / 1226
Fax 02427 / 8453
nideggen@jugendherberge.de
www.nideggen.jugendherberge.de

Ausstattung
28 Zimmer mit 162 Betten (2- bis 14-Bett-Zimmer), Fachwerkhaus mit 26-Betten-Schlafsaal. 7 Tagesräume (15-78 Personen), Bistro, Grillplätze, Lagerfeuerstelle, Tischtennis, Sportplatz (Ascheplatz).
Preise
Nebensaison ÜF: 14,00 €, HP 17,85 €, VP 19,95 €; Hauptsaison ÜF: 16,50 €, HP 21,00 €, VP 23,50 €, Aufpreis für Personen ab 27 Jahre 3,00 €, Kinder bis 2 Jahre frei, von 3-5 Jahren 30 % Ermäßigung.
Öffnungszeiten
ganzjährig außer Weihnachten.
Angebote
Programmschwerpunkte: Naturabenteuer und Teamtraining in der Natur. Pauschalprogramme für Schulklassen „Abenteuer Rureifel" (auch als Wochenendprogramm für Familien- und Freizeitgruppen buchbar).

Jugendherberge Simmerath-Rurberg
JH für Natur- und Abenteuersport Ihrem Namen „Jugendherberge für Natur- und Abenteuersport" macht die JH Rurberg alle Ehre: Dank einzigartiger Ausstattung mit Kletterwand und Hochseilgarten und idyllischer Lage im Nationalpark Eifel finden Gäste in unserer Jugendherberge die richtige Mischung aus Spannung und Entspannung.
Informationen
52152 Simmerath-Rurberg
Tel. 02473 / 2200, Fax 024723 / 4911
rurberg@jugendherberge.de
www.rurberg.jugendherberge.de

Ausstattung
43 Zimmer mit 188 Betten (alle Zimmer mit Waschgelegenheit), davon 12 Leiterzimmer. 6 Tagesräume, Kinderkino mit Video und DVD, Disko, Kletterwand und Hochseilgarten, Tischtennis, Billard, Fußball, Volleyball, Basketball, 4 Grillplätze.
Preise
Nebensaison ÜF: 14,00 €, HP 17,85 €, VP 19,95 €; Hauptsaison ÜF: 16,50 €, HP 21,00 €, VP 23,50 €, Aufpreis für Personen ab 27 Jahre 3,00 €,
Kinder bis 2 Jahre frei, von 3-5 Jahren 30 % Ermäßigung.
Öffnungszeiten
ganzjährig außer Weihnachten.
Angebote
Pauschalprogramme für Schulklassen: „Outdoor, Sport und Abenteuer" (auch als Wochenendprogramm für Familien- und Freizeitgruppen). Zusatzangebote: Nachtwanderungen, Trappertage, Waldspiele.

NATURPARK HOMERT

VIABONO-PARTNER

Landhotel Sauerländer Hof
Familiär geführter Wandergasthof mit 100-jähriger Tradition. 15 Zimmer, 3 Studios. Regionale Frische-Küche, Weinkeller, Biergarten. Hallenbad & Sauna.
Informationen
Südstraße 35
59889 Eslohe
Tel. 02973 / 97960
Fax 02973 / 979666
sauerlaender-hof@viabono.de
www.viabono.de/sauerlaender-hof

NATURFREUNDEHÄUSER

Naturfreundehaus Im Erlengrund
Das Haus liegt im Naturschutz- und Wandergebiet des vorderen Sauerlandes zwischen den Städten Schwerte, Iserlohn und Letmathe am Nordhang der Rauhen Haardt und vielen Sehenswürdigkeiten in der näheren Umgebung.
Die ungestörte Lage macht es ideal für Familien mit Kindern.
Informationen
Gehrweg 8, Grürmannsheide
58642 Iserlohn-Letmathe
www.naturfreundehaus.net
Ausstattung
21 Betten
Aufenthaltsräume: 2 Räume für je 30 Personen
Öffnungszeiten
Nach Anmeldung
Anfahrt ÖPNV
Ab Bhf. Iserlohn-Letmathe oder Schwerte mit Bus 31 bis Haltestelle Schälk, 45 min. Fußweg, oder ab Letmathe Bus 6 bis Grürmannsheide.

NATURPARK MAAS-SCHWALM-NETTE

VIABONO-PARTNER

Biohotel & -Restaurant Flachshaus
Traditionelle Gastlichkeit in historischer Umgebung am Niederrhein. Elf behagliche Zimmer. Abwechslungsreiche biologische Vollwert-Küche. Tagen & Feiern.
Informationen
Weinstr. 5 und Feldstr. 29
47669 Wachtendonk
Tel. 02836 / 8494
Fax 02836 / 85460
flachshaus@viabono.de
www.viabono.de/flachshaus

JUGENDHERBERGEN

Jugendherberge Brüggen
Wandern, Rad fahren, Schwimmen und die Natur beobachten, das bedeutet Erholung vom Alltag in unserer JH Brüggen in herzlicher familiärer Atmosphäre. Direkt im Naturpark Schwalm-Nette gelegen, bietet sich hier eine Vielzahl an Freizeitaktivitäten.
Informationen
Auf dem Eggeberg 1
41379 Brüggen
Tel. 02163 / 5161
Fax 02163 / 59967
brueggen@jugendherberge.de
www.brueggen.jugendherberge.de
Ausstattung
23 Zimmer mit 134 Betten, davon 7 Leiterzimmer, teilweise mit Dusche/WC. 4 Tagesräume (20–60 Personen), 1 Schulungsraum (40 Personen), Sauna, Grillplatz, Bolzplatz, Tischtennis.
Preise
Nebensaison ÜF: 13,40 €, HP 17,40 €, VP 19,45 € / Hauptsaison ÜF: 15,80 €, HP 20,50 €, VP 22,90 €. Aufpreis für Personen ab 27 Jahre 3,00 €. Kinder bis 2 Jahre frei, von 3–5 Jahren 30 % Ermäßigung.
Öffnungszeiten
ganzjährig außer Weihnachten.
Angebote
Pauschalprogramme für Schulklassen: „Besuch im Zauberwald – Naturerlebnisse in der Welt der Trolle", Verleih von herbergseigenen Fahrrädern für Radtouren in die Umgebung.

Jugendherberge Nettetal-Hinsbeck / Zirkusjugendherberge

In unserer Zirkus-Jugendherberge in Nettetal-Hinsbeck fühlen sich unsere Gäste rundum wohl. Die Lage am Niederrhein ist ideal für alle, die die Natur mit dem Rad oder Kanu entdecken möchten. Programmschwerpunkte: Zirkus, Waldpädagogik, Astronomie.

Informationen

Heide 1
41334 Nettetal-Hinsbeck
Tel. 02153 / 6492
Fax 02153 / 89598
hinsbeck@jugendherberge.de
www.hinsbeck.jugendherberge.de

Ausstattung

39 Zimmer mit 173 Betten (2- bis 8-Bett-Zimmer), davon 15 Leiterzimmer und 3 behindertenfreundliche Zimmre, alle Zimmer mit Dusche/WC. 6 Tagesräume, Astroraum, Original-Zirkuszelt, Bistro und Außenterrasse, Fahrradverleih, Fahrrad-garage, Basketball, Tischtennis, 2 Beach-volleyballfelder, Grillplatz, Internet-Terminal.

Preise

ÜF: 18 €, HP 22,70 €, VP 25,30 €, Aufpreis für Personen ab 27 J. 3 €, Kinder bis 2 Jahre frei, von 3–5 Jahren 30 % Ermäßigung.

Öffnungszeiten

ganzjährig außer Weihnachten

Angebote

Pauschalprogramme für Schulklassen: „Waldpädagogik mit 6 Sinnen – Mit allen Sinnen den Wald und Greifvögel erleben", „Waldspiele – Der Wald, Kulisse für Phantasie", „Die Hinsbeck- Trophy – Mit Karte und Kompass zur Klassenfahne"

Anfahrt zu Fuß und mit dem Rad

Fernwanderweg des VN X12 und X6

Anfahrt ÖPNV

Bis Bahnhof Kempen oder Kaldenkirchen, dann weiter mit der Linie 093 bis Kempen oder mit der Linie 095 bis Lobberich (Gruppen bitte mit Anmeldung bei BVR).

Jugendherberge Mönchengladbach Hardter Wald / Umweltstudienplatz

Die Umwelt steht in Mönchengladbach im Mittelpunkt. Die idyllische und verkehrsarme Lage macht Erholungsuchenden Lust auf Sport und Bewegung in der Natur. Auch bei der Verpflegung wird das ganzheitliche ökologische Konzept der JH umgesetzt.

Informationen

Brahmsstr. 156
41169 Mönchengladbach
Tel. 02161 / 560900
Fax 02161 / 556464
moenchengladbach@jugendherberge.de
www.moenchengladbach.jugendherberge.de

Ausstattung

21 Zimmer mit 126 Betten (6-, 8-, 10-, 16-Bett-Zimmer, davon 8 Leiterzimmer. 5 Tagesräume (20–36 Personen), Spielraum, großes Außengelände, Volleyball-, Basketball- und Badmintonfeld, Tischtennis, Torwand, Bolzplatz, Lagerfeuerstelle, Grillplatz, verschiedene Lehrbiotope.

Preise
Nebensaison ÜF: 13,85 €, HP 17,85 €, VP 19,55 € / Hauptsaison ÜF: 16,60 €, HP 21 €, VP 23 €, Aufpreis für Personen ab 27 Jahre 3 €. Kinder bis 2 Jahre frei, von 3–5 Jahren 30 % Ermäßigung.
Öffnungszeiten
ganzjährig außer Weihnachten.
Angebote
Pauschalprogramme für Schulklassen: „Gut gebrüllt, Löwe – Umweltdetektive in Aktion", „WinterWaldErlebnis – Den Wald in der kalten Jahreszeit entdecken". Programmschwerpunkte: Umweltstudienplatz – Die Jugendherberge ist Partner des Graslöwen der Deutschen Bundesstiftung Umwelt. Fahrradverleih für Touren in die Umgebung.

NATURPARK TERRA.vita

VIABONO-PARTNER

Hotel im Kurpark
Wohlfühl Hotel mit 51 Zimmern in besonders ruhiger Lage direkt am Kurgarten. Schwimmbad mit Außenbecken, vielfältige Gesundheits- und Wellnessanwendungen.
Informationen
Philipp-Sigismund-Allee 4
49186 Bad Iburg
Tel. 05403 / 4010
Fax 05403 / 793929
kurpark@viabono.de
www.viabono.de/kurpark

Hotel-Pension Melter
Gepflegtes Haus mit 19 Zimmern und 4 Ferienwohnungen in ruhiger, zentraler Lage vom Kurort Bad Laer. Regionale Küche. Sauna, Solarium, Hallenbad.
Informationen
Am Blomberg 11
49196 Bad Laer
Tel. 05424 / 29150
Fax 05424 / 291513
melter@viabono.de
www.viabono.de/melter

NATURFREUNDEHÄUSER

Naturfreundehaus Carl Schreck
Das Haus liegt im bewaldeten Mittelbachtal in 125 m über NN. Biologische Wanderung auf dem Interessier-mich-Pfad, Wanderungen zur Aqua-Magica, Mühlenmuseum, Rürupsmühle vom Korn zum Brot, Biologiestation uvm.
Informationen
In den Tannen 63
32584 Löhne
Tel. 05731 / 81012
Fax 05731 / 81031
nfh-loehne@naturfreunde.de
www.naturfreundehaus.net
Ausstattung
80 Betten, Aufenthaltsräume: 1 Raum für 80 Pers., 2 Räume für je 40 Pers., 4 Räume für je 25 Pers, Seminarräume: 1 Raum für 40 Pers. 1 Raum für 40 Pers., 2 Räume für je 25 Pers., Spezielle Räume: 1 Spielzimmer, 1 Speiseraum für 110 Pers., 1 Freizeitraum
Preise
ÜN ab 11,10 €, ÜF ab 15,60 €

Naturfreundehaus Häverstädt
Das Haus liegt unterhalb des Wiehengebirgs- Kammweg, 2,5 km westlich der Porta-Westfalica, nahe Minden und an der Westfälischen Mühlenstraße mit über 37 Wind-, Wasser- und Roßmühlen.
Informationen
Am Hang 5
32429 Minden
Tel. 0571 / 52553
www.naturfreundehaus.net
Ausstattung
34 Betten, Aufenthaltsräume: 1 Raum für 40 Pers.,1 Raum für 25 Pers., 2 Räume für je 15 Pers., Seminarräume: 1 Raum für 40 Pers., 1 Raum für 25 Pers.
Preise
ÜN ab 12 € / ÜF ab 15 €

Naturfreundehaus Familienferienheim Teutoburg
Das Haus liegt am Hang des Teutoburger Waldes in herrlich ruhiger Lage auf einer großer Wiese und gutem Wanderwegenetz im Teutoburger Wald inmitten des Hochwaldes in einer Höhenlage von 200 m.
Informationen
Detmolder Str. 738
33699 Bielefeld
Tel. 05202 / 80289
Fax 05202 / 82765
marischub@web.de
www.naturfreunde.u1o.de/teutoburg
Ausstattung
110 Betten, Aufenthaltsräume: 1 Raum für 40 Pers., 7 Räume für je 20 Pers., Seminarräume: 1 Raum für 80 Pers.
Preise
ÜN ab 16,50 €, ÜF ab 18,50 €, HP 22,00 €

NATURPARK RHEINLAND

JUGENDHERBERGEN

Jugendherberge Bonn / Kulturerlebnistreff
Wandern und Kultur am neuen Wanderweg Rheinsteig: der Naturpark Kottenforst beginnt vor der Haustür, das Wanderwegenetz des Naturpark Siebengebirge lädt zu Tagestouren ein. Vom ADFC als Bett & Bike-Jugendherberge zertifiziert. Bietet spezielles Angebot für Familien.
Informationen
Haager Weg 42
53127 Bonn
Tel. 0228 / 289970
Fax 0228 / 2899714
bonn@jugendherbergen.de
www.bonn.jugendherberge.de
Ausstattung
81 Zimmer mit 249 Betten (1- bis 4-Bett-Zimmer), alle Zimmer mit eigener Dusche/WC. 2 behindertenfreundliche 2-Bett-Zimmer (für Schwerbehinderte mit E-Rollstuhl), 9 Tagungsräume, Tischtennisplatte, Grillmöglichkeit, Fahrradkeller, Gartenterrasse, Kaminzimmer, Bistro.
Preise
ÜF: 22,50 €, HP 27,60 €, VP 32,10 €, Sonderpreise für Familien mit Familienmitgliedschaft: Kinder bis 2 Jahre frei, 3–5 Jahre 50 % Ermäßigung, 6–12 Jahre 30 % Ermäßigung. Besondere Aktionspreise für Familien in den NRW-Oster-, -Sommer- und -Herbstferien.
Öffnungszeiten
ganzjährig außer Weihnachten.

Angebote
Drachenfels-Tour mit Einführung in die Nibelungensage für Schulklassen und Gruppen.

NATURFREUNDEHÄUSER

Naturfreundehaus / Jugendherberge Villehaus
Das Haus liegt in einem Waldstück Landschaftsschutzgebiet Hürtherberg ca. 1 km vom Ortskern Alt-Hürth entfernt (120 m über NN). Der ehemalige Braunkohletagebau wird heute – rekultiviert – als Naherholungsgebiete genutzt.
Informationen
Adolf-Dasbach-Weg 5
50354 Hürth
Tel. 02233 / 42463
Fax 02233 / 16351
info@villehaus.de
www.villehaus.de
Ausstattung
58 Betten, Aufenthaltsräume: 1 Raum für 100 Pers., 1 Raum für 54 Pers., 1 Raum für 32 Pers., Seminarräume: 1 Raum für 54 Pers., 1 Raum für 32 Pers.
Preise
ÜF ab 16,80 Euro / 21,60 Euro
Öffnungszeiten
8–14 Uhr und 16–20 Uhr

NATURPARK ROTHAARGEBIRGE

VIABONO-JUGENDHERBERGE

Jugendherberge Brilon
Die Jugendherberge Brilon liegt in unmittelbarer Nähe des Rothaarsteigs (Höhenwanderweg durch das Rothaargebirge), der seinen Ausgangs- bzw. Endpunkt in Brilon hat.
Informationen
Hölsterloh 3
59929 Brilon
Tel. 02961 / 2281
Fax 02961 / 51731
jh-brilon@djh-wl.de
www.djh.de/jh/brilon
Ausstattung
165 Betten in 44 Zimmern mit 1 bis 6 Betten, 5 Aufenthaltsräume
Preise
bis 26 Jahre 15,60 €,
ab 27 Jahre 18,60 €.
Öffnungszeiten
16. Januar bis 14. Dezember.
Angebote
Führungen mit den Rothaarsteig-Rangern sind möglich

WANDERVERBAND-PARTNER

AstenRose – Landhaus am Rothaarsteig
Oase der Ruhe in traumhafter Alleinlage am höchsten Punkt im Heilklimatischen Kurort Neuastenberg/Lenneplätze im Naturpark Kahler Asten mit naturkundlichen Führungen, geführten Wanderungen u.v.m. Direkt gelegen an: Rothaarsteig, Bergwanderpark, Bike-Arena,

Loipe. 500 m zum Skigebiet Postwiese. Res-taurant/Cafe, Terrasse, Garten, neue Bä-der und Gästezimmer ab 25 m², TV, Radio, Tel., Safe. Zusätzlich Ferienwohnung und Ferien-Haus***** jeweils bis 6 Personen.

Informationen

AstenRose – Landhaus am Rothaarsteig
Inh. Kirschbaum-Schwind
Astenberg 3
59955 Winterberg-Lenneplätze/Neuastenberg
Tel. 02981 / 1878
Fax 02981 / 929478
info@astenrose.de
www.astenrose.de

Ausstattung

10 Doppel-Zimmer / Doppel- als Einzelzimmer, Restaurant, Ski- und Wanderhütte, Aufenthalts-raum

Preise

ÜF ab 35,00 € / EZ-Aufpreis 10 €

Angebote

Wanderwoche spezial: 7 x ÜF, Lunchpaket, Tourenvorschläge, 1x Hütten-/Grillabend, 4-Gang-Abendmenü u.v.m. 339 €
Am Haus führt vorbei: Rothaarsteig, Bergwanderpark Sauerland, Winterberger Hochtour, Europawanderweg E1

Öffnungszeiten

Täglich ab 11 Uhr – donnerstags Ruhetag.

Hotel Sauerländer Hof

Wir befinden uns in zentraler Lage im malerischen, historischen Landstädtchen Hallenberg. Unser Haus erstreckt sich ins Grüne, so dass man von den Balkonen einen wundervollen Blick auf Berge und Täler des Wallfahrtsortes hat.
Als qualifizierter Sauerländer Wandergasthof, Qualitätsbetrieb Wanderbares Deutschland & Rothaarsteig haben wir uns komplett auf die Bedürfnisse der Wanderer eingestellt: Geboten werden u. a. individuelle Touren, Kräuterseminare und Führungen mit dem Förster oder ausgebildeten Wanderführern.

Informationen

Hotel Sauerländer Hof
Merklinghauser Str. 27
59969 Hallenberg
Tel. 02984 / 421
Fax 02984 / 2556
hotel@sauerlaender-hof.de
www.sauerlaender-hof.de

Ausstattung

60 Betten, 29 Doppelzimmer, 2 Einzelzimmer, Restaurant, rustikale Bierstube, Terrasse

Preise

DZ: 31 bis 57 €, EZ: 41,50 bis 67,50 €
(Preise pro Person, Übernachtung mit Frühstück)

Angebote

Besondere Angebote und Pauschalen für Wanderer, Wanderkarten, detaillierte Tourenbeschreibungen, Transfers zu Wanderportalen, Kinderermäßigungen und Familienzimmer, Freilichtbühne im Sommer mit Stücken für Kinder und Erwachsene

Öffnungszeiten

Ganzjährig geöffnet

NATURFREUNDEHÄUSER

Naturfreundehaus Mollseifen
Das Haus liegt am Rande des kleinen Dorfes Mollseifen inmitten der ausgedehnten Waldgebiete des Hochsauerlandes zwischen dem „Kahlen Asten" und der Ziegenhelle. Unweit des Hauses gibt es beschneite Skipisten und es ist eine Waldschule integriert.
Informationen
In der Trift 2
59955 Winterberg-Mollseifen
Tel. 02981 / 7389
Fax 02981 / 2092
nfh-mollseifen@naturfreunde.de
www.naturfreundehaus-mollseifen.de
Ausstattung
63 Betten
Aufenthaltsräume: 2 Räume für je 65 Pers., 1 Raum für 25 Pers., 2 Räume für je 15 Pers.
Seminarräume: 1 Raum für 65 Pers., 2 Räume für je 15 Pers.
Spezielle Räume: 2 Freizeiträume
Preise
ÜF ab 29,60 €

Naturfreundehaus Burbecke
Das Haus auf 360 m über NN ist eingerahmt von einem Höhenweg zwischen 495–618 m. Eine Landschaft mit Hügeln und flachen Flusstälern lädt zum Wandern über Berg und Tal, von Turm zu Turm ein. Auch der Rothaarsteig ist nicht so weit.
Informationen
Antoniusstr. 8
57368 Lennestadt-Burbecke
www.naturfreunde-bochum.de
Ausstattung
26 Betten, Aufenthaltsräume: 1 Raum für 24 Pers., 1 Raum für 16 Pers.
Seminarräume: 1 Raum für 30 Pers.
Das Haus wird nur ganz an Gruppen vermietet.

NATURPARK SIEBENGEBIRGE

VIABONO-PARTNER

Villa Schaaffhausen
Familien- und Gesundheitszentrum mit 29 Zimmern. Ayurveda, Massagen, Kuren. Außenterrasse. Bioland-Garten, Naturschule. Vegetarische Vollwertkost.
Informationen
Schaaffhausenstr. 5
53604 Bad Honnef
Tel. 02224 / 917121
Fax 02224 / 917117
villa-schaaffhausen@viabono.de
www.viabono.de/villa-schaaffhausen

JUGENDHERBERGEN

Jugendherberge Bad Honnef

Komplett renoviertes Haus mit komfortabler Ausstattung. Durch die reizvolle Rheinlage mitten im Naturpark Siebengebirge ist die JH Bad Honnef ein idealer Ausgangspunkt für Ausflüge. Der neue Wanderweg „Rheinsteig" führt direkt über das Gelände der JH!

Informationen

Selhofer Str. 106
53604 Bad Honnef
Tel. 02224 / 71300
Fax 02224 / 79226
Bad-honnef@jugendherberge.de
www.bad-honnef.jugendherberge.de

Ausstattung

42 Zimmer mit 139 Betten (1- bis 10-Bett-Zimmer), alle mit eigener Dusche/WC, 2 behindertenfreundliche Mehrbettzimmer. 8 Tagesräume (bis 100 Personen) mit Medienausstattung, Tischtennisplatte, Volley- und Basketballfeld, Fun-Court, Amphitheater mit Open-Air-Bühne, Programmküche, Disko, Bistro mit Biergarten.

Preise

ÜF 19,80 €, HP 23 €, VP 25 €, Aufpreis für Personen ab 27 Jahre 3 €, Kinder bis 2 Jahre frei, von 3–5 Jahren 30 % Ermäßigung.

Öffnungszeiten

ganzjährig außer Weihnachten.

Angebote

Pauschalprogramm für Schulklassen: „Geo-Cashing – moderne Schatzsuche mit GPS-Technologie, Karte, Kompass und Handy-Anweisungen".

Informationen zu Übernachtungsmöglichkeiten erhalten Sie auch unter den Informationsseiten der einzelnen Nationalen Naturlandschaften in diesem Buch

Delinat Qualitätszeichen >

< *Delinat Degustierservice*

Delinat – Wein aus gesunder Natur

Natur erleben bedeutet seine Sinne zu entfalten, die Vielfalt des Daseins zu erfahren und zu genießen. Einen besonderen Weg, die Seele des Lebens aufzunehmen, bietet der Genuss von Wein aus gesunder Natur.

Genau dieser Gedanke führte 1980 zur Gründung des Weinhauses Delinat durch Karl Schefer. „Schmetterlinge sollen wieder durch die Reben fliegen" – das war die Vision, aus kahlgespritzten Anbaugebieten wieder naturbelassene Rebberge zu entwickeln und ausschließlich die Verbreitung von Wein aus kontrolliert biologischem Anbau zu fördern.

Vorstellungskraft und Pionierarbeit schufen das neue Bewusstsein, Weine als individuelle, natürliche Charaktere zu begreifen, Hingabe und Nachhaltigkeit sorgten für deren fortlaufende Qualitätsverbesserung.

So führte Delinat bereits 1983 ein eigenes Qualitätszeichen ein, das wesentlich strengere Richtlinien als die EU-Norm enthält und von den Winzern vor allem die Reduzierung des Kupfereinsatzes sowie eine möglichst intensive Begrünung der Rebberge verlangt. Darüber hinaus investiert Delinat jährlich ein Prozent des Umsatzes in verschiedene Forschungsprojekte, um den biologischen Anbau laufend zu verbessern.

Heute ist der qualitätsorientierte, biologische Anbau europaweit längst auch bei Spitzengütern hoch geschätzt, sind Biowinzer in den renommiertesten Weinführern selbstverständlich vertreten. Delinat bietet über 200 Weine aus den besten Lagen Europas an und setzt jährlich rund 2,4 Millionen Flaschen allein in Deutschland und der Schweiz um. Ein besonders attraktives Angebot ist der DegustierService, der den Kunden vier Mal pro Jahr ein Paket mit drei ausgesuchten Weinen zu Vorzugspreisen ins Haus bringt.

Die Idee von Karl Schefer hat sich durchgesetzt. Eine Erfolgsgeschichte für den Betrieb, ein Erlebnis für Genießer.

Weitere Informationen sind erhältlich
beim Delinat Kundenservice
Deutschland: Telefon 07621 / 706934, www.delinat.com

DELINAT

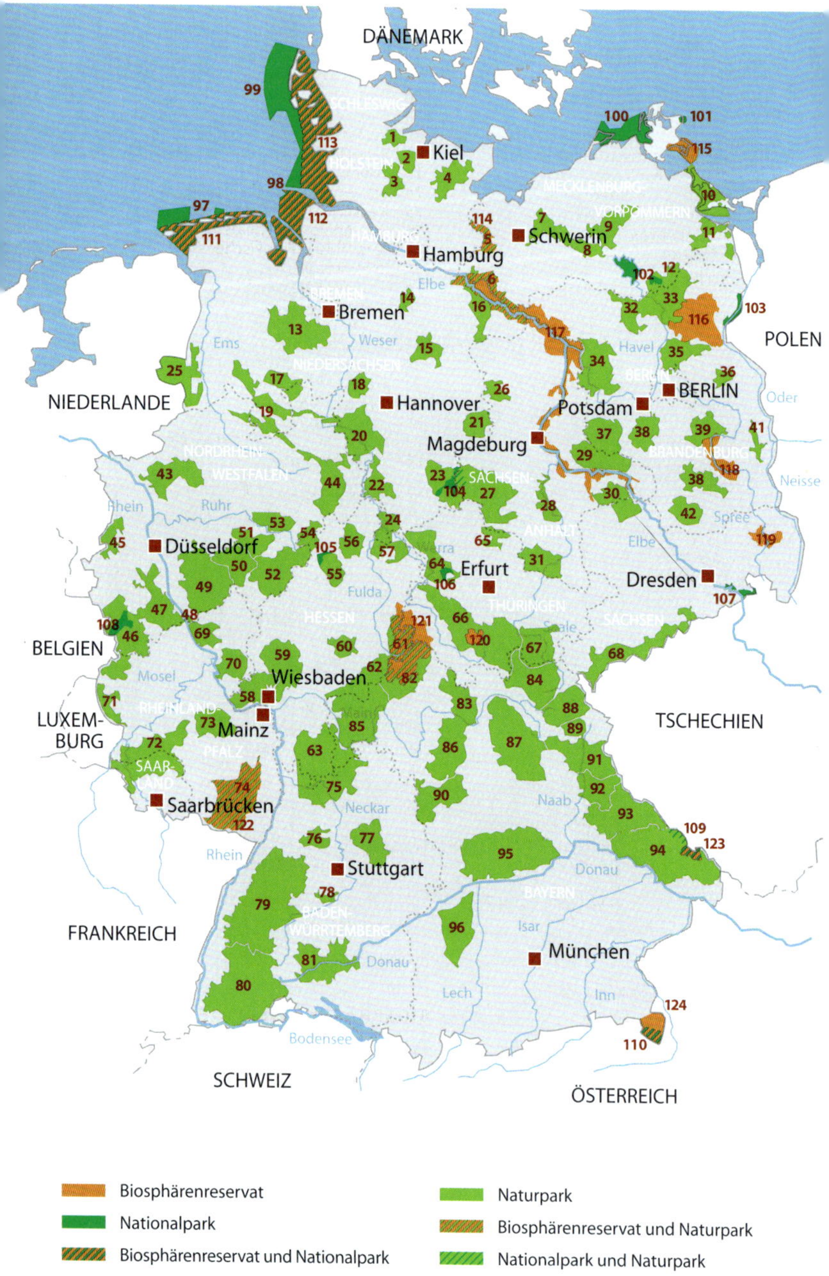

Karte Bundesamt für Naturschutz 2006 verändert nach Verband Deutscher Naturparke

NATURPARKE

1 Hüttener Berge
2 Westensee
3 Aukrug
4 Holsteinische Schweiz
5 Lauenburgische Seenland
6 Mecklenburgisches Elbetal
7 Sternberger Seenland
8 Nossentiner/Schwinzer Heide
9 Mecklenburgische Schweiz und Kummerower See
10 Insel Usedom
11 Am Stettiner Haff
12 Feldberger Seenlandschaft
13 Wildeshauser Geest
14 Lüneburger Heide
15 Südheide
16 Elbufer-Drawehn
17 Dümmer
18 Steinhuder Meer
19 TERRA.vita
20 Weserbergland
21 Elm-Lappwald
22 Solling-Vogler
23 Harz
24 Münden
25 Bourtanger Moor
26 Drömling
27 Harz/Sachsen-Anhalt
28 Unteres Saaletal
29 Fläming
30 Dübener Heide
31 Saale-Unstrut-Triasland
32 Stechlin-Ruppiner Land
33 Uckermärkische Seen
34 Westhavelland
35 Barnim
36 Märkische Schweiz
37 Hoher Fläming
38 Nuthe-Nieplitz
39 Dahme-Heideseen
40 Niederlausitzer Landrücken
41 Schlaubetal
42 Niederlausitzer Heidelandschaft
43 Hohe Mark
44 Eggegebirge und südlicher Teutoburger Wald
45 Schwalm-Nette
46 Deutsch-Belgischer Naturpark Hohes Venn
47 Rheinland
48 Siebengebirge
49 Bergisches Land
50 Ebbegebirge
51 Homert
52 Rothaargebirge
53 Arnsberger Wald
54 Diemelsee
55 Kellerwald-Edersee
56 Habichtswald
57 Meißner-Kaufunger Wald
58 Rhein-Taunus
59 Hochtaunus
60 Hoher Vogelsberg
61 Hessische Rhön
62 Hessischer Spessart
63 Bergstraße-Odenwald
64 Eichsfeld-Hainich-Werratal
65 Kyffhäuser
66 Thüringer Wald
67 Thüringer Schiefergebirge/Obere Saale
68 Erzgebirge/Vogtland
69 Rhein-Westerwald
70 Nassau
71 Südeifel
72 Saar-Hunsrück
73 Soonwald-Nahe
74 Pfälzerwald
75 Neckartal-Odenwald
76 Stromberg-Heuchelberg
77 Schwäbisch-Fränkischer Wald
78 Schönbruch
79 Schwarzwald Mitte/Nord
80 Südschwarzwald
81 Obere Donau
82 Bayrische Rhön
83 Haßberge
84 Frankenwald
85 Bayrischer Spessart
86 Steigerwald
87 Fränkische Schweiz-Veldensteiner Forst
88 Fichtelgebirge
89 Steinwald
90 Frankenhöhe
91 Nördlicher Oberpfälzer Wald
92 Oberpfälzer Wald
93 Oberer Bayerischer Wald
94 Bayerischer Wald
95 Altmühltal
96 Augsburg-Westliche Wälder

NATIONALPARKE

97 Niedersächsisches Wattenmeer
98 Hamburgisches Wattenmeer
99 Schleswig-Holsteinisches Wattenmeer
100 Vorpommersche Boddenlandschaft
101 Jasmund
102 Müritz-Nationalpark
103 Unteres Odertal
104 Hochharz
105 Kellerwald-Edersee
106 Hainich
107 Sächsische Schweiz
108 Nationalpark Eifel
109 Bayerischer Wald
110 Berchtesgaden

BIOSPHÄRENRESERVATE

111 Niedersächsisches Wattenmeer
112 Hamburgisches Wattenmeer
113 Schleswig-Holsteinisches Wattenmeer
114 Schaalsee
115 Südost-Rügen
116 Schorfheide-Chorin
117 Flusslandschaft Elbe
118 Spreewald
119 Oberlausitzer Heide- und Teichlandschaft
120 Vessert-Thüringer Wald
121 Rhön
122 Pfälzerwald/Nordvogesen
123 Bayerischer Wald
124 Berchtesgaden

Fotos/Bildnachweis

NATURPARK ARNSBERGER WALD
Klaus Peter Kappest, Thomas Weinstock, Wolfgang Müller, Margret Beerwerth, Landschafts-Informations-Zentrum, Birgit Kraft-Pankoke, Sauerländer Gebirgsverein Hirschberg (SGV)

NATURPARK BERGISCHES LAND
Naturpark Bergisches Land

NATURPARK DIEMELSEE
Naturpark Diemelsee – Reinhold Sude; Brilon Touristik; Touristik Service Waldeck-Ederbergland GmbH; Wirtschaftsförderung Korbach Goldrichtig GmbH; Stadtmarketing und Wirtschaftsförderung Marsberg e.V.

NATURPARK DÜMMER
Naturpark Dümmer – Leißner, – Tornow; DümmerWeserLand Touristik

NATURPARK EBBEGEBIRGE
Naturpark Ebbegebirge

NATURPARK EGGEGEBIRGE UND SÜDLICHER TEUTOBURGER WALD
Naturpark Eggegebirge und südlicher Teutoburger Wald; Tourist Information Detmold; Archäologisches Freilichtmuseum; OWL Marketing/Teutoburger Wald Tourismus Marketing; Wolfgang Peters, Stadt Scheider-Schwalenberg

NATURPARK HOHE MARK
Naturpark Hohe Mark

DEUTSCH-BELGISCHER NATURPARK HOHES VENN – EIFEL
Naturpark Hohes Venn – Eifel

NATIONALPARK EIFEL
Nationalparkforstamt Eifel, A. Pardey, K. Pauly, S. Wilden, Nicole Kolster, Irmgard Ehlert, Josef Bey, Corinna Heer

NATURPARK HOMERT
Naturpark Homert

NATURPARK MAAS-SCHWALM-NETTE
Naturpark Maas-Schwalm-Nette

NATURPARK TERRA.vita
Naturpark TERRA.vita – Michael Münch; Museum am Schölerberg; Tecklenburger Land Tourismus; Bielefeld Marketing; Stadt Melle; Tourismusverband Osnabrücker Land; Stadt Porta Westfalica

NATURPARK RHEINLAND
Heinrich Pützler, Ute Prang, Hans-Georg Levin, Rheinisches Industriemuseum

NATURPARK ROTHAARGEBIRGE
Naturpark Rothaargebirge; Gästeinformation Schmallenberger Sauerland; Rothaarsteigverein e.V., Schmallenberg; K.-P. Kappest, Hilchenbach; Sauerland Tourismus e. V.; Dipl.-Geogr. Meinolf Pape, Winterberg

NATURPARK SIEBENGEBIRGE
Naturpark Siebengebirge; Tourismus Siebengebirge GmbH

Danksagung

Unser Dank gilt folgenden Institutionen und Personen, die das Buch mit Informationen, Hinweisen, Bildern und Quellen unterstützt haben:

NATURPARK ARNSBERGER WALD
Birgit Kraft-Pankoke

NATURPARK BERGISCHES LAND
Theo Boxberg

NATURPARK DIEMELSEE
Reinhold Sude

NATURPARK DÜMMER
Dietbert Leißner

NATURPARK EBBEGEBIRGE
Silvia Halbe

NATURPARK EGGEGEBIRGE UND SÜDLICHER TEUTOBURGER WALD
Volker Brand, Andreas Scholz

NATURPARK HOHE MARK
Peter Büning

DEUTSCH-BELGISCHER NATURPARK HOHES VENN – EIFEL
Jan Lembach

NATIONALPARK EIFEL
Michael Lammertz, Nicole Kolster, Malte Wetzel

NATURPARK HOMERT
Petra Mengeringhausen

NATURPARK MAAS-SCHWALM-NETTE
Christa Eicher
Michael Puschmann

NATURPARK TERRA.vita
Hartmut Escher, Wolfgang Marks

NATURPARK RHEINLAND
Dr. Elisabeth Zenses
Harald Sauer

NATURPARK ROTHAARGEBIRGE
Petra Mengeringhausen

NATURPARK SIEBENGEBIRGE
Herbert Losem, Miriam Mews